U0144960

智財系列

著作權登記制度之研究

蕭雄淋
幸秋妙 著

五南圖書出版公司 印行

自序

著作權登記制度，世界各國有極大差異。有些國家根本無此著作權登記制度，有些國家採全面登記制度，有些國家僅部分著作有登記制度。

另有關著作權登記機關，世界各國也十分不一致。有些國家著作權登記機關只有一個，有些國家採分權，地方政府也可以做著作權登記；另有些國家委託著作權集體管理團體做著作權登記業務。

至於著作權主管機關，世界各國也十分分歧，有屬於文化部門，有屬於經濟部門，也有屬於法務部門、國會圖書館等等，不一而足。

台灣自日治時代1899年（明治32年）著作權法在台灣施行，即有著作權登記制度，直至1998年才廢止著作權登記制度。另著作權主管機關，亦有更易，其中得失利弊，鮮有人研究。

北辰著作權事務所在2021年受文化部委託做此研究，惟文化部僅將此研究掛於網路，並未有紙本公開。由於此研究成果著作權屬於作者，本所乃委託五南圖書公司印出300本，以供學者或圖書館收存，以為進一步探討之參考，希各界指正。

北辰著作權事務所謹誌

2023年4月

作者簡介

蕭雄淋　律師

（一）現任

1. 北辰著作權事務所主持律師
2. 經濟部智慧財產局著作權法修法諮詢委員
3. 經濟部智慧財產局著作權法諮詢顧問

（二）經歷

1. 以內政部顧問身分參與多次台美著作權談判
2. 參與內政部著作權法修正工作
3. 行政院新聞局錄影法及衛星傳播法起草委員
4. 行政院文化建設委員會中書西譯諮詢委員
5. 台灣省警察專科學校巡佐班「著作權法」講師
6. 內政部、中國時報報系、聯合報系、自立報系等法律顧問
7. 內政部「翻譯權強制授權」、「音樂著作強制授權」、「兩岸著作權法之比較研究」等三項專案研究之研究主持人
8. 財團法人資訊工業策進會「多媒體法律問題研究」顧問
9. 行政院大陸委員會「兩岸智慧財產權保護小組」諮詢顧問
10. 台北律師公會及中國比較法學會理事
11. 教育部國立編譯館、國史館等法律顧問
12. 內政部著作權法修正諮詢委員會委員
13. 內政部頒布「著作權法第四十七條之使用報酬率」專案研究之主持人

14. 南華大學出版學研究所兼任副教授
15. 國立清華大學科技法律研究所兼任副教授
16. 國立台北教育大學教育經營與管理系文教法律碩士班兼任副教授
17. 國立台北大學法律系博碩士班兼任副教授
18. 財團法人台北書展基金會董事
19. 全國工業總會保護智慧財產權委員會委員
20. 台灣文化法學會理事
21. 全國律師公會聯合會律師職前訓練所「著作權法」講座
22. 台灣法學會智慧財產權法委員會主任委員
23. 全國律師公會聯合會智慧財產權法委員會主任委員
24. 教育部學產基金管理委員會委員
25. 教育部「網路智慧財產權法律顧問小組」成員
26. 財團法人台灣省學產基金會董事
27. 行政院文化建設委員會法規會委員
28. 國防部史政編譯室法律顧問
29. 經濟部智慧財產局委託「著作權法第四十七條第四項使用報酬率之修正評估」之研究主持人
30. 經濟部智慧財產局委託「國際著作權法合理使用立法趨勢之研究」之共同研究主持人
31. 經濟部智慧財產局委託「著作權法職務著作之研究」之研究主持人
32. 經濟部智慧財產局委託「出版（含電子書）著作權小百科」之獨立編纂人
33. 經濟部智慧財產局委託「中國大陸著作權法令暨判決之研究」之研究主持人
34. 文化部委託「著作權登記制度之研究」之研究主持人
35. 應邀著作權法演講及座談七百餘場

（三）著作

1. 著作權之侵害與救濟，68年9月初版，台北三民書局經銷。
2. 著作權法之理論與實務，70年6月初版，同上。
3. 著作權法研究（一），75年9月初版，78年9月修正再版，同上。
4. 著作權法逐條釋義，75年元月初版，同年9月修正再版，同上。
5. 日本電腦程式暨半導體晶片法令彙編（翻譯），76年9月初版，資訊工業策進會。
6. 中美著作權談判專輯，77年元月初版，78年9月增訂再版，台北三民書局經銷。
7. 錄影帶與著作權法，77年12月初版，同上。
8. 著作權法修正條文相對草案，79年3月初版，內政部。
9. 日本著作權相關法令中譯本（翻譯），80年2月初版，同上。
10. 著作權法漫談（一），80年4月初版，台北三民書局經銷。
11. 翻譯權強制授權之研究，80年6月初版，內政部。
12. 音樂著作強制授權之研究，80年11月初版，同上。
13. 有線電視與著作權（合譯），81年1月初版，台北三民書局經銷。
14. 兩岸著作權法之比較研究，81年12月初版，82年9月再版，同上。
15. 著作權法漫談（二），82年4月初版，同上。
16. 天下文章一大抄（翻譯），83年7月初版，台北三民書局經銷。
17. 著作權裁判彙編（一），83年7月初版，內政部。
18. 著作權法漫談（三），83年9月初版，華儒達出版社發行。
19. 著作權法漫談精選，84年5月初版，月旦出版社發行。
20. 兩岸交流著作權相關契約範例，84年8月，行政院大陸委員會。
21. 著作權裁判彙編（二）上、下冊，85年10月初版，內政部。
22. 著作權法時論集（一），86年1月初版，五南圖書公司。
23. 新著作權法逐條釋義（一），85年5月初版，90年9月修正版三刷，五南圖書公司。

24. 新著作權法逐條釋義（二），85年5月初版，90年9月二版二刷，五南圖書公司。

25. 新著作權法逐條釋義（三），85年12月初版，88年6月二版，五南圖書公司。

26. 著作權法判解決議令函釋示實務問題彙編，88年4月初版，90年10月三版，五南圖書公司。

27. 著作權法論，90年3月初版，106年8月八版修訂二刷，五南圖書公司。

28. 「著作權法第四十七條第四項使用報酬率之修正評估」，97年12月，經濟部智慧財產局委託。

29. 國際著作權法合理使用立法趨勢之研究，98年12月，經濟部智慧財產局委託。

30. 著作權法職務著作之研究，99年6月，經濟部智慧財產局委託。

31. 出版（含電子書）著作權小百科，100年12月，經濟部智慧財產局委託。

32. 中國大陸著作權法令暨判決之研究，101年11月，經濟部智慧財產局委託。

33. 電子書授權契約就該這樣簽，102年4月，文化部補助，城邦出版。

34. 著作權法實務問題研析（一），102年7月初版，107年3月初版二刷，五南圖書公司。

35. 中國大陸著作權法令暨案例評析，102年12月，五南圖書公司。

36. 著作權法實務問題研析（二），107年6月初版，五南圖書公司。

幸秋妙　律師

（一）現任

1. 北辰著作權事務所律師
2. 文化部法規委員會委員
3. 經濟部智慧財產局著作權審議及調解委員會委員
4. 經濟部智慧財產局著作權法修法諮詢委員
5. 財團法人台灣博物館文教基金會監察人

（二）經歷

1. 83 年起任職北辰著作權事務所律師
2. 經濟部智慧財產局智慧財產權服務團講座
3. 臺灣法學會智慧財產權法委員會執行秘書
4. 台灣銀行銀行法務訓練班智慧財產權課程講座
5. 台北市政府公務人員訓練中心著作權法課程講授
6. 經濟部智慧財產局《著作權法第四十七條第四項使用報酬率之修正評估》研究案研究執行助理
7. 經濟部智慧財產局《國際著作權法合理使用立法趨勢之研究》研究案共同研究主持人
8. 行政院新聞局「99 年出版專業人才培訓」數位出版實務講師
9. 行政院文化建設委員會文化創意產業專案辦公室輔導顧問（99-100 年度）
10. 經濟部智慧財產局《中國大陸著作權法令暨判決之研究》研究案共同研究主持人
11. 文化部（文創司）「促進民間提供適當空間供文化創意事業使用補助案」諮詢會議委員

12. 台灣文創平台發展基金會「藝術創作者經營系列 —— 談藝術家的合約問題」講師
13. 經濟部智慧財產局 102 年「中國大陸著作權法制及實務案例」講師
14. 文化部主辦「數位授權現況研討暨反侵權系列座談會 —— 數位授權、侵權實例」講師
15. 文化部委辦 102 年「影視音智慧財產權合法運用宣導」講師
16. 經濟部智慧財產局 103 年「文創產業著作權宣導說明會」講師
17. 經濟部智慧財產局 104 年「文創產業與兩岸著作權」講師
18. 經濟部智慧財產局 104 年「著作權法合理使用研討會」（數位時代下有關圖書館著作財產權限制規定之檢討）主講人
19. 經濟部智慧財產局 105 年度「文創商品產銷之著作權歸屬及授權契約實務」講師
20. 經濟部智慧財產局 106 年度「文創產業與著作權保護座談會 —— 文創商品產銷之著作權契約案例剖析」講師
21. 國家發展委員會檔案管理局 106 年「文創產業著作權相關契約實務」講師
22. 文化部「107 年度出版與影視媒合人才工作坊」（出版與影視跨產業媒合會）出版影視媒合版權法律須知講師
23. 文化部（文訊承辦）107 年「文學創作者法律暨關懷服務計畫 —— 作家與數位出版」講師
24. 教育部委辦、國立台北科技大學承辦 108 年大專院校藝術科系法律教育計畫「文創創作實務＆智財議題工作坊（台北）」、「文創產學媒合與實務智財議題工作坊（台中）」講師
25. 經濟部智慧財產局 2019 智慧財產局成立 20 周年暨著作權法回顧與前瞻研討會，「日本著作權法修正簡介」主講人
26. 文化部 109 年「著作權實務與案例探討」進修課程講師
27. 文化部（文訊承辦）110-111 年度「文學創作者著作權宣導暨關懷服務計畫」講師

28. 文化部110年度《著作權登記制度之研究》研究案共同研究主持人
29. 國立台灣圖書館身心障礙者圖書資源利用諮詢會委員
30. 文化部訴願審議委員會委員
31. 行政法人國家電影及視聽文化中心董事

（三）著作

1. 〈公司企業應注意的著作權法問題〉，發表於月旦法學雜誌第91期，91年12月，元照出版公司出版。
2. 〈政府出版品著作權管理因應對策〉，發表於研考雙月刊第27卷第2期，92年4月，行政院研究發展考核委員會發行。
3. 〈文化產業 另一個612大限〉，發表於92年4月3日，聯合報民意論壇。
4. 〈非營利侵權 不是公訴罪〉，發表於92年6月10日，聯合報民意論壇。
5. 〈新修正著作權法對於出版界之影響〉，發表於出版界雜誌第68期，92年10月，台北市出版商業同業公會發行。
6. 〈她的情書 他的著作〉，94年1月12日，聯合報民意論壇。
7. 《著作權法第四十七條第四項使用報酬率之修正評估》研究報告，經濟部智慧財產局，97年12月期末報告。
8. 《國際著作權法合理使用立法趨勢之研究》研究報告，經濟部智慧財產局，98年12月期末報告。
9. 〈談著作權侵害訴訟之抗辯〉，月旦法學教室第91期，99年5月，元照出版公司。
10. 〈我國著作權法第53條關於障礙人士合理使用規定之檢討〉，智慧財產權月刊第141期，99年9月，經濟部智慧財產局出版。
11. 〈數位時代下關於著作權法第48條圖書館合理使用規定之檢討〉，智慧財產權月刊第143期，99年11月，經濟部智慧財產局出版。

12. 〈學術論文非專屬授權合約範例〉，經濟部智慧財產局，101 年委託案。

13. 《中國大陸著作權法令暨判決之研究》研究報告，經濟部智慧財產局，101 年 11 月期末報告。

14. 《電子書授權契約就該這樣簽》，文化部補助，102 年 4 月，城邦文化。

15. 〈論中國大陸圖書館之著作權合理使用〉，智慧財產權月刊第 173 期，102 年 5 月，經濟部智慧財產局出版。

16. 中國大陸著作權法令暨案例評析，102 年 12 月，五南圖書公司。

17. 〈圖書館如何在著作權法的規範下為身心障礙者提供服務〉，國立台灣圖書館，104 年「圖書館身心障礙者閱讀服務」國際研討會。

18. 〈文創產業工作者著作權約定範例〉，經濟部智慧財產局，104 年委託案。

19. 〈數位時代下有關圖書館著作財產權限制規定之檢討〉，發表於經濟部智慧財產局「2015 著作權法合理使用研討會」。

20. 〈日本 2020 年關於處理網路盜版之著作權法修法簡介〉，智慧財產權月刊第 263 期，109 年 11 月，經濟部智慧財產局出版。

21. 〈公共出借權法制初探〉，臺灣出版與閱讀 110 年第 4 期，110 年 12 月，國家圖書館出版。

目錄

第一章　緒論

第一節　研究緣起及內容

一般認為現代著作權制度，起源於 1710 年之英國安妮女王法（Statute of Anne）[1]。該法案，使印刷商或書商，得自作者取得一段期間內出版其圖書的專有權。而獲得保護取決於須履行同業行會的註冊簿中登記書名，以及將該書存放九份供各大學及圖書館使用等手續[2]。著作權註冊制度，亦隨此產生。例如，深受英國立法影響的美國，其後在 1790 年首次制定之第一部著作權法，保護圖書、地圖及圖表等著作，但同時規定，該等著作須向聯邦地區法院辦理登記（registration），始能享有著作權之保護（美國部分，詳本文第四章所述）。

依據國際著作權公約 —— 伯恩公約第 5 條第 2 項前段規定，對於著作權之保護，係採創作主義，著作權之享有及行使無須依任何形式（formality）。因此，不得將著作權之登記，作為取得著作權之要件。

台灣著作權法（下稱「本法」）除 1945 年以前日治時代適用日本明治 32 年（1899 年）之著作權法採創作主義，但保留自願登記制度外，在民國（下同）74 年修法前之舊法，對於國人著作權之保護採「註

---

1 即英國安妮女王所頒布，於 1710 年施行，原名為「為鼓勵知識創作授予作者及購買者就其已印刷成冊的圖書在一定時期內之權利的法案」（An Act for the Encouragement of Learning, by Vesting the Copies of Printed Books in the Author's or Purchasers of Such Copies, during the Times therein mentioned），亦簡稱安妮女王法。儘管此法案乃源於印刷商和書商之競爭而制定，但該安妮女王法，仍被認為是世界第一部承認作者享有支配印刷及複製圖書權利之著作權法。

2 參見（西班牙）德利婭・利普希克（Delia lypsic）著：著作權及鄰接權，聯合國教科文組織、中國對外翻譯出版公司，2000 年，頁 17。

冊保護」主義，經依法註冊後始享有著作權。74 年修法後改採「創作保護」主義，本國著作人於著作完成時即自動享有著作權，但仍保留自願註冊制度。

民國 81 年修法時，對本國人及外國人之著作，均採創作保護主義，創作完成，不待著作權註冊或登記，即得享有著作權。另為減低國民對著作權註冊之依賴，將自願註冊制度修正為自願登記制度，取消著作權註冊執照，改發著作權登記簿謄本。主管機關內政部著作權登記業務，不做實質審查，悉依申請人自行陳報事項，依舊著作權法暨其施行細則規定為登記之准駁。

惟即使在 81 年舊法自願著作權登記制度下，仍有不少民眾甚至司法機關仍誤以為「有登記始有權利」，導致司法機關處理著作權訴訟個案時，常要求提出著作權登記作為權利證明，而當事人不僅競相向內政部申請著作權登記（甚或虛偽登記），也衍生甚多以相對人虛偽登記而向內政部檢舉撤銷其著作權登記之事件。然內政部因無事實調查權，就同一著作權爭議事項，多半只能等候司法機關判決確定後再處理撤銷事件。但有些司法機關卻反而要求當事人先向內政部撤銷相對人著作權登記後再予審理；彼此牽制結果，著作權登記制度非但無助於司法機關著作權爭議案件之審理，甚至造成實務困擾，引起民怨，亦使著作權創作保護之原則遭到扭曲。另方面，則因內政部著作權委員會為此必須投注近 70% 人力資源於前述例行性登記相關業務上，耗損行政資源過鉅，影響其他著作權專業之發展，遂於 87 年之修法，將有關著作權登記一節之本法第 74 條至第 78 條等條文全數刪除，全面廢止著作權登記制度。

有關著作權相關登記，目前我國僅有依文化創意產業發展法第 23 條所為之以著作財產權為標的之質權的設定、讓與、變更、消滅或處分限制等登記，且本條規定，未經登記不得對抗善意第三人。另著作權法亦對製版權之取得採登記主義，非經登記並無製版權。

按伯恩公約並未宣示成員國不得建立任何形式制度，公約第 5 條並不禁止成員國保留公共登記或其他公告手段，公約禁止的是將履行形式要件作為享有和行使非本國著作之著作權的先決條件。易言之，著作權之取得採創作保護主義，並非不能存有著作權登記或其他形式（例如著作權標示、送存等）制度。國際上，有些國家無著作權登記制度（例如英國、澳洲），但仍有不少國家有一定範圍之著作權登記制度，只是各國辦理登記之項目不同（例如德國僅有本名登記；日本則有本名、首次發行或公開發表日期、電腦程式創作日期、著作權移轉／信託變更／質權設定相關登記、出版權設定登記等）。另各國辦理登記所賦予之效力或效果亦存有差異，各國登記效力大致上有幾種：一、推定之表面證據：例如美國符合法定要件辦理之著作權登記，為推定有效之表面證據；日本、南韓之本名登記，推定其為著作人；二、登記為提起著作權侵權訴訟之要件：例如美國之內國人民原則上需登記始可提起著作權侵權訴訟；三、登記為請求法定賠償及律師費之要件：例如美國需登記始可請求法定賠償及律師費；南韓則登記始可請求法定賠償；四、著作權發生讓與等變動關係時之登記對抗效力：例如在有關著作權之移轉及設質，日本及南韓著作權法均規定非經登記不得對抗第三人（詳本書各章所述）。

我國自民國87年全面廢止著作權登記制度後，目前官方已無辦理著作權登記。多年來外界雖有全面恢復舊法時期著作權登記之呼聲，其中也有意見認為，如能全面恢復著作權登記制度，對於一些未加入集體管理團體之獨立音樂創作人，較易於透過官方登記查詢管道而被找到，數位音樂平台之經營者也因此較容易取得其音樂利用之授權。然各界對於恢復著作權登記制度持反對意見者亦多，爭議性甚高，至今無法達成修法共識。

因此，對於我國著作權登記制度之沿革、現況以及有關國際上先進國家著作權登記相關規定、內容及效力等，有加以研究及探討之必要。並藉由研究探討外國有關著作權登記制度，檢討我國現行制度，並分析我國建立特定項目著作權登記制度之可行性，以為我國著作權相關法制之參考。

第二節　研究方法與步驟

一、對於著作權國際公約相關規範及我國著作權登記制度之沿革，加以介紹及研究。

二、翻譯國際先進國家之著作權登記制度規定，並研究其內容（包括與我國著作權法制較息息相關之美國、日本、南韓、德國）。

三、探討我國現行制度是否有缺失？登記制度應全面採行或部分採行？何種登記有採行必要性？

四、探討著作權主管機關或登記機關之隸屬問題。包含著作權主管機關與登記機關是否一致？世界各國的著作權法主管機關或登記機關、我國著作權主管機關的沿革、我國著作權主管機關及登記機關的討論等。

五、分析我國建立著作權登記制度之可行性及項目內容、配套措施及法規建議。

第二章　著作權國際公約之規範

第一節　前言

世界上首部明文承認著作權利的法律，是英國國會於1710年4月5日通過的「安妮女王法」（Statute of Anne），該法賦予作者對其圖書之複製（印刷）享有掌控的權利，不過作者須先將其圖書印刷出版，以及向書商公會（Stationers' Company）辦理登記（registration）並寄存（deposit）樣書後，始能取得法律之保護[1]。在歐洲大陸，法國大革命後在法國也開始立法保護作者之權利，1793年的「謝尼葉法」（Chénier Act）賦予作者遏止對其著作之盜版的權利。在德語地區，普魯士於1837年制定首部著作權法，但直到1871年普魯士統一德國後才產生首部全國通用的著作權法[2]。19世紀期間，歐陸各國也陸續制定各自的保護著作權之法律。

儘管英國與歐陸各國均各自發展出保護著作權之法制，但由於原則上，各國著作權法均以保護本國人之著作為主，對外國人著作之保護較有限，並且常設有額外之條件，本國人之著作在他國往往無法受到足夠的保護，不少國家開始與他國磋商及簽署保護著作權之雙邊條約（Bilateral Copyright Treaties）[3]。以互惠原則（reciprocity）為基石的雙邊條約，固然一定程度處理了簽約國之間的著作權保護問題，仍然無法解決一些難題，包括：因各個雙邊條約內容均有差異而給作者和出版商帶來的許多麻煩，雙邊條約中的最惠國待遇條款造成著作權之

1　參見 https://en.wikipedia.org/wiki/Statute_of_Anne#Text（最後瀏覽日：2021/9/28）。

2　參見 Paul Goldstein, International Copyright: Principles, Law, and Practice, Oxford University Press, 2001, p. 9。

3　參見 Goldstein, *ibid.*, p. 16。

保護陷入不確定中[4]。於是乃有磋商和簽訂著作權國際公約之呼聲與行動，以期在某程度上達成國際上著作權保護之統一。

第二節 伯恩公約

第一項 概說

1886年9月9日，法國、德國、比利時、瑞士、西班牙、義大利、英國、海地、賴比瑞亞、突尼西亞等十國的代表，在瑞士首都伯恩簽署「保護文學與藝術著作之伯恩公約」（稱伯恩公約）。伯恩公約是第一部有關著作權的國際公約，確立了國際上有關著作權保護的一些基本規範和最低標準。其後伯恩公約經歷多次修訂，最後一次的主要修訂是1971年巴黎會議的修訂文本。截至本文撰稿時為止，伯恩公約之成員國共有154國[5]。

依伯恩公約第3條規定，以下著作受到公約之保護：一、公約成員國之國民之著作，不論該著作是否已發行；二、非公約成員國之國民之著作，在成員國內首次發行，或者在成員國與非成員國同時發行；三、非公約成員國之國民，但在成員國內有常居所者，視為公約成員國之國民，其著作適用一。所謂同時發行，包括30天內在兩個以上國家發行之情形。依伯恩公約第7條規定，著作權之保護期間為著作人終身加死亡後50年，但成員國得將電影著作之保護期間定為公開發表後50年，不具名著作和別名著作之保護期間則為公開發表後50年，但依著作人之別名得確定其身分時，保護期間為著作人終身加死亡後50年。攝影著作和應用美術之保護期間由成員國自定，但

---

4 參見國際版權與鄰接權——伯爾尼公約及公約以外的新發展（第二版），Sam Ricketson、Jane C. Ginsburg著，郭壽康、劉波林、萬勇、高凌瀚、余俊合譯，中國人民大學出版社，2016年7月，上卷，1.41-1.42。

5 參見世界智慧財產權組織（World Intellectual Property Organization, WIPO），https://wipolex.wipo.int/en/treaties/ShowResults?search_what=A&act_id=26（最後瀏覽日：2021/9/28）。

不得短於著作完成後 25 年。成員國得賦予較上述各期間更長的保護期間，亦即伯恩公約規定的保護期間為最低標準，成員國可以加長期間，不得縮短期間。

第二項　伯恩公約對著作權登記之規範

伯恩公約第 5 條第 1 項規定：「著作人就其受本公約保護之著作，於源流國以外本聯盟各會員國境內，應享有本公約特別授予之權利，以及各該國家法律現在或將來對其國民授予之權利[6]。」本項揭示了伯恩公約的一項基本原則，即國民待遇原則，將外國人按照國民來對待，換言之，以伯恩公約任一成員國為來源國之著作[7]，在本公約其他所有成員國受到這些國家給予其國民的著作的相同保護。此項規定並非意指伯恩公約所有成員國給予的待遇皆應相同，蓋因保護範圍是因國而異的[8]。

伯恩公約第 5 條第 2 項規定：「上開權利之享有及行使，不得要求須履行一定形式要件，且應不問著作源流國是否給予保護。是故，除本公約另有

---

6 取自智慧財產局官網提供之中譯文，https://www.tipo.gov.tw/tw/cp-128-207127-6815c-1.html（最後瀏覽日：2021/9/28）。

7 依伯恩公約第 5 條第 4 項規定，著作之來源國（country of origin）之認定如下：
(a) 著作係於本聯盟任一會員國境內首次發行者，以該會員國為源流國；著作係於本聯盟數會員國境內同時發行，而該等會員國授予之保護期間乃不相同者，以法定保護期間最短之會員國為源流國。
(b) 著作係於非屬本聯盟之任一國家及本聯盟任一會員國境內同時發行者，以該會員國為源流國。
(c) 未發行之著作，或著作係於非屬本聯盟之任一國家境內首次發行，而未於本聯盟任一會員國境內同時發行者，除有下列情形者外，以著作人具其國籍之會員國為源流國：
(i) 著作係電影著作，且其製作人之主事務所或慣常居所係位於本聯盟任一會員國境內者，以該會員國為源流國。
(ii) 著作係建造於本聯盟任一會員國境內之建築著作，或係併含於設在本聯盟任一會員國境內之建築物或其他建造物內之其他藝術著作者，以該會員國為源流國。

8 參見保護文學和藝術作品伯爾尼公約（1971 年巴黎文本）指南，劉波林譯，中國人民大學出版社，2002 年 7 月，頁 28，5.3。

規定者外，保護之範圍，以及著作人為保護其權利所享有之救濟方式，專受主張保護之當地國法律之拘束。」本項揭示了伯恩公約的另兩項基本原則，即自動保護原則與保護之獨立性。本項第1句前段明定「上開權利之享有及行使，不得要求須履行一定形式要件」（The enjoyment and the exercise of these rights shall not be subject to any formality），係指著作權之保護不得以履行任何形式要件（或稱手續）為條件。所謂形式要件，意指國內法規定的著作權存在之前提要件，通常是指國內法規定的行政義務，未履行這些義務將導致喪失著作權，例如寄存著作之樣本／複製本、在某一公共機構或官方機關進行著作之登記或註冊、繳納登記／註冊費，或者兩種以上義務之結合。若著作權之保護，亦即著作權之享有及行使取決於此等義務之遵守，即屬違反伯恩公約[9]。例如，美國著作權法規定以著作權登記作為提起侵權訴訟之要件，即屬違反伯恩公約第5條第2項第1句前段禁止形式要件之規定[10]。

然而並非伯恩公約成員國國內規定的任何形式義務，都屬於公約第5條第2項第1句前段所禁止的形式要件，例如，公約並未要求中止適用於本國司法程序上的證據或程序規則的效力。又如，有關著作權轉讓應具備書面形式之規定，係用來防止作者進行無知或缺乏遠見的轉讓，該規定僅影響何人可主張著作權之判斷，並非質疑著作權之存在，沒有限制著作權之主張和行使，不屬於公約所禁止的形式要件[11]。伯恩公約並未宣示成員國不得建立任何形式要件制度，第5條第2項第1句前段並不禁止成員國保留公共登記或其他公告手段，公約禁止的是將履行形式要件作為享有和行使非本國著作之著作權的先決條件[12]。

---

9 參見保護文學和藝術作品伯爾尼公約（1971年巴黎文本）指南，頁28，5.5。

10 參見國際版權與鄰接權——伯爾尼公約及公約以外的新發展（第二版），上卷，6.104。

11 參見前揭書，上卷，6.105。

12 參見前揭書，上卷，6.107。

第三節　世界著作權公約

第一項　概說

伯恩公約於 1886 年 9 月簽署成立後，雖然許多國家陸續加入，但也有不少國家，主要是開發中國家及美國、拉丁美洲國家，對於伯恩公約的部分規定難以接受。例如開發中國家認為伯恩公約所定的保護標準太高，對文化輸出國家有利而對發展中國家不公平。又如美國的著作權法上以著作權標示（copyright notice）和著作權登記為著作權保護之要件，以及二段式的可延展的保護期間，皆與伯恩公約之規定不符，而美國不願修改自身的著作權法來配合公約。第二次世界大戰結束後，為了讓非伯恩公約成員國之各國也能成立一個國際性的著作權保護聯盟，在聯合國教科文組織（United Nations Educational, Scientific and Cultural Organization, UNESCO）主持下，50 個國家於 1952 年 9 月 6 日在瑞士日內瓦簽署「世界著作權公約」（Universal Copyright Convention）。世界著作權公約最後一次的主要修訂是 1971 年的巴黎修訂文本。截至本文撰稿時為止，世界著作權公約之成員國共有 65 國[13]。

第二項　世界著作權公約對著作權登記之規範

世界著作權公約第 3 條規定：「(1) 締約國依其國內法，須以樣品送存、登記、標記、公證文件、繳納登記費、製作條款或發行等形式手續為取得該國著作權保障之要件者，則凡：依本公約所有應受保障之著作，縱首次發行於外國之外國人著作，其於適當位置刊有 © 符號、著作權人姓名、初版年份者，即應認為已滿足該國法定手續而予保障；(2) 前項規定不得排除：締約國

---

[13] 參見聯合國教科文組織（UNESCO），https://unesdoc.unesco.org/ark:/48223/pf0000378425_eng/PDF/378425eng.pdf.multi（最後瀏覽日：2021/10/19）。

就其境內首次發行之著作或其本國人不論發行於何地之著作，得以國內法規定其著作權之形式手續或其他條件；(3) 第一項規定不得排除：締約國得以國內法規定著作權司法救濟程序。諸如：當事人須透過該國律師，向法院或行政機構送存涉案之著作樣本。但縱未滿足上述司法程序，其著作權仍屬有效，且司法程序對任何他締約國國民，不得有差別待遇；(4) 締約國對他締約國國民未發行之著作，應規定無須履行形式手續即予法律保障；(5) 如締約國國內法著作權保障期間採雙期制而其第一期期間比本公約第 4 條所定最短期間為長者，則其第二期以後之保障規定，不受本公約第 1 項之限制[14]。」

由上述規定可知，世界著作權公約並沒有採取自動保護原則，而是容許締約國得以國內法規定其著作權之形式手續或其他要件。故締約國如以國內法規定著作權之形式手續或其他要件，例如著作樣本送存、登記、著作權標示、公證、繳納登記費、製作、發行等，作為著作權保護之前提要件，並不違反世界著作權公約。但依本公約應受保障之著作，只要履行本公約所要求的著作權標示，即於適當位置刊有 © 符號、著作權人姓名、初版年份者，締約國即應將該著作視為已滿足該國之法定手續而應予以保障。換言之，締約國國內法無論規定多少著作權之形式要件，對於本公約所保護之著作，僅有著作權標示 © 此一種形式要件可以適用。至於締約國對他締約國國民未發行之著作，應規定無須履行形式手續即予法律保障。足見世界著作權公約在形式要件之問題上，採取較伯恩公約寬鬆之態度，可說是在禁止形式要件之伯恩公約與注重形式要件之部分國家著作權法制之間所得出的一個折衷產物。

---

[14] 取自智慧財產局官網提供之中譯文，https://www.tipo.gov.tw/tw/cp-128-207129-da066-1.html（最後瀏覽日：2021/10/1）。

第四節　與貿易有關之智慧財產權協定（TRIPS）

第一項　概說

世界貿易組織（World Trade Organization, WTO）係政府間國際組織，總部設於瑞士日內瓦，旨在促進全球貿易更為自由、公平及可預測性。WTO 於 1995 年 1 月 1 日依據烏拉圭談判回合之談判結果設立，大幅改革了其前身即 1948 年成立之關稅暨貿易總協定（GATT）世界貿易體制。WTO 貿易規則涵蓋貿易範圍包括貨品、服務及智慧財產權，並透過爭端解決及貿易政策檢討機制予以強化。我國於 2002 年元月以「台灣、澎湖、金門、馬祖個別關稅領域」名義正式加入 WTO [15]。截至本文撰稿時為止，WTO 共有 164 個會員 [16]。

「與貿易有關之智慧財產權協定」（Agreement on Trade-Related Aspects of Intellectual Property Rights, TRIPS）是在 WTO 體系下的一個多邊條約，乃 WTO 設立協定之附屬協定，凡加入 WTO 成為其會員，都必須受到 TRIPS 之拘束。TRIPS 的基本原則有二：一、國民待遇原則：每一會員給予其他會員國民之待遇不得低於其給予本國國民之待遇；二、最惠國待遇原則：每一會員給予任一其他國家國民之任何利益、優惠、特權或豁免權，應立即且無條件地給予所有其他會員之國民。

第二項　與貿易有關之智慧財產權協定對著作權登記之規範

TRIPS 第二篇「關於智慧財產權效力、範圍暨使用標準」第一節「著作權及其相關權利」第 9 條「與伯恩公約之關係」規定：「(1) 會員應遵守伯恩

---

15 參見外交部官網之世界貿易組織簡介，https://subsite.mofa.gov.tw/igo/cp.aspx?n=26A0B1DA6A0EBAA2（最後瀏覽日：2021/10/1）。

16 參見世界貿易組織，https://www.wto.org/english/thewto_e/whatis_e/tif_e/org6_e.htm（最後瀏覽日：2021/10/19）。

公約（1971）第1條至第21條及附錄之規定。但會員依本協定所享有之權利及所負擔之義務不及於伯恩公約第6條之2之規定所賦予或衍生之權利。(2) 著作權之保護範圍僅及於表達，不及於觀念、程序、操作方法或數理概念等[17]。」亦即將伯恩公約作為WTO會員在著作權及鄰接權方面應遵守之（最低）標準。依此規定，縱使WTO會員並未加入伯恩公約，亦應遵守伯恩公約（1971）第1條至第21條及附錄之規定。但伯恩公約第6條之2有關保障著作人之姓名表示權及禁止醜化權之規定，WTO會員例外可無需遵守。

伯恩公約第5條第2項第1句前段明定「上開權利之享有及行使，不得要求須履行一定形式要件」，揭示著作權之保護不得以履行任何形式要件為條件。而依TRIPS第二篇第一節第9條規定，伯恩公約第5條第2項第1句前段之規定亦應為WTO會員所應遵守。因此，凡WTO會員均不得以國內法將任何形式要件之履行定為著作權享有及行使之前提要件。換言之，會員之國內法雖非不能建立有關著作權之形式手續制度，例如著作樣本／複製本之寄存、著作權之登記或註冊等，但若以此等形式手續之履行作為著作權之享有及行使之前提要件，則屬違反伯恩公約，從而違反TRIPS。

[17] 取自智慧財產局官網提供之中譯文，https://www.tipo.gov.tw/tw/cp-128-207126-bb3f9-1.html（最後瀏覽日：2021/10/1）。

第三章　台灣著作權登記制度之沿革及內容

第一節　台灣著作權法及著作權登記制度簡史

台灣早期，自1624年迄1661年，共38年，為荷蘭、西班牙統治台灣時期。此一時期，台灣印刷事業不發達，書籍大部分均係在外地印完而後輸入台灣，斯時無著作權觀念，根本無著作權登記制度。

1661年，鄭成功自荷蘭人手中收復台灣。當時鄭成功忙於軍事反攻，其繼承者亦忙於穩定政局，對出版事業亦不重視。既無著作權法典，當然亦無著作權登記制度。

1683年（清康熙22年），大清帝國派兵消滅明鄭王朝，開始清朝在台灣的統治，清朝之律令法制亦開始在台灣施行。清朝時期，台灣之出版事業雖已較前興盛，但因從1683年至1895年大清帝國將台灣割讓給日本為止，大清帝國並無成文著作權法，亦無資料顯示當時台灣有著作權登記制度[1]。

事實上第一部在台灣施行之成文著作權法為日治時代於1899年（明治32年）頒布施行之著作權法。斯時，台灣開始有著作權登記制度。

民國34年（1945年）日本戰敗投降，國民政府統治台灣，台灣適用國民政府在民國17年制定的著作權法，該著作權法在民國33年、38年、53年、74年、79年陸續做修正。依上述著作權法規定，著作

---

[1] 大清帝國於1910年（宣統2年）方有第一部成文著作權法——著作權律。該法並未在台灣施行。

權有註冊制度。而民國17年的著作權法，以1910年（宣統2年）大清帝國著作權律為藍本，經民國4年北洋軍閥之著作權法而修正。

民國81年著作權法做全面修正，著作權註冊制度改為著作權登記制度。民國87年著作權法修正，著作權登記制度全面廢止，只留存製版權登記制度。

民國99年制定文化創意產業發展法，依該法第23條規定有以著作權為標的之質權設定的規定，此規定採登記對抗制度。

由於台灣於1945年以後所適用的著作權註冊制度，可說大同小異。而日本1899年的著作權法雖有著作權登記制度，但是係採創作主義，著作權登記並非取得著作權之要件。而1945年以後在台灣實施之國民政府於民國17年所制定之著作權法，則採註冊主義，著作非經註冊，不得享有著作權。直至民國74年之著作權法改採創作保護主義，著作權註冊並非權利之發生要件，但是對外國人著作之著作權仍採註冊主義，著作應經註冊方有著作權。

因此，本章乃於下節開始介紹日本1899年著作權法的著作權登記制度、大清著作權律、民國17年、33年、53年、74年的著作權註冊制度、民國81年的著作權登記制度，以及文創法以著作財產權為標的之質權設定的登記制度等。

第二節　日治時代的台灣著作權登記制度

日本於1895年依馬關條約統治台灣後，隨即於1896年（明治29年）3月31日國會公布第63號法律。該法律特別賦予台灣總督律令制定權，在其管轄區域內得發布具有法律效力之命令（律令），而且臨時緊急命令得不經中央主管機關呈請天皇裁決而立即發布，此即「六三法」[2]。但六三法第5條

[2] 參見維基百科，https://zh.wikipedia.org/wiki/%E5%85%AD%E4%B8%89%E6%B3%95（最後瀏覽日：2021/10/1）。

亦規定，（日本）現行法律或將來發布之法律，如其全部或一部有施行於台灣之必要者，日本中央政府得以敕令定之。此種敕令稱為「施行敕令」。

日本 1899 年（明治 32 年）著作權法於日本公布後，日本中央政府因認為有施行於台灣之必要，乃依前述六三法之規定，以明治 32 年敕令第 301 號將明治 32 年著作權法於台灣施行，並將該施行敕令於同年 5 月 24 日送達於台灣統治機關台灣總督府。台灣總督府則於明治 32 年 6 月 22 日，公布該施行著作權法之敕令。同年 7 月 15 日，明治 32 年著作權法正式於台灣及日本施行。自此台灣進入著作權法成文法時代。隨後台灣總督府亦制定「著作權法施行注意事項」[3]。

日本 1899 年之著作權法，係為加入伯恩公約所制定，用以取代明治 20 年所制定之版權條例（明治 26 年修改為版權法）、劇本樂譜條例、寫真版權條例，其內容必須符合伯恩公約之保護標準，堪稱完備。

日本 1899 年著作權法之所以修正，係為了因應加入伯恩公約。日本所以在 1899 年就加入伯恩公約，係為以廢除外國人在日本的領事裁判權作為交換條件[4]。

日本在版權條例及版權法時代，著作財產權之取得，係採登記主義，未經登記，並無著作財產權[5]。由於伯恩公約訂定之初，對著作財產權取得採取「非形式主義」（即「創作主義」）。日本在 1899 年加入伯恩公約，為加入伯恩公約而修改著作權法，故明治 32 年（1899 年）之著作權法，亦採創作主義，著作權登記，並非取得著作財產權之要件。

依日本 1899 年著作權法第 1 條規定，凡屬文書、演講、圖畫、建築、雕刻模型、攝影、演奏、歌唱，或其他文藝、學術或美術（包含音樂，下同）

3　參見嚴裕欽，台灣法制之回顧與前瞻 —— 著作權法（二），http://www.lawtw.com/article.php?template=article_content&area=free_browse&parent_path=,1,561,&job_id=57986&article_category_id=1567&article_id=28000（最後瀏覽日：2021/10/1）。

4　參見榛村專一，着作権法概論，巖松堂書店，昭和 8 年，頁 23。

5　參見勝本正晃，日本着作権法，巖松堂書店，昭和 15 年，頁 212。

範圍著作之著作人，應專有重製其著作之權利。文藝學術著作之著作權，應包含翻譯權，各種劇本及樂譜之著作權，應包含上演權。上述著作，均在創作完成時，即有著作權。

依日本1899年著作權法，有下列登記的特殊規定：

一、讓與等登記：著作權之繼承、讓與及設質，非經登記，不得對抗第三人（第15條第1項）。

二、本名登記：匿名或別名之著作之著作人，不問現有著作權與否，得為本名之登記（第15條第2項）。匿名或別名之著作之發行人或上演人，得保全著作人之權利，但如果經本名登記者，不在此限（第12條）。又匿名或別名之著作之著作財產權期間，自發行或上演之日起30年，但有上述登記者，則為著作人終身加死亡後30年（第4條及第5條）。

三、著作年月日登記：著作人，不問現有著作權與否，得為著作年月日之登記（第15條第3項）。前述登記，具有法律的推定效力（第35條第4項）。

四、最初發行登記：著作權人於著作最初發行時，著作權人及其發行人於最初發行後一年內，得為第一次發行年月日之登記（第15條第4項）。前述登記，具有法律的推定效力（第35條第5項）。

五、出版權登記：出版權之取得、喪失、變更及設質，非經登記，不得對抗第三人（第28條之10）。

六、信託登記：以著作權為信託標的，非經登記不得對抗第三人（信託法第3條第1項）[6]。

以上登記，由行政廳為之，其登記辦法另以命令定之（第16條）。

---

[6] 參見城戶芳彥，著作権法研究，新興音樂出版社，昭和18年，頁325。

第三節　大清著作權律之著作權註冊制度

大清著作權律，係中國最早成文之著作權法，移植自日本明治32年（1899年）之著作權法[7]。兩者大多類似，僅有少數不同。

依民國元年9月26日第149號政府公報所載內務部通告：「為通告事：查著作物註冊給照關係人民私權，本部查前清著作權律尚無與民國牴觸之條，自應暫行援照辦理，為此刊登公報。凡有著作物擬呈請註冊，及曾經呈報未據繳費領照者，應即遵照著作權律，分別呈候核辦可也[8]。」大清著作權律，於民國建立時，仍然有效。

大清著作權律（下稱「著作權律」）有關著作權註冊規定，有下列重點：

第一項　著作權之取得採註冊主義

依著作權律第1條規定：「凡稱著作物而專有重製之利益者，曰著作權。稱著作物者，文藝、圖畫、帖本、照片、雕刻、模型皆是。」第4條規定：「著作物經註冊給照者，受本律保護。」第11條規定：「凡著作權均以註冊日起算年限。」第12條規定：「編號逐次發行之著作，應從註冊後，每號每冊呈報日起算年限。」亦即著作權律對著作權之取得採註冊主義，無著作權註冊，並無著作權。此與日本1899年之著作權法採創作主義有異。

第二項　著作權之主管機關

著作權律第2條規定：「凡著作物歸民政部註冊給照。」即大清著作權律以民政部為著作權主管機關。

7　參見王蘭萍，近代中國著作權法的成長（1903-1910年），北京大學出版社，2006年，頁99以下。

8　參見秦瑞玠，著作權律釋義，上海商務印書館，1914年4月再版，頁1。

第三項 著作權註冊之申請人

一、本人申請：凡以著作物呈請註冊者，呈報時應用本人姓名；其以不著姓名之著作呈報時，亦應記出本身真實姓名（第16條）。

二、官署或團體代表人申請：凡以學堂、公司、局所、寺院、會所出名發行之著作，應用該學堂等名稱，附以代表人姓名呈報；其以官署名義發行者，除法令約章及文書案牘外，應由該官署於未發行前咨報民政部（第17條）。

三、發行人申請：凡擬發行無主著作者，應將緣由預先登載官報及各埠著名之報，限以一年內無出而承認者，准呈報發行（第18條）。

四、繼承人申請：凡著作人死人者，由繼承人申請註冊（第20條）。

五、讓與人與受讓人共同申請：著作權移轉者，由讓與人與受讓人共同申請（第21條）。

六、著作權人與設質人共同申請：著作權設質者，由著作權人與設質人共同申請（第21條）。

第四項 著作權之註冊申請程序

一、應備樣本：凡以著作物呈請註冊者，應由著作者備樣本二份，呈送民政部；其在外省者，則呈送該管轄衙門，隨時申送民政部（第3條）。

二、分次發行之著作：編號逐次發行之著作，或分數次發行之著作；均應於首次呈報時預為聲明；以後每次發行，仍應呈報（第19條）。

三、修正之著作：在著作權期限內，將原著作重製而加以修正者，應赴該管衙門呈報，並送樣本二份（第22條）。

第五項　已註冊之記載

凡已呈報註冊者，應將呈報及註冊兩項年月日，載於該著作之末幅；但兩項尚未完備而即發行者，應將其已行之項載於末幅（第 23 條）。

第六項　虛偽註冊標記之處罰

未經呈報註冊，而著作末幅假填呈報註冊年月日者，科以 30 元以上 300 元以下之罰金（第 48 條）。

第七項　註冊呈報不實之撤銷

呈報不實者，及重製時加以修正而不呈報立案者，查明後將著作權撤銷（第 49 條）。

第八項　註冊規費

註冊應納公費，每件銀數如下（第 55 條）：

一、註冊費銀 5 元。

二、呈請繼續費銀 5 元。

三、呈請接受費銀 5 元。

四、遺失補領執照費銀 3 元。

五、著作權憑據存案費銀 1 元。

六、該管官署查閱著作權案件費銀 5 角。

七、該管官署抄錄著作權案件費銀 5 角，過百字者每百字遞加銀 1 角。

八、著作權憑據案件蓋印費銀 5 角。

第四節　民國 17 年國民政府時代著作權法之著作權註冊制度

民國 4 年北洋政府之著作權法，大抵沿襲 1910 年之大清著作權律。民國 17 年國民政府制定之著作權法，變動較大。

民國 17 年國民政府之著作權法，其著作權註冊程序，與 1910 年的大清著作權律相差無幾，然有下列三點不同：

第一項　著作權之取得採註冊審查主義

一、著作權之取得須經註冊

民國 17 年著作權法第 1 條規定：「就左列著作物依本法註冊，專有重製之利益者，為有著作權：一、書籍論著及說部；二、樂譜劇本；三、圖畫字帖；四、照片雕刻模型；五、其他關於文藝學術或美術之著作（第 1 項）。」「就樂譜劇本有著作權者，並得專有公開演奏或排演之權（第 2 項）。」足見著作權之取得，須經註冊。

二、著作權註冊之程序，須就其著作加以審查

著作物之註冊由國民政府內政部掌管之。內政部對於依法令應受大學院審查之教科圖書，於未經大學院審查前，不予註冊（第 2 條）。

第二項　違反黨義及禁止發行之著作，不得註冊

內政部於著作物呈請註冊時，發現其有左列情事之一者，得拒絕註冊（第 22 條）：一、顯違黨義者；二、其他經法律規定禁止發行者。

第三項　通行二十年及自願任人翻印之著作，不得註冊

著作物有下列情形之一者，不得依本法呈請註冊（著作權法施行細則第1條）：一、未經註冊而已通行20年以上者：上述所謂通行，只須該著作實際上可認為曾經通行者即可，不以印刷流傳為限。影印名貴碑帖，亦屬流傳[9]；二、著作人自願任人翻印仿製者：上述所謂著作人自願任人翻印、仿製，其意思表示並無一定方式，亦不以明示為限，苟依一切情事，可推斷其有許任何人翻印、仿製之意思者，即合於該款之規定：若僅有許特定人翻印、仿製之事實，尚難推斷其有許任何人翻印、仿製之意思[10]。

第四項　移轉及繼承採註冊對抗主義

著作權之移轉及承繼，非經註冊不得對抗第三人（第15條）。大清著作權律對此無特別規定，然而民國17年之著作權法有特別規定。此與1899年日本著作權法規定相同。

第五節　民國33年著作權法之著作權註冊制度

民國33年之著作權法，雖亦採註冊審查主義，並且對著作權之移轉及繼承採註冊對抗主義，但是較民國17年之著作權法，亦有下列不同：

第一項　刪除若干不得註冊之規定

民國17年著作權法對未經大學院審查之教科圖書、顯違黨義、依法禁止發行之著作、著作人自願任人翻印仿製之著作，不得申請註冊，民國33年著作權法刪除這些規定。

9　參見司法院24年院字第1366號解釋。
10　參見司法院25年院字第1449號解釋。

第二項　在施行細則增加詳細的註冊程序規定

著作物聲請註冊者，應備樣本二份，並附具聲請書，載明下列各款事項（施行細則第 2 條）：

一、著作物之名稱及件數。

二、著作人之姓名、年齡、籍貫、住址。

三、著作權所有人姓名、年齡、籍貫、住址。

四、最初發行年月日。

五、依法令應受審查之著作物，其審查機關名稱及發給證照字號與年月日。

著作物確實不能備具樣本者，得以著作物詳細說明書或圖畫代替之。繼承著作權聲請註冊者，毋庸備具樣本。

第三項　規定註冊登記之公告及登記簿之查閱、抄錄

著作物之註冊由內政部將應登記之各項登記於著作物註冊簿上。著作物經註冊後，應由內政部發給執照並刊載政府公報公告之（施行細則第 5 條）。上述註冊登記簿，不問何人均得請求准其查閱或抄錄之（施行細則第 7 條）。

第四項　規定著作定價過高，主管機關得酌減

著作物之定價過高者，內政部得令發行人酌減之。上述定價之酌減，如係教科書，內政部應會商教育部辦理之（施行細則第 9 條）。

第五項　規定非經註冊，不得印「有著作權翻印必究」字樣

未經註冊而刊載「有著作權翻印必究」等字樣之著作物，應於本法施行後一年內補行註冊或刪去各該字樣，否則應處 20 元以下罰金（施行細則第 11 條）。

民國38年著作權法修正，其程序與民國33年著作權法完全相同，茲不復贅。

第六節　民國53年著作權法之著作權註冊制度

民國53年之著作權法與民國33年及38年著作權法相較，其註冊制度及效果，僅有兩點主要不同：

第一項　增加製版權註冊制度

民國53年著作權法第22條規定：「無著作權或著作權年限已滿之著作物，經製版人整理排印出版，繼續發行，並依法註冊者，由製版人享有製版權十年，其出版物非製版所有人，不得照像翻印。」上述所稱「無著作權之著作物」，係指著作權法第1條第1項各款所列舉之著作物通行20年未聲請註冊者，及同項各款所未列舉之著作物而言。所稱「著作權年限已滿之著作物」，係指已經向內政部註冊之著作物，依著作權法所定之著作權年限已滿者而言（施行細則第3條）。

製版權係有別於著作權之權利，相當於外國之「著作鄰接權」。製版權之註冊，依著作權法以出版物聲請註冊者，應備樣本二份，並附具申請書載明下列各款事項（施行細則第7條）：

一、出版物之名稱、件數、定價及最初發行年月日。

二、原著作物之名稱及原著作人姓名。

三、製版人、製版權所有人及發行人之姓名、出生年月日、籍貫、住址。

四、已受審查之出版物，其審查機關名稱及發給證照字號與年月日。

五、出版物整理排印簡要情形。

繼承或受讓業經註冊之出版物聲請註冊者，應附具繼承或受讓證件，並繳附原製版權註冊執照。

第二項　增加未經註冊得請求民法侵權行為的規定

本來著作權之取得採註冊主義者，未經著作權註冊，即無著作權。無註冊之著作被侵害，原則上非權利之侵害。然而民國 54 年 5 月 11 日修正公布之著作權法施行細則第 23 條規定：「未依本法註冊取得著作權或製版權之著作物，遇有非著作人以之製版或照相翻印及非製版人以之照相翻印者，著作人或製版人得依民法侵權行為之規定，訴請司法機關辦理。」此一規定，係規定在著作權法施行細則中，依中央法規標準法第 5 條規定，有關人民權利義務之事項，應以法律定之。上述施行細則並非法律，未經註冊之著作被侵害，是否允許以民法侵權行為規定請求損害賠償？實務上有下列見解：

一、未依著作權法註冊取得著作權或製版權之著作物，遇有非著作人以之製版或照像翻印及非製版人以之照像翻印者，著作人或製版人得依民法侵權行為之規定訴請司法機關辦理，著作權法施行細則第 23 條定有明文。是著作物未經註冊者，固不得依著作權法之規定對於他人之翻印等行為提起訴訟，惟仍得依民法侵權行為之規定訴請賠償（最高法院 55 年台上字第 1779 號民事判決）。

二、著作物未經註冊者，固不得依著作權法之規定，對於他人之翻印等行為提起訴訟，惟仍得依民法侵權行為之規定訴請賠償，此觀著作權法施行細則第 23 條所定「未依本法註冊取得著作權或製版權之著作物，遇有非著作人以之製版或照像翻印及非製版人以之照像翻印者，著作人或製版人，得依民法侵權行為之規定，訴請司法機關辦理」等語自明，故遇此類事件，不得僅以其著作物未經註冊，即將原告之訴駁回（最高法院 55 年 4 月 18 日第三次民刑庭總會決議）。

三、依自己見解，蒐集資料，撰寫編印之書籍，自為其所有之著作物，系爭《試題詳解》乃被上訴人對歷屆高等、普通、特種、檢定等各類考試之試題，蒐集資料，撰寫之答案，是《試題詳解》縱使未經內政部依著作法准予註冊取得著作權及出版權，但既屬於被上訴人所有之著作物，即應受民法之保護。上訴人蒲秀媚出版之《輔導叢書》，係將被上訴人編印之《試題詳解》抄襲剪貼影印而成，即係侵害被上訴人所有之著作物。因被上訴人《輔導叢書》之銷售，既比例減少其《試題詳解》之銷路，上訴人所得之利益，即為被上訴人所受損失，應由該上訴人負賠償責任（最高法院 56 年台上字第 3421 號民事判決）。

四、細則第 23 條所指「著作人」或「製版人」包括法人，至法人所發行未經註冊之美術製作物，是否得根據上開條文規定以著作人或製版人名義請求排除侵害一事，應由法院就具體案件加以認定（內政部 72 年 3 月 20 日台 (72) 內著字第 141830 號函復國泰法律事務所）。

五、依著作權法施行細則第 23 條之規定，遇有非著作人以之製版或照相翻印者，著作人仍得依民法侵權行為之規定，訴請排除其侵害。而所謂排除侵害，只須有侵害行為存在，受害人即得請求排除，初不以有實際上之損害發生為要件（最高法院 72 年台上字第 1658 號民事判決）。

第七節　民國 74 年著作權法之著作權註冊制度

民國 74 年著作權法大抵沿襲民國 53 年之著作權法，然而著作權註冊制度日益成熟。其與民國 53 年著作權法最大的不同，乃著作權之取得採創作主義，未經註冊之著作，仍有著作權。然外國人之著作，係採註冊主義，另製版權，仍然採註冊主義，非經註冊，並無製版權。

由於民國 74 年著作權法及其後民國 75 年所制定之著作權法施行細則，係我國著作權註冊制度下最後一次大幅度立法修正，且著作權註冊制度規定日臻成熟，本節乃較詳細介紹其註冊制度如下：

第一項　著作權之取得原則上採創作主義，例外採註冊主義

依民國 74 年著作權法第 3 條第 1 項第 2 款規定：「著作權：指因著作完成而發生第四條所定之權利。」著作權註冊，並非著作之取得要件。然而

有下列二種情形例外採註冊主義：

一、外國人之著作：著作權法第 17 條規定：「外國人之著作合於左列各款之一者，得依本法申請著作權註冊：一、於中華民國境內首次發行者。二、依條約或其本國法令、慣例，中華民國人之著作得在該國享受同等權利者（第 1 項）。」「前項註冊之著作權，著作權人享有本法所定之權利。但不包括專創性之音樂、科技或工程設計圖形或美術著作專集以外之翻譯（第 2 項）。」外國人著作，符合著作權法第 17 條規定，其著作之著作權採註冊主義，著作須經註冊方有著作權。然而美國人之著作權，實務見解認為依中美友好通商航海條約，於創作完成時，即有著作權[11]。

二、製版權：著作權法第 24 條規定：「無著作權或著作權期間屆滿之著作，經製版人整理排印或就原件影印發行並依法註冊者，由製版人享有製版權十年（第 1 項）。」「前項之著作為電影，經製版人申請目的事業主管機關發給准演執照並依法註冊者，由製版人享有製版權四年（第 2 項）。」「製版權之轉讓、繼承或設定質權，準用本法關於著作權之有關規定（第 3 項）。」

第二項　著作權註冊之註冊機關為內政部

著作權法第 2 條規定：「本法主管機關為內政部。」著作權之主管機關，即著作權之註冊機關。

民國 75 年 5 月 16 日內政部發布「內政部著作權委員會組織規程」。依該規程規定，內政部為處理著作權業務，依內政部組織法第 9 條規定，設著作權委員會（第 1 條）。著作權委員會置主任委員一人，委員七至九人，由

---

[11] 參見內政部 75 年 1 月 31 日（75）內著字第 368451 號函，其後司法實務亦採此見解。高雄高分院 80 年台易字第 633 號刑事判決等，亦採此旨。參見蕭雄淋，著作權法判決決議、令函釋示、實務問題彙篇，五南圖書，2001 年 3 版，頁 308 以下。

部長就內政部高級職員指派兼任，任期為2年（第3條）。著作權委員會置執行秘書一人、組長四人、秘書二人、編審二人、專員三人、視察二人、科員八人、技士一人、書記二人。執行秘書係部長就內政部第十一職等以上職員指派兼任、承主任委員之命處理該委員會事務，並指揮監督所屬職員。組長則由內政部第九職等職員兼任。其餘秘書等由內政部組織法所定員額調充之（第3條、第9條）。又內政部著作權委員會設下列四組：一、第一組；二、第二組；三、第三組；四、第四組（第4條）。以上四組其職掌如下：

一、第一組掌理下列事項（第5條）

（一）關於本國人之文字著述、語言著述、編輯、音樂、電影、錄音、錄影、演講、演奏、演藝、舞蹈著作申請著作權註冊事項。

（二）關於製版權申請註冊事項。

（三）關於前二款註冊案件之撤銷事項。

（四）關於音樂著作權民間團體組織之輔導與監督事項。

（五）關於音樂著作強制使用報酬率之訂定與裁決事項。

（六）關於第1款至第3款案件之訴願、再訴願、行政訴訟答辯暨法院函詢鑑定事項。

（七）關於人民對第1款、第2款註冊案件之申請查閱與函詢服務事項。

（八）關於第1款至第3款案件之抄登列管事項。

二、第二組掌理下列事項（第6條）

（一）關於本國人之文字或語言著述之翻譯著作、電腦程式著作及外國人著作申請著作權註冊事項。

（二）關於前款註冊案件之撤銷事項。

（三）關於國際著作權會議及中外著作權會議之研究處理事項。

（四）關於國際著作權組織之聯繫事項。

（五）關於第 1 款、第 2 款案件之訴願、再訴願、行政訴訟答辯暨法院函詢鑑定事項。

（六）關於人民對第 1 款註冊案件之查閱與函詢服務事項。

（七）關於第 1 款、第 2 款案件之抄登列管事項。

三、第三組掌理下列事項（第 7 條）

（一）關於本國人之美術、圖形、攝影、地圖、科技或工程設計圖形及其他著作申請著作權註冊事項。

（二）關於前款註冊案件之撤銷事項。

（三）關於前二款案件之訴願、再訴願、行政訴訟答辯暨法院函詢鑑定事項。

（四）關於人民對第 1 款註冊案件之查閱與函詢服務事項。

（五）關於第 1 款、第 2 款案件之抄登列管事項。

四、第四組掌理下列事項（第 8 條）

（一）關於著作權委員會年度工作計畫及預算編擬事項。

（二）關於各類著作申請註冊案件之收件、收費及櫃台服務諮詢事項。

（三）關於加強取締侵害著作權案件之協調與監督事項。

（四）關於著作權爭議事件之調解事項。

（五）關於著作權業務電腦化之策劃與執行事項。

（六）關於其他不屬各組之事項。

另外，著作權委員會視業務需要，得設各種著作審查小組（第 10 條）。

第三項　著作權註冊對內容仍須審查，但未註冊仍有著作權

著作權法第 6 條第 1 項規定：「第四條第一項所定之著作，得申請著作權註冊。但有左列情事之一者，不適用之：一、不合本法規定者。二、依法應受審查而未經該管機關審查核准者。三、經依法禁止出售或散布者。」依此規定，只要是著作權法所例示之著作，均得申請著作權註冊，但有下列例外，不得申請著作權註冊：

一、不合著作權法規定者

所謂「不合於本法規定者」，依民國 74 年著作權法修正當時所起草的著作權法施行細則修正草案第 7 條規定（民國 75 年正式施行細則對此無規定），係指下列情形：

（一）不合於著作權法第 3 條第 6 款至第 21 款定義或不屬本法第 4 條第 1 項所定之著作：即非屬於「著作」者。

（二）屬於著作權法第 5 條所規定者：即屬於：1. 憲法、法令及公文書；2. 標語及通用之符號、名詞、公式、數表、表格、簿冊、時曆；3. 單純傳達事實之新聞報導；4. 各類考試試題。

（三）不合著作權第 13 條關於翻譯之規定者：例如翻譯本國人之著作，未取得原著之著作權人同意；未經原著著作權人同意，譯文與原文並列；轉載原著之附圖、圖例及攝影，未將文字說明加以翻譯等。

（四）屬於著作權法第 15 條第 2 項規定：「著作經增訂而新增部分性質上可以分割者，該部分視為新著作；其不能分割或係修訂者，視為原著作之一部。」第 15 條第 2 項後段所定視為原著作之一部者：著作不能分割或係修訂者，視為原著作之一部，不得再行註冊。

（五）不合著作權法第 19 條規定者：即揭載於新聞紙、雜誌之著作，經註明不許轉載者，而加以轉載或轉播；或未經註明不許轉載，加以轉載

或轉播，未註明或播送出處。又得轉載之著作，不得另行編印單行版本。

（六）不合於著作權法第 20 條第 1 項規定者：著作權法第 20 條第 1 項規定：「音樂著作，其著作權人自行或供人錄製商用視聽著作，自該視聽著作最初發行之日起滿二年者，他人得以書面載明使用方法及報酬請求使用其音樂著作，另行錄製。」不合此規定者，該錄製著作，不得申請註冊。

（七）不合著作權法第 25 條至第 33 條規定者：即不合著作權法第 25 條至第 27 條而有侵害著作人格權之情形者；有第 28 條侵害著作權之情形者；不合於第 29 條至第 32 條著作權限制規定而有侵害著作權者。

（八）依著作權法第 37 條規定有虛偽情事者：即著作權註冊之申請有虛偽情事者。

（九）同一著作權標的重複申請註冊者：同一著作權標的，不論同一申請人或不同之申請人，均不得為重複申請。

（十）著作之著作權期間屆滿或為無著作權者：申請人以著作權期間屆滿或無著作權之著作為標的提出申請，均不予註冊。

（十一）著作權標的或著作權歸屬無法確定者[12]。

（十二）其他不合本法規定者：指無法預期之各種不合法態樣而為之概括規定。

二、依法應受審查而未經該管機關審查核准者

依民國 53 年舊著作權法第 2 條規定：「著作物之註冊，由內政部掌管之。內政部對於依法令應受審查之著作物，在未經法定審查機關審查前，不

[12] 依原著作權法施行細則修正草案說明謂，此係指「同一申請案含數權利標的致無法審定者」，本款規定是否認係「不合本法規定」者，實有商榷之餘地。

予註冊。」此所謂「依法令應受審查之著作物」，係依「法律」及「命令」加以審查，依「法律」加以審查，係依出版法第21條規定：「出版品之為學校或社會教育各類教科圖書發音片者，應經教育部審定後，方得印行。」依「命令」加以審查者，內政部於民國49年12月18日公布「內政部著作權審定委員會組織規程」，於54年8月20日修正一次。依該規程規定，著作權審定委員會設主任委員一人，由內政部政務次長兼任（第4條），審定委員11人至17人，由部長就內政部職員中指派兼任（第3條）。另設秘書一人，幹事一人，承主任委員之命，辦理日常工作（第5條）。著作物或出版物之內容與內政部業務有關者，送各該業務單位審查；有專門性、重要性者，轉請有關主管機關或委託專家學者代為審查；一般性者，分送著作權審定委員會審查委員審查。審查由審查人一週內，將審查意見送由主任委員提會審議後，簽請部長核定，然後予以註冊（第7條）。審查中，如發現有下列情形之一者，應於審查意見內，將事實詳細列舉（第8條）：（一）違反著作權法、出版法或其他法令者；（二）文理不通或錯誤者；（三）神奇怪誕涉於迷信者。在實務上，審查註冊所需期間，以曾經教育部審查之普通教科書之註冊最為迅速，約一週即可核發著作權執照，其他普通著作物，如內容非過分龐雜，於一個月內可核發著作權執照。但如著作物經審查後，被認為內容欠妥時，由內政部按其程度之輕重，分別為不同之處理。其程度輕微者，核准註冊並通知再版時修改，若認為其中部分內容牴觸國策，涉於迷信晦淫，影響他人利益者，則通知修改，並呈送修訂本再複審，於複審通過後予以註冊。若認定其內容非著作權法所稱之著作物，或涉於抄襲，荒謬無稽，違反國策，而情節較重者，則駁回其註冊之聲請，必要時得移送有關機關處理[13]。

本款僅規定「依法應受審查而未經該管機關審查核准者」，此僅言「依法」而未如民國53年舊著作權法規定「依法令」，解釋上，應指依當時出版法第21條等規定之「法律」而言，而不含命令在內。

---

[13] 參見施文高，著作權法概論，商務印書館，1975年1月，頁92-93。

三、經依法禁止出售或頒布者

著作如依法禁止出售或頒布者，亦禁止註冊。所謂依法禁止出售或頒布者，例如依當時出版法第39條規定禁止出售散布，第40條規定定期停止發行；依廣播電視法第44條規定停播之著作是。

第四項　著作權之轉讓、繼承及設質，採註冊對抗主義

著作權法第16條規定：「著作權之轉讓、繼承或設定質權，非經註冊，不得對抗第三人。」實務上對此註冊對抗主義，有下列見解：

一、著作權轉讓非經註冊不得對抗第三人，係指著作權人先後將其著作權轉讓二人以上時，受讓在先之人不得對抗受讓在後但已經註冊之人而言，非不得對抗任何第三人（台灣高等法院台南分院79年上易字第5號刑事判決）。

二、申請著作權註冊之著作樣本應記載事項，乃行政管理上之要求，有無記載，並不影響著作權人之權利。再著作權法第16條所定著作權之轉讓，非經註冊，不得對抗第三人，係為解決雙重讓與之糾紛，並不以登記為生效要件（台灣高等法院81年上易字第940號刑事判決）。

三、實務座談會：

（一）法律問題：甲有A書之著作權，甲將A書交由乙出版，訂立出版權授與契約，其後甲將A書著作權轉讓丙，並辦理著作權轉讓註冊，乙之印刷銷售A書，有無侵害丙之著作權？

（二）討論意見：

甲說：乙侵害丙之著作權。蓋依著作權法第16條規定，著作權轉讓，非經註冊不得對抗第三人，易言之，甲丙著作權轉讓已為註冊，得對抗乙，不問乙為善意或惡意。甲乙之契約僅有債之效力，甲丙之轉讓有物之效力。

乙說：乙不得侵害丙之著作權。蓋依民法第 516 條規定：「著作人之權利，依契約實行之必要範圍內，移轉於出版人。」係仿照瑞士債務法例，採移轉說，乙與甲訂立出版契約，若依其契約內容可認甲已將著作權中之重製、銷售權移轉於乙，此移轉不待註冊即已發生效力。

初步結論：採乙說。

（三）研究結論：採乙說。

（四）法務部檢察司研究意見：同意研究結論。

（法務部司法官訓練所司法實務研究會第 28 期第二案）

第五項　侵害物之扣押、禁止及沒入以註冊之著作為要件

一、侵害物之扣押：著作權法第 35 條規定：「省（市）、縣（市）政府或司法警察官、司法警察對侵害他人業經著作權註冊之著作，經告訴、告發者，得扣押其侵害物，依法移送偵辦。」依民國 74 年著作權法對本國人之著作，係採創作主義，但依本條規定，省（市）、縣（市）政府或司法警察官、司法警察得扣押侵害著作權之侵害物者，僅限於業經著作權註冊之著作，未經著作權註冊者，不包含在內，以昭慎重。

二、侵害物之禁止及沒入：著作權法第 36 條規定：「以發售為目的輸入或輸出侵害他人業經著作權註冊之著作，應予禁止；必要時得沒入其侵害物。」

第六項　虛偽註冊之撤銷

一、著作權註冊之撤銷：著作權法第 6 條第 2 項規定：「著作權經註冊者，應發給執照。」同條第 3 項規定：「著作權經註冊後，發現有第一項情事之一者，應撤銷其註冊。」第 6 條第 1 項之情事，即：（一）不合本

法規定者；（二）依法應受審查而未經該管機關審查核准者；（三）經依法禁止出售或散布者。

二、虛偽註冊之撤銷：著作權或製版權註冊之申請有虛偽情事者，應不予註冊；於註冊後始發現者，應撤銷其註冊（第37條）。本條著作權或製版權之申請有虛偽情事，在刑事上可能觸犯刑法第214條之使公務員登載不實罪。刑法第214條規定：「明知為不實之事項，而使公務員登載於職務上所掌之公文書，足以生損害於公眾或他人者，處三年以下有期徒刑、拘役或五百元以下罰金。」惟本條規定以行為人故意為要件，行為人過失則不處罰（刑法第12條）。刑事訴訟法第241條規定：「公務員因執行職務，知有犯罪嫌疑者，應為告發。」故主管機關遇有人民申請著作權或製版權註冊虛偽情事，認為有故意嫌疑者，應移送地檢處偵辦。實務意見如下：

（一）實務意見一

1. 法律問題：某甲之著作物甚為暢銷，但並未申請註冊取得著作權，某乙乃擅自翻印某甲之著作物銷售，更偽以自己之著作物搶先申請註冊，致矇混內政部著作權審定委員會核准註冊發給著作權執照，某乙之行為除違反著作權法第37條外，是否另觸犯刑法第214條之罪？

2. 討論意見：

甲說：否定說。

理由：認刑法第214條之罪，雖以使公務員登載不實為要件，惟該公務員對於該不實之事項，須無查明之職責，若公務員對於承辦之業務，依規定有審查之義務者，乃因未予詳查，即予以登載職務上所掌之公文書，仍不能以該罪相繩，而查著作權之是否准予註冊承辦公務員有審查之義務，故被告以他人著作物當作自己之著作物申請註冊尚難論以刑法第214條之罪。

乙說：肯定說。

理由：認審查之公務員固不可能博覽群書一一察覺著作物之擅自翻印、仿製或抄襲，何況真正著作物之著作人既未申請註冊，審查人亦根本無法查明，故 72 年 9 月 1 日著作權法修正草案（現正由立法院審議中）第 37 條修正規定為「著作權或製版權註冊之申請有虛偽情事者，應不予註冊，於註冊後始發現者，應撤銷其註冊」，其修正說明謂：現行條文將撤銷註冊之行政處分與罰金並列，惟「明知為不實之事項，而使公務員登載於職務上所掌之公文書」刑法已定有處罰條文，爰將罰金部分刪除，是顯採肯定說。

3. 討論結果：採乙說。

4. 台高檢處研究意見：同意原機關討論意見，以乙說為當。

5. 法務部檢察司研究意見：依目前實務上見解，以甲說為當（參見本部公報第 4 期 53 頁所載本司法 (69) 檢 (二) 字第 279 號函，及本部公報第 33 期 72 頁所載本部法 (72) 檢字第 1455 號函）。

6. 發文字號：法務部檢察司法 (73) 檢二字第 1074 號函復台高檢。

7. 座談機關：台北地檢（73 年 7 月份法律座談會）。

（二）實務意見二

1. 法律問題：甲乙二人合著一書，甲以自己單獨創作申請著作權登記，經完成註冊後，被乙發覺，遂申請撤銷其註冊，甲之行為是否觸犯刑法第 214 條使公務員登載不實罪？

2. 討論意見：

甲說（肯定說）：依舊著作權法第 37 條規定：「註冊時呈報不實者，除處五百元以下之罰金外，並得由內政部註銷其註冊。」現行著作權法雖刪除罰金刑，惟其刪除之理由乃係因

「明知為不實之事項，而使公務員登載於職務上所掌之公文書……」刑法上已有處罰條文，故將罰金部分刪除；現甲申請虛偽註冊，自應負刑法第214條之罪責。

乙說（否定說）：按刑法第214條所謂使公務員登載不實事項於公文書罪，須一經他人之聲明或申報，公務員即有登載之義務，並依其所為聲明或申報予以登載，而屬不實之事項者，始足構成，若其所為聲明或申請，公務員尚須為實質之審查，以判斷其真實與否，始得為一定之記載者，即非該罪所稱之使公務員登載不實（參見最高法院73年度台上字第1710號判決，載於最高法院民刑事裁判選輯第5卷第1期第779頁）；甲雖為虛偽之申請著作權註冊登記，惟該申請案仍須經主管機關審查，是甲不負刑法第214條之刑責。

初步結論：依著作權法施行細則之規定，主管機關尚須對出版物進行審查，自不得因甲申請虛偽註冊，即課以刑法第214條之罪責，擬採乙說。

3. 研究結論：採甲說。

4. 法務部檢察司研究意見：同意研究結論。

（法務部司法官訓練所司法實務研究會第27期第九案）

另主管機關在註冊中發現著作權或製版權申請有虛僞情事，不問申請人有無故意或過失，均應不予註冊，如註冊後始發現者，應撤銷其註冊。本條與第6條均規定主管機關之註冊。本條係規定註冊申請呈報不實，第6條係規定呈報不實以外之事項，然其效果則相同。

第七項　虛偽為業經註冊標示之處罰

著作權法第45條規定：「未經註冊之著作或製版物刊有業經註冊或其他同義字樣者，除由主管機關禁止銷售外，科八千元以下罰金。」

第八項　著作權註冊應備文件及其他物件

申請著作權註冊者，應檢具申請書一份、著作樣本二份及有關證明文件（施行細則第 4 條）。

一、申請書。

二、著作樣本：申請著作權註冊之著作樣本，應於適當位置載明下列各事項（施行細則第 15 條）：

（一）著作名稱、零售價格。

（二）著作人、出版人或發行人姓名、住址。

（三）著作完成日期或最初發行日期、版次。

（四）印製所或發行所名稱及所在地。

未發行或非銷售之著作樣本，免記載零售價格，無出版或發行人者，免記載上述第 2 款、第 4 款之事項。

翻譯著作樣本應載明事項，除前二項規定外，並應載明原著作名稱、原著作人姓名、版次及發行日期。但原著作無上述各項記載者，不在此限。

三、有關證明文件：

（一）著作為應受審查者，於申請著作權註冊時，應附具該管機關核准文件及影本各一份（施行細則第 7 條）。

（二）利用他人著作產生之著作，依法應經同意或授權者，於申請著作權註冊時，應附具原著作權人之同意書或授權書（施行細則第 8 條）。

（三）揭載於新聞紙、雜誌之著作，由各該新聞紙、雜誌社申請著作權註冊，應附具著作權證明文件。由著作人申請者得以切結書代替之（施行細則第 12 條）。

四、特殊著作應備原件：下列著作申請著作權註冊時，應檢附著作原件或原著作，於審定後發還（施行細則第5條）：

（一）未發行之著作。

（二）美術、圖形、科技或工程設計圖形著作。

（三）攝影著作。

（四）翻譯著作。

（五）其他經主管機關指定之著作。

然而，著作原件或樣本，如因性質特殊或龐大、易損或昂貴，確實不便或不能繳交者，得申請主管機關減免，或以著作詳細說明書、六面攝影圖說或其他代替物為之（施行細則第6條）。

五、委任書：委任他人代理申請註冊者，應附具委任書。代理人變更或解任時，委任人應以書面向主管機關為之（施行細則第17條）。

第九項　製版權註冊應備文件及物件

申請製版權註冊者，應檢具（施行細則第14條）：

一、申請書一份。申請製版權註冊之著作樣本，應於適當位置載明下列各款事項（施行細則第16條）：

（一）製版之原著作名稱、原著作人姓名。無原著作名稱或原著作人姓名不詳者，免記載原著作人姓名。

（二）製版人姓名、製版所名稱及所在地。

（三）製版最初發行日期、版次、零售價格。

二、保證書一份。保證書應載明用為製版之原著作為無著作權或著作權期間屆滿之著作。

三、製版之原著作一份。

四、著作樣本二份。

五、有關證明文件。

第十項　主管機關之其他註冊事項

一、註冊之給照：著作權、製版權准予註冊者，由主管機關發給執照，並將註冊事項登載於註冊簿及刊登政府公報（施行細則第 18 條）。

二、樣本之收藏：申請註冊繳交之著作樣本，經主管機關為准駁之處分後，不得請求發還（施行細則第 19 條）。

三、註冊簿及樣本之查閱：著作權或製版權之註冊簿及第 4 條所定之著作樣本，任何人均得申請查閱（施行細則第 20 條）。

四、執照之加發：著作權人或製版權人於申請著作權或製版權註冊時，得請求按著作權人或製版權人人數加發執照（施行細則第 21 條）。

五、執照之遺失或毀損：著作權或製版權執照遺失時，應親具切結書，報請補發，嗣後發現已報失之執照，應即繳銷。著作權或製版權執照損壞時，應附具原領執照，報請換發。上述補發或換發執照，主管機關應刊登政府公報（施行細則第 22 條）。

六、註冊撤銷後續之處理：依法撤銷註冊者，除刊登政府公報外，應通知持照人將原執照繳回（施行細則第 26 條）。

第八節　民國 81 年著作權法之登記制度

民國 79 年著作權法雖有部分修正，但著作權註冊制度與民國 74 年著作權法之註冊制度完全相同，茲不復贅。

民國 81 年著作權法與民國 74 年著作權法顯著不同者，有：

第一項　著作權之取得完全採創作主義

民國 81 年著作權法第 3 條第 1 項第 3 款規定：「著作權：指因著作完成所生之著作人格權及著作財產權。」第 4 條規定：「外國人之著作合於左列情形之一者，得依本法享有著作權。但條約或協定另有約定，經立法院議決通過者，從其約定。一、於中華民國管轄區域內首次發行，或於中華民國管轄區域外首次發行後三十日內在中華民國管轄區域內發行者。但以該外國人之本國，對中華民國人之著作，在相同之情形下，亦予保護且經查證屬實者為限。二、依條約、協定或其本國法令、慣例，中華民國人之著作得在該國享有著作權者。」依民國 74 年著作權法規定，對本國人著作之取得採創作主義，外國人著作之取得採註冊主義，然而民國 81 年著作權法則內外國平等，均採創作主義。

第二項　著作權之註冊改為登記

著作權法第 74 條規定：「著作人或第八十六條規定之人，得向主管機關申請著作人登記。著作財產權人，得向主管機關申請登記其著作財產權、著作之首次公開發表日或首次發行日。」民國 81 年著作權法，將民國 74 年的著作權註冊制度，改為登記制度。茲介紹民國 81 年之著作權登記制度如下：

一、著作權之登記機關

依著作權法第 2 條規定：「法所稱主管機關為內政部（第 1 項）。」「內政部得設著作權局，執行著作權行政事務；其組織，另以法律定之（第 2 項）。」著作權之登記機關為內政部。

二、著作權登記之種類

著作權法第 74 條規定：「著作人或第八十六條規定之人，得向主管機關申請著作人登記（第 1 項）。」「著作財產權人，得向主管機關申請登記其著作財產權、著作之首次公開發表日或首次發行日（第 2 項）。」第 75 條規定：「有左列情形之一者，非經登記，不得對抗第三人：一、著作財產權之讓與、專屬授權或處分之限制。二、以著作財產權為標的物之質權之設定、讓與、變更、消滅或處分之限制。但因混同、著作財產權或擔保債權之消滅而質權消滅者，不在此限。」上述規定，著作權登記之種類如下（施行細則第 3 條）：

（一）著作人登記。

（二）著作財產權登記。

（三）著作首次公開發表日或首次發行日登記。

（四）著作財產權讓與登記。

（五）著作財產權專屬授權或處分之限制登記。

（六）以著作財產權為標的物之質權設定、讓與、變更、消滅或處分之限制登記（以下簡稱著作權質權登記）。

第三項　申請著作權登記之申請人

一、申請著作人登記，應由著作人為之。著作人死亡者，應由本法第 86 條規定之人為之。第 86 條規定之人，即著作人死亡後，依順序由：（一）配偶；（二）子女；（三）父母；（四）孫子女；（五）兄弟姊妹；（六）祖父母申請。

二、申請著作財產權、著作首次公開發表日或首次發行日登記，應由著作財產權人為之。

三、其他登記之申請人：申請著作財產權讓與、專屬授權、處分之限制或著作權質權登記，應由權利人為之（施行細則第 5 條）。

第四項　申請著作權登記應備之文件

申請著作權登記，應檢具下列文件（施行細則第 6 條）：

一、著作權登記申請書。

二、著作樣本一份及主管機關指定之著作內容說明書或著作原件：上述著作樣本應符合主管機關指定之規格。證明文件正本，於核驗後發還。著作原件或樣本，如因性質特殊或龐大、易損或昂貴，確實不便或不能繳交者，得申請主管機關減免，或以著作詳細說明書、四面、五面或六面攝影圖說或其他代替物為之（施行細則第 16 條）。

三、依法令應檢具之證明文件正本及影本各一份：上述證明文件正本，於核驗後發還。著作依法應受審查者，於申請著作權登記時，應檢具該管機關核准文件（施行細則第 17 條）。

第五項　申請著作權登記申請書應載事項

著作權登記申請書，除本細則另有規定外，應記載下列事項，由申請人或代理人簽名或蓋章（施行細則第 7 條）：

一、申請人姓名或名稱、出生或設立年、月、日及住、居所。申請人為法人者，其代表人之姓名。

二、由代理人申請登記者，其姓名或名稱及住、居所。代理人為法人者，其代表人之姓名。

三、著作名稱。

四、著作類別。

五、著作人姓名或名稱及其國籍。

六、著作完成日或首次公開發表日。

七、登記項目。

八、登記原因及其發生年、月、日。

九、已註冊或登記者，其著作權執照號碼或登記案號。

十、外國人依首次發行而受保護者，申請著作權登記者，其申請書應記載首次發行之國家或地區及該款規定發行事實之日期。

十一、因互惠關係而受保護之外國人申請著作權登記者，其申請書應記載著作財產權人之姓名或名稱、國籍、出生或設立年、月、日及住、居所、著作首次發行日、首次發行之國家或地區、在條約或協定規定國家內發行日及著作人之住、居所。如著作財產權係受讓取得者，並應記載其受讓日期。

第六項　各種不同著作權登記申請，申請書應多加記載事項

一、申請著作人登記

申請著作人登記者，其申請書應記載著作人之出生或設立年、月、日及住、居所；如著作人已死亡者，其死亡日期；如以別名公開發表其著作者，其別名。著作權法第 86 條規定之人為第 1 項申請者，應檢具著作人死亡證明文件影本及申請人身分證明文件影本（施行細則第 8 條）。

二、申請著作財產權登記

申請著作財產權登記者，其申請書應記載下列事項（施行細則第 9 條）：

（一）著作財產權人之姓名或名稱、國籍、出生或設立年、月、日及住、居所。

（二）著作財產權之範圍；其為共有者，應記載其應有部分。

三、申請著作首次公開發表日或首次發行日登記

申請著作首次公開發表日或首次發行日登記者，其申請書應記載下列事項（施行細則第10條）：（一）著作財產權人之姓名或名稱及其國籍；（二）著作首次公開發表日或首次發行日。

四、申請著作財產權讓與登記

申請著作財產權讓與登記者，其申請書應記載下列事項（施行細則第11條）：（一）著作財產權讓與人及受讓人之姓名或名稱、國籍、出生或設立年、月、日及住、居所；（二）著作財產權讓與之範圍；其為部分讓與者，應記載其讓與之應有部分或權利種類。

以上申請，應檢具著作財產權讓與之證明文件。

以上申請，其著作權在民國81年著作權法修正施行前業經註冊者，應繳回原領著作權註冊執照。

五、申請著作財產權專屬授權或處分之限制登記

申請著作財產權專屬授權或處分之限制登記者，其申請書應記載下列事項（施行細則第12條）：（一）被授權或限制之權利人及著作財產權人之姓名或名稱、國籍、出生或設立年、月、日及住、居所；（二）授權或限制之內容。

上述申請，應檢具授權或限制之證明文件。

六、申請著作權質權登記

申請著作權質權登記者，其申請書應記載下列事項（施行細則第13條）：

（一）質權人及出質人或質權讓與人及受讓人之姓名或名稱、國籍、出生或設立年、月、日及住、居所。

（二）債務人之姓名或名稱、出生或設立年、月、日及住、居所。

（三）債權金額。

（四）登記原因有存續期間、清償日期、利息、違約金或賠償數額之約定者，其約定。

上述第 2 款至第 4 款之事項，於申請質權變更或消滅登記者，免予記載。

申請質權設定登記或質權讓與登記者，應記載質權標的物之範圍。申請質權變更登記者，應記載變更登記之事項。申請質權處分之限制登記者，應記載限制之內容。

上述申請，應檢具質權設定、讓與、變更、消滅或處分之限制之證明文件。

申請質權讓與、變更、處分之限制或消滅登記，其質權在民國 81 年著作權法施行前業經註冊者，應繳回原領著作權設定質權證明書。

第七項　著作樣本應記載之事項

著作樣本，應於適當位置標明下列事項（施行細則第 15 條）：

一、著作名稱。

二、著作人之姓名或名稱。

三、著作財產權人之姓名或名稱：申請著作人登記者，得免標明此事項。

四、衍生、編輯著作之著作樣本，並應標明所改作或所編輯原著作之著作名稱、著作人姓名或名稱。但原著作無該項記載者，不在此限。

第八項　外國人著作之申請

一、申請著作人登記時，其著作人為外國人者，應檢具著作人之國籍或法人之證明文件。但得以著作人之宣誓書代之。

二、申請著作權登記時，除前項登記外，其著作財產權人為外國人者，應檢具著作財產權人之國籍或法人之證明文件。但得以著作財產權人宣誓書代之。

三、依著作權法第 4 條第 1 款規定申請者，應檢具該款規定發行事實之證明文件。

四、依著作權法第 4 條但書規定申請者，應檢具符合該規定之證明文件。

上述一、二之證明文件或宣誓書，應經中華民國駐外使領館、代表處、辦事處或其他外交部授權機構驗證或經中華民國法院認證（施行細則第 18 條）。

第九項　共同著作或共有著作權之申請

共同著作，其著作人之一人或數人，為著作人全體之利益，得申請全體著作人登記。著作權法第 86 條規定之人，以及共有著作財產權人中之一人或數人申請著作財產權、著作首次公開發表日或首次發行日登記，亦同（施行細則第 20 條）。

第十項　製版權登記之種類

著作權法第 79 條第 1 項規定：「無著作財產權或著作財產權消滅之中華民國人之文字著述或美術著作，經製版人就文字著述整理排印，或就美術著作原件影印首次發行，並依法登記者，製版人就其排印或影印之版面，專有以印刷或類似方式重製之權利。」製版權的登記，往往準用著作權登記（第 80 條）。依此規定，製版權之登記種類如下（施行細則第 4 條）：

一、製版權取得登記。

二、製版權讓與登記。

三、製版權專屬授權或處分之限制登記。

四、以製版權為標的物之質權設定、讓與、變更、消滅或處分之限制登記（以下簡稱製版權質權登記）。

第十一項　各種製版權之登記程序

一、製版權之申請人

申請製版權取得登記，應由製版人為之。申請製版權讓與、專屬授權、處分之限制或製版權質權登記，應由權利人為之（施行細則第 22 條）。

二、申請製版權應檢具之文件

申請製版權取得登記者，應檢具下列文件（施行細則第 23 條）：

（一）製版權登記申請書：登記申請書應記載被製版之原著作名稱及原著作人之姓名或名稱。

（二）被製版之文字著述或美術著作無著作財產權或著作財產權消滅之證明文件：無證明文件者，應檢具保證書，載明被製版之文字著述或美術著作無著作財產權或著作財產權消滅。

（三）被製版之文字著述之原著作或美術著作之原件。

（四）製版物樣本一份。

三、製版物樣本之記載

製版物樣本，應於適當位置標明下列事項（施行細則第 24 條）：

（一）被製版之原著作名稱及原著作人之姓名或名稱：原著作未標明者，免予標明。

（二）製版人之姓名或名稱。

（三）製版完成日期。

第十二項　註冊申請案之補正

有下列情形之一者，主管機關應通知申請人限期補正（施行細則第 26 條）：

一、未依規定繳納申請費、登記費及公告費者。

二、著作權或製版權登記申請書應載事項，未記載或記載不完整者。

三、應檢具之文件欠缺者。

四、著作樣本或製版物樣本未依主管機關指定之規格或著作樣本與著作原件不符者。

五、其他得補正之情形者。

第十三項　登記申請案之發還

有下列情形之一者，主管機關應以書面敘明理由，發還申請案（施行細則第 27 條）：

一、著作權或製版權登記申請書未經申請人或代理人簽名或蓋章者。

二、申請登記之事項，非本法所定之登記者。

三、申請人非第 5 條或第 22 條所定之人者。

四、申請書記載事項與其證明文件或樣本不符者。

五、申請書記載事項與登記簿原有記載不符者。

六、遇有利害關係人異議而其內容涉及私權爭執者。

七、主管機關依前條規定限期補正，逾期未補正或未照補正事項完全補正者。

第十四項　主管機關之不受理登記

有下列情形之一者，主管機關不受理登記（著作權法第 77 條）：

一、申請登記之標的不屬本法規定之著作者。

二、依第 74 條第 2 項規定申請登記著作財產權，而其著作財產權已消滅者。

三、著作依法應受審查，而未經該管機關審查核准者。

四、著作經依法禁止出售或散布者。

五、申請登記之事項虛偽者。

第十五項　核准登記之處理

一、主管機關核准著作權、製版權登記，除將登記之事項載於登記簿及刊登政府公報外，應按申請人之人數檢附登記簿謄本，以書面通知申請人（施行細則第 28 條）。

二、主管機關應備置登記簿，記載登記所為之登記事項，並刊登政府公報公告之。前項登記簿，任何人均得申請查閱或請求發給謄本（著作權法第 76 條）。

第十六項　撤銷登記

有下列情形之一者，主管機關應撤銷其登記（著作權法第 78 條）：

一、登記後發現有第 77 條所定（不受理登記）各款情形之一者。

二、原申請人申請撤銷者。

第十七項 登記之更正

一、著作權或製版權登記後，發現申請登記之事項錯誤時，得由申請人或其繼承人檢具證明文件，申請更正登記（施行細則第 29 條）。

二、主管機關所為之著作權或製版權登記有錯誤或遺漏之情形者，申請人或其繼承人得申請主管機關更正之。主管機關亦得逕行更正，並通知申請人（施行細則第 30 條）。

第十八項 變更登記

著作權或製版權登記後，其已登記之事項變更者，得由原申請人或其繼承人檢具證明文件，申請變更登記（施行細則第 31 條）。

第十九項 文件之發還及查閱

申請登記繳交之著作樣本及證明文件，經主管機關為准駁之處分後，不得請求發還。上述證明文件，申請人或出具人得申請查閱或影印。利害關係人檢具利害關係證明文件者，亦得申請查閱之（施行細則第 32 條）。

第二十項 登記簿及樣本之查閱

著作權或製版權之登記簿及經登記之著作樣本及製版物樣本，任何人均得申請查閱（施行細則第 33 條）。

第二十一項 委任代理人

委任他人代理申請時，應檢具委任書或代理權限之證明文件。代理人變更或解任時，委任人應以書面向主管機關為之（施行細則第 34 條）。

第二十二項　外文文件之翻譯

申請人提出之文件係外文者，應檢具中文譯本（施行細則第 35 條）。

第九節　現行著作權法之登記制度

民國 87 年著作權法修正，就著作權登記制度，做重大變革，全面廢除著作權登記制度。僅保留製版權登記（著作權法第 79 條），並保留著作權法修正施行前著作權或製版權註冊簿或登記簿，由主管機關提供民眾閱覽（著作權法第 115 條之 1）。

民國 87 年著作權法所以全面廢除著作權登記制度，其理由詳後述有關著作權登記制度存廢問題之專章討論。現行著作權法與民國 87 年著作權登記制度相同。

有關製版權登記，智慧局於中華民國 92 年 11 月 5 日以經智字第 09204612840 號令修正發布「製版權登記辦法」，其內容如下：

第一項　登記之機關

自從民國 53 年著作權法修正制定製版權以來，有關製版權之登記，原均由內政部為之，然而依 90 年 11 月 12 日修正公布之著作權法第 2 條規定：「本法主管機關為經濟部（第 1 項）。」「前項業務，由經濟部設專責機關辦理（第 2 項）。」其修正理由為：「經濟部智慧財產局組織條例第 2 條規定，有關著作權之相關業務為其職掌，經濟部智慧財產局（下稱「智慧局」）業於 88 年 1 月 26 日成立，原內政部主管之著作權相關業務已移撥該局主政，爰參考專利法第 3 條修正之[14]。」

---

[14] 參見立法院法律系統 —— 著作權法異動條文及理由，https://lis.ly.gov.tw/lglawc/lawsingle?0034491735A700000000000000000001400000000400FFFFFD00^01176090102500^00194001001（最後瀏覽日：2021/10/20）。

而依經濟部智慧財產局組織條例第 2 條規定，智慧局掌理包含著作權政策、法規、制度之研究、擬定及執行事項，以及著作權之相關資料之蒐集、公報發行、公共閱覽、諮詢服務、資訊推廣、國際合作、資訊交流及聯繫事項等，其中亦包含製版權之登記。

第二項　登記之申請人

一、申請製版權登記，應由製版人向著作權專責機關為之。

二、申請製版權讓與登記，應由受讓人向著作權專責機關為之。

三、申請製版權信託登記，應由委託人及受託人向著作權專責機關為之（辦法第 2 條）。

上述申請人有二人以上者，申請人之一人或數人，為全體之利益，得申請登記（辦法第 12 條）。

第三項　申請登記應檢具之文件

申請製版權登記，應檢具下列文件（辦法第 3 條）：

一、製版權登記申請書。

二、被製版之文字著述或美術著作無著作財產權或著作財產權消滅之證明文件：無此證明文件者，應檢具切結書，載明被製版之文字著述或美術著作無著作財產權或著作財產權消滅。製版類別如為美術著作，應檢具就美術著作原件以影印、印刷或類似方式重製首次發行之證明文件。無上述文件者，應檢具切結書。

三、被製版之文字著述之原著作或美術著作之原件。

四、製版過程詳細說明書及製版物樣本一份：文字著述之原著作或美術著作之原件，如因龐大、易損、昂貴或其他特殊情形，確實不便或不能繳交者，得向著作權專責機關申請減免，或以原著作或原件之詳細說明書、四面、五面或六面攝影圖說或其他代替物為之。製版物樣本，如有不便繳交之情形者，得向著作權專責機關申請准予繳交樣本之一部分（辦法第 6 條）。

五、製版物依法應受審查者，於申請製版權登記時，應檢具該管機關核准文件（辦法第 5 條）。

第四項　登記申請書之應載事項

製版權登記申請書，應記載下列事項，由申請人或代理人簽名或蓋章（辦法第 4 條）：

一、申請人姓名、出生年、月、日及地址。如係法人者，其名稱、設立年、月、日、地址及代表人姓名。

二、由代理人申請登記者，其姓名、地址。如係法人者，其名稱、地址及代表人姓名。

三、製版物名稱。

四、製版類別。

五、被製版之原著作名稱及原著作人之姓名或名稱。

六、製版人姓名或名稱及其國籍。

七、製版完成日。

第五項　製版物之樣本應記載之事項

製版物樣本，應於適當位置標明下列事項（辦法第 7 條）：

一、被製版之原著作名稱及原著作人之姓名或名稱：原著作未標明者，免予標明。

二、製版人之姓名或名稱。

三、製版完成日期。

第六項　申請製版權讓與登記

一、應備文件：申請製版權讓與登記，應檢具下列文件（辦法第 8 條）：（一）製版權讓與登記申請書；（二）讓與證明文件。

二、文件應載事項：製版權讓與登記申請書，應記載下列事項，由申請人或代理人簽名或蓋章（辦法第 9 條）：（一）上述第四項製版權申請書應記載之事項；（二）製版權登記號碼；（三）讓與人及受讓人姓名、出生年、月、日及地址。如係法人者，其名稱、設立年、月、日、地址及代表人姓名。

第七項　申請製版權信託登記、信託塗銷登記或信託歸屬登記

一、應備文件：申請製版權信託登記、製版權信託塗銷登記或製版權信託歸屬登記，應檢具下列文件（辦法第 10 條）：（一）製版權信託登記申請書；（二）信託契約或證明文件。

二、登記申請書應載事項：製版權信託登記申請書，應記載下列事項，由申請人或代理人簽名或蓋章（辦法第 11 條）：

（一）上述第四項申請書應載之七項事項。

（二）製版權登記號碼。

（三）委託人、受託人姓名、出生年、月、日及地址。如係法人者，其名稱、設立年、月、日、地址及代表人姓名。

（四）信託關係消滅，製版權歸屬於第三人時，申請製版權信託歸屬登記者，並應記載第三人之姓名、出生年、月、日及地址。如係法人者，其名稱、設立年、月、日、地址及代表人姓名。

第八項　涉外之申請登記

一、申請人持外國公文書申請登記者，該公文書應經中華民國駐外使領館、代表處、辦事處或其他經外交部授權機構驗證或經中華民國法院或民間之公證人認證。

二、申請人提出之文件係外文者，應檢具中文譯本（辦法第 13 條）。

三、申請人持大陸地區人民、法人、團體及其他機構出具之文書，應經行政院設立或指定之機構或委託之民間團體驗證（辦法第 14 條）。

第九項　製版權申請之補正

下列情形之一者，著作權專責機關應通知申請人限期補正（辦法第 15 條）：

一、未依規定繳納規費者。

二、申請書應載事項未記載或記載不完整者。

三、應檢具之文件欠缺者。

四、其他得補正之情形者。

第十項　製版權申請之駁回

有下列情形之一者，著作權專責機關應以書面敘明理由，駁回申請案（辦法第 16 條）：

一、申請人非真正依法得申請之人者。

二、申請書記載事項與其檢具之文件不符者。

三、申請製版權登記者，其申請事項與本法第 79 條第 1 項有關製版權規定不符者。

四、製版完成已逾 10 年者。

五、申請登記之事項不實者。

六、著作權專責機關依前條規定限期補正，逾期未補正或未照補正事項完全補正者。

第十一項　核准製版權登記

一、著作權專責機關核准登記者，除將登記之事項載於登記簿及刊登政府公報外，並應檢附登記簿謄本，以書面通知申請人（辦法第 17 條）。

二、申請登記繳交之證明文件、製版過程詳細說明書及製版物樣本，經著作權專責機關為准予登記之處分後，不得請求發還（辦法第 21 條）。

第十二項　製版權登記之更正

一、著作權專責機關核准登記後，發現登記之事項錯誤者，得由原申請人檢具證明文件，申請更正（辦法第 18 條）。

二、著作權專責機關依本辦法所為之登記有錯誤或遺漏之情形者，原申請人得申請著作權專責機關更正之。著作權專責機關亦得逕行更正，並通知申請人（辦法第 19 條）。

第十三項　製版權之變更登記

著作權專責機關核准登記後，其已登記之事項變更而不涉及權利之得、喪變更者，得由原申請人檢具證明文件，申請變更（辦法第 20 條）。

第十四項　委任他人代理申請製版權

委任他人代理申請時，應檢具委任書或代理權限之證明文件。代理人變更或解任時，委任人應以書面向著作權專責機關為之（辦法第 22 條）。

第十節　文化產業創意發展法之著作權設質登記制度

民國 99 年 2 月 3 日制定公布文化創意產業發展法（下稱「文創法」），依據該法第 23 條規定：「以文化創意產業產生之著作財產權為標的之質權，其設定、讓與、變更、消滅或處分之限制，得向著作權專責機關登記；未經登記者，不得對抗善意第三人。但因混同、著作財產權或擔保債權之消滅而質權消滅者，不在此限（第 1 項）。」「前項登記內容，任何人均得申請查閱（第 2 項）。」「第一項登記及前項查閱之辦法，由著作權法主管機關定之（第 3 項）。」「著作權專責機關得將第一項及第二項業務委託民間機構或團體辦理（第 4 項）。」

上開以著作財產權為標的質權設定，智慧局於 99 年 9 月 24 日公布「著作財產權質權登記及查閱辦法」。其內容如下：

第一項　質權設定登記之申請人

一、申請著作財產權質權設定、讓與、變更、消滅或處分之限制登記者，得由當事人之一方為之。

二、申請著作財產權質權讓與、變更、消滅或處分之限制登記者，應於申請質權設定登記後為之（辦法第 2 條）。

第二項　申請登記應備之文件及物品

依文創法第 23 條第 1 項申請著作財產權質權登記者，應備具申請書，並檢附下列文件（辦法第 3 條）：

一、質權設定登記者，其質權設定契約或其他質權設定證明文件。

二、質權讓與登記者，其讓與契約及原質權設定契約或其他原質權設定證明文件。

三、質權變更登記者，其變更證明文件。

四、質權消滅登記者，其債權清償證明文件、各當事人同意塗銷質權之證明文件、法院確定判決書或依法與法院確定判決有同一效力之證明文件。

五、質權處分之限制登記者，其處分之限制證明文件。

六、其他經著作權專責機關指定之有關證明文件。

七、著作係首次申請著作財產權質權設定登記者，應繳交著作樣本；著作樣本如因龐大、易損、昂貴或其他特殊情形，確實不便或不能繳交者，得敘明理由，並以該著作之詳細說明書、四面、五面或六面攝影圖說或其他代替物為之。

第三項　申請之補正

有下列情形之一者，著作權專責機關應通知申請人限期補正（辦法第 4 條）：

一、未依規定繳納規費。

二、申請書未經申請人或代理人簽名或蓋章。

三、申請書應載事項未記載或記載不完整或與其證明文件不符。

四、應檢附之文件欠缺。

五、其他得補正之情形。

第四項　申請之駁回

有下列情形之一者，著作權專責機關應以書面敘明理由，駁回申請案（辦法第 5 條）：

一、申請人非辦法第 2 條第 1 項所定之人。

二、申請登記之事項，與文創法第 23 條第 1 項規定不符。

三、遇有利害關係人爭執而其內容涉及私權。

四、申請書記載事項不實。

五、著作權專責機關依辦法第 4 條規定限期補正，申請人屆期未補正或補正仍未齊備。

第五項　核准申請登記及查閱

一、著作權專責機關核准登記者，應以書面通知申請人，並於著作權專責機關網站公告之。

二、著作權專責機關應備置著作財產權質權登記簿，記載核准登記之事由；該登記簿任何人均得申請查閱（辦法第 6 條）。

第六項　申請表格及外文翻譯

一、依本辦法所為之登記申請，應使用著作權專責機關指定之書表及格式。

二、申請人提出之文件係外文者，應檢附中文譯本或節譯本（辦法第 7 條）。

第四章　美國之著作權登記制度

第一節　概要

第一項　登記制度之沿革

一、美國著作權法之沿革簡介

美國聯邦之著作權法首次制定於西元1790年5月31日，依首部著作權法之規定，僅有地圖、圖表及書籍享有著作權之保護。著作權之保護期間分為兩期，第一期保護期間為14年，期滿後可申請延展（renewal，或稱更新），即第二期保護期間，亦為14年。著作須向聯邦地區法院辦理登記（registration），始能享有著作權之保護。

美國著作權法制定至今231年來，已經歷許多次修正，不僅陸續增加受保護的著作種類，著作權保護期間也有延長。修正幅度最大的兩次是1909年修正的著作權法和1976年修正的著作權法[1]。在1909年著作權法下，著作權之第一期和第二期保護期間均延長為28年，亦即保護期間總長可達56年。1976年著作權法改採創作保護主義，著作於創作完成，即固著於可感知的表達媒介（fixation in a tangible medium of expression）時起自動享有著作權之保護，不以發行或登記為必要。著作權保護期間也揚棄過去分成兩期的方式，改採單一期之保護期間，原則上保護至著作人終身加死亡後50年；聘僱著作則保護至首次發行後75年。1998年10月27日修法後又將保護期間延長為原則上保

---

[1] 1909年修正的著作權法於1909年7月1日生效施行，1976年修正的著作權法於1978年1月1日生效施行。

護至著作人終身加死亡後 70 年；不具名著作、別名著作和聘僱著作則保護至首次發行後 95 年或者創作完成後 120 年，以先屆至者為準[2]。

二、登記制度之建立與沿革

美國著作權法於西元 1790 年制定之初，即採登記主義，著作須辦理登記始得享有著作權之保護，亦即著作權之登記係強制的而非自願的。在 1790 年著作權法下，著作權之登記與著作樣本之寄存（deposit）係向聯邦法院辦理，但著作樣本實際上存放於數個不同的機關。1870 年 7 月 8 日著作權法修正後，著作權之登記及著作樣本之寄存統一移歸國會圖書館（Library of Congress）掌理。自此開始，著作權之相關紀錄、檔案才有一個統一的機關負責管理，而國會圖書館也因收受全國著作樣本之寄存而得以迅速擴充其館藏。

1897 年 2 月 19 日，國會圖書館之下新設著作權局（Copyright Office），為隸屬於國會圖書館的一個獨立單位，承接辦理原先由國會圖書館負責的著作權登記與著作樣本寄存等著作權事務。著作權局設置一首長即為著作權局局長（Register），由國會圖書館館長（Librarian of Congress）任命，並依國會圖書館館長之指揮承辦著作權事務。

美國著作權法於 1976 年修正後，雖改採創作保護主義，著作於創作完成即享有著作權之保護，不以發行或登記為必要，但著作權法並沒有廢止著作權登記制度，著作權局仍繼續辦理著作權之登記與著作樣本之寄存。著作

---

[2] 1976 年著作權法也將 1909 年著作權法下創作之著作的第二期保護期間從 28 年延長為 47 年，亦即此等著作的保護期間最長可達 75 年。1998 年的「Sonny Bono 著作權期間延長法」（Sonny Bono Copyright Term Extension Act）又將此等著作的保護期間再延長 20 年，故此等著作的保護期間最長可達首次發行後 95 年。自 1998 年往前回推 75 年，凡 1923 年 1 月 1 日以後（含該日）首次發行之著作，保護期間最快要到 2019 年 1 月 1 日才屆滿，換言之，凡 1923 年 1 月 1 日以前（不含該日）已發行之著作，在美國已成為無著作權保護之公共財產。

權之登記從過去的強制登記改成自願登記後，著作權法為鼓勵著作人辦理著作權登記，提供了若干誘因，主要包括：著作權登記為提起著作權侵權訴訟之前提要件、著作權登記為請求法定賠償及律師費之前提要件、著作權登記有表面證據之效力[3]。

三、登記制度之主要法源

美國聯邦憲法第 1 條第 8 項第 8 款規定：「（國會有權）藉由確保作者與發明者對其著作與發明在有限期間內享有專屬權利，以促進科學與有益之藝術之發展。」同條項第 18 款規定：「為執行上述權力以及本憲法所賦予美國聯邦政府或其任何部門或官員的其他權力，制定一切必要且適當的法律[4]。」此條款即為美國聯邦著作權法制之根基，國會依此條款賦予之權限，於 1790 年制定首部著作權法。著作權法於 1947 年 7 月 30 日納入美國聯邦法典成為第 17 篇（Title 17 of the U.S. Code），乃美國聯邦著作權法最重要的法源[5]。

美國著作權法第 408 條 (a) 項規定：「登記之許可性 —— 就 1978 年 1 月 1 日前已取得著作權之任何已發行或未發行之著作，於其著作權之第一期保護期間（first term）之任何時點，或者就 1978 年 1 月 1 日之後（含該日）取得著作權之任何著作，於其著作權期間之任何時點，該著作之著作權人或任何排他（專屬）權之權利人，得將本條規定之寄存物連同第 409 條及第 708 條規定之申請書及規費，呈送著作權局以辦理著作權登記。著作權登記

3　詳見本章第二節第四項「登記之效力」。

4　“The Congress shall have power …… To promote the progress of science and useful arts, by securing for limited times to authors and inventors the exclusive right to their respective writings and discoveries …… To make all laws which shall be necessary and proper for carrying into execution the foregoing powers, and all other powers vested by this Constitution in the government of the United States, or in any department or officer thereof.”

5　美國聯邦著作權法之法條全文可在美國著作權局官方網站下載，https://www.copyright.gov/title17/（最後瀏覽日：2021/8/31）。

並非著作權保護之要件。」明定著作權登記之基本要件，係著作權登記之最主要法律依據。

美國著作權法第 702 條授權著作權局局長得制定行政命令，以執行其依著作權法所負之職權及責任[6]。著作權局局長依據此授權，訂定了有關著作權之登記、登記申請案之審查、著作權文件之存證等著作權相關業務之執行規定，統一收錄於美國聯邦行政命令第 37 篇（Title 37 of the Code of Federal Regulations）[7]。此外，著作權局頒布了「美國著作權局業務細則」（Compendium of U.S. Copyright Office Practices）[8]，詳細記載了著作權局辦理各項著作權業務之規定，不僅作為著作權局人員辦理業務之準則，並且提供民眾在各種有關著作權事項上，包括申請著作權登記的指引。「美國著作權局業務細則」最新版本為第三版，自 2014 年 12 月 22 日起生效施行。「美國著作權局業務細則」內容大多為技術性或解釋性之規定，雖然只是著作權局自訂的業務細則，本身不具法律拘束力，但在不牴觸法律且具備合理性之範圍內，法院仍會參考及採用[9]。

美國聯邦著作權法、美國聯邦行政命令第 37 篇及「美國著作權局業務細則」係美國著作權登記制度之主要成文法源，本文即根據此三部規定論述美國之著作權登記制度。

---

6 美國著作權法第 702 條規定：「著作權局局長於不牴觸法律之範圍內，有權訂定為執行其依本法所負之職權及責任所需之行政命令。著作權局局長依本法所訂定之行政命令均應送請國會圖書館館長核准。」

7 美國聯邦行政命令第 37 篇之法規全文可在美國著作權局官方網站下載，https://www.copyright.gov/title37/（最後瀏覽日：2021/8/31）。

8 美國著作權局業務細則之全文可在美國著作權局官方網站下載，https://www.copyright.gov/comp3/docs/compendium.pdf（最後瀏覽日：2021/8/31）。

9 參見 Compendium of U.S. Copyright Office Practices, Introduction, p. 2。

第二項　登記機關

一、著作權局之組織

美國負責辦理著作權相關業務包括著作權登記之機關為著作權局，設立於 1897 年 2 月 19 日，係隸屬於美國國會圖書館的獨立單位。首長為著作權局局長，由國會圖書館館長任命。著作權局局長領導著作權局辦理著作權相關業務，須受國會圖書館館長之指揮與監督[10]。著作權局局長辦公室（Office of the Register）負責著作權法之執行、解釋以及頒布著作權相關命令。

著作權局設有四位副局長，著作權局之下設置八個部門：法規處（Office of the General Counsel）、政策與國際事務處（Office of Policy and International Affairs）、登記政策與業務處（Office of Registration Policy and Practice）、公共資訊與教育處（Office of Public Information and Education）、公共紀錄與寄存處（Office of Public Records and Depositories）、著作權現代化執行處（Copyright Modernization Office）、財務長辦公室（Office of the Chief Financial Officer）、營運長辦公室（Office of the Chief of Operations）。其中「登記政策與業務處」負責管理著作權登記系統，以及提供著作權局局長有關登記政策之諮詢；「公共紀錄與寄存處」負責建置及維護著作權相關之紀錄、保管寄存之著作樣本以及著作權相關文件之存證[11]，此二部門與著作權登記制度之運作最為密切相關。

二、著作權局之職責

著作權局及局長最主要之職責係維持著作權登記制度以及著作權文件存證制度之運作與管理，前者規範於著作權法第四章第 408 條至第 412 條；後

---

[10] 美國國會圖書館館長係由美國總統提名，經參議院同意後任命之。國會圖書館館長之任期為 10 年。

[11] 參見 Compendium of U.S. Copyright Office Practices, 101.2。

者規範於著作權法第二章第 205 條。除了上述主要職責外，著作權局及局長另有以下職責：管理及維護著作權相關之紀錄與檔案、就著作權相關事項提供國會、其他聯邦政府單位及司法機關諮詢及協助、參與國際組織之會議及與外國政府官員之會議、進行研究及規劃[12]，以及管理著作權法所定之著作強制授權事務等。

第三項　存證制度

一、存證制度之沿革

美國著作權登記制度係用以登記對於著作之權利主張（claim），申請著作權登記者須提出申請書、寄存著作樣本並繳納申請費，經審查符合登記要件即可完成登記。在申請著作權登記之過程中，不需提出著作權如何產生或取得之證明文件，例如自他人受讓取得著作權後申請登記著作權之人，並不需提出著作權轉讓契約或其他證明文件。然而著作權之交易文件，例如著作權讓與契約、著作權授權使用契約、著作權設定質權契約等，對於著作權之行使和利用均有重大影響，但著作權之交易均私下進行，又無如同不動產交易之登記制度可發揮公示作用，導致著作權之交易發生無權授權、雙重授權、設質後又授權等情事並不少見，引發關係人間之糾紛。為保障著作權之交易安全，美國著作權法自 19 世紀晚期便建立存證制度（recordation），受理著作權相關文件之存證，著作權局於 1897 年成立後，統一承接辦理著作權文件之存證。

---

12 參見美國著作權法第 702 條 (b) 項，以及 Compendium of U.S. Copyright Office Practices, 101.3。

二、存證制度與登記制度

著作權登記制度係用以登記對於著作之權利主張，存證制度則係用以記錄與著作權相關之法律文件，兩者之目的不同，申請與審核之要件不同，辦理程序各自獨立運作，法律效力也迥然有別。申請著作權登記，並不以申請著作權文件之存證為必要；未申請著作權登記，並不妨礙申請著作權文件之存證。因此，著作權登記與著作權文件之存證兩者之間，並不發生互相取代之問題[13]。雖然著作權文件之列入官方紀錄名為「存證」而不稱為「登記」，著作權文件之存證影響著作權交易（例如雙重授權）之優先效力，本文乃於著作權登記之後就著作權存證制度加以論述。

第二節　著作權登記

第一項　登記之種類

一、基本登記

基本登記（Basic Registration）適用於 1978 年 1 月 1 日以後（含該日）創作或首次發行的著作，以及 1978 年 1 月 1 日以前創作而至今仍受著作權保護之著作。基本登記，依申請方式之不同，又分成：

（一）標準申請（Standard Application）

採線上申請之方式，適用於大部分之情形，包括可以申請登記以下著作：單一作者之單一著作、共同著作、聘僱著作、衍生著作、編輯著作、集合著作。在非單一作者單一著作之情形，亦即作者有二人以上或者涉及二以

---

[13] 參見 Compendium of U.S. Copyright Office Practices, 2303。

上著作時，除符合後述「出版單元」或「合併登記」之情形而可使用單一申請書、繳納單一筆規費申請登記外，應按每一著作人、每一著作分別提出申請書及繳納規費。

（二）紙本申請（Paper Application）

以下情形必須採紙本申請之方式申請登記：1. 就主要內容非屬照片之資料庫之一組更新或修正申請登記；2. 延展登記；3. GATT 登記；4. 就前三項之情形申請更正或補充登記事項之補充登記；5. 光罩及船舶設計之登記[14]。

紙本申請必須使用著作權局印製之申請表格，申請人可以從著作權局之官網下載申請表格，亦可透過電子郵件、傳真、電話或親赴著作權局索取申請表格。除了上述必須以紙本申請方式提出申請之情形外，著作權局鼓勵民眾儘量採用線上申請而非紙本申請，因為線上申請在處理上較為迅速，申請規費也較低[15]。

（三）簡易申請（Single Application）

採線上申請之方式，僅限適用於單一作者所創作之單一著作，且作者為其唯一著作權人。但錄音著作及其所含之音樂、文學或戲劇著作，如符合以下所有條件，得採簡易申請之方式申請登記[16]：

1. 錄音著作之著作人與其所含音樂、文學或戲劇著作之著作人為同一人。

2. 該著作人擁有錄音著作及其所含音樂、文學或戲劇著作之著作權。

3. 該著作人為錄音著作中之唯一主角（唯一表演人）。

4. 錄音著作與音樂、文學或戲劇著作固著於同一錄音製品。

5. 以錄音著作（SR 類別）申請登記。

---

14 參見 Compendium of U.S. Copyright Office Practices, 204.1(B)。

15 參見 Compendium of U.S. Copyright Office Practices, 204.1(A)。

16 參見 Compendium of U.S. Copyright Office Practices, 1405.2。

原則上，凡是非單一著作，或者著作人非單一，或者作者非唯一著作權人，均不適用簡易申請。以下例子亦非屬單一作者所創作之單一著作，不適用簡易申請：1. 同一頁中之兩幅以上插畫；2. 同一錄音著作之不同版本；3. 同一繪本書之文字和插圖由不同人創作；4. 同一首歌之詞和曲由不同人創作；5. 錄音著作中之音樂和表演之著作人非同一人；6. 必然含有多數著作人之電影著作及其他視聽著作[17]。

以下著作亦不得採簡易申請方式申請登記[18]：1. 聘僱著作；2. 二人以上創作之著作；3. 著作權由二人以上擁有之著作；4. 集合著作；5. 資料庫；6. 網站內容；7. 舞蹈著作；8. 建築著作；9. 密封考試（secure tests）；10. 出版單元（unit of publication）；11. 可申請合併登記之二以上相關著作；12. 寄存之著作樣本含有二以上著作創作之內容；13. 衍生著作之著作人與原著作之著作人不同；14. 單一著作人已將著作權讓與他人，或者將任何專屬利用權授權他人；15. 著作人已死亡。

著作內容由二以上不同人創作者，即使僅由其中一人就其創作之部分申請登記，且未指名另一創作人，亦未主張該部分之權利，仍不適用簡易申請方式。例如：1. 甲創作之小說含有乙撰寫之序言／導讀或後記；2. 錄音專輯含有不同人創作之詞、曲、錄音著作、解說小冊[19]。

簡易申請之申請規費較低，利於權利關係單純之著作人申請。惟著作權局審查後如認為不符簡易申請之要件，將駁回申請並指示申請人以標準申請之方式重新提出申請[20]。

17　參見 Compendium of U.S. Copyright Office Practices, 1405.4-1405.5。
18　參見 Compendium of U.S. Copyright Office Practices, 1405.3。
19　參見 Compendium of U.S. Copyright Office Practices, 1405.7。
20　參見 Compendium of U.S. Copyright Office Practices, 1405。

（四）以出版單元申請登記

同一著作人為二以上著作申請登記，不論依標準申請或紙本申請提出申請，原本應按每一著作提出一份申請書並繳納規費，著作權局為便利申請人，創設以「出版單元」申請登記。「出版單元」係指同一著作人[21]之二以上各自獨立之著作，實體上包裹或綑綁為一個單元（physically packaged or bundled together as a single unit）在同一天首次發行並向公眾散布[22]。以下為「出版單元」之適例：1. 桌上遊戲（board game）[23]；2. 一套賀卡；3. CD 附封面圖畫及含有歌詞之解說小冊；4. 一套 CD；5. 書籍附 CD-ROM[24]。

以下情形不得以「出版單元」申請登記：1. 著作權人有二人以上之出版物；2. 首次發行時採線上數位形式發行之出版物；3. 首次發行時非包裹或綑綁為一個單元之出版物[25]；4. 非在同一天首次發行並向公眾散布之出版物[26]。

符合「出版單元」之情形，不適用簡易申請，應採標準申請或紙本申請，申請人可使用單一申請書，同時登記同一「出版單元」所含之二以上著作，只需繳納一筆規費。

二、合併登記

二以上著作分別發行，不適用以「出版單元」提出單一申請，而必須依標準申請方式按每一著作分別提出申請書及繳納規費。國會為減輕申請人勞力與費用之負擔，乃於美國著作權法第 408 條 (c) 項第 1 項及第 2 項授權著

---

[21] 若申請人係自著作人受讓「出版單元」著作權之人，申請人須擁有「出版單元」全部著作權，亦即「出版單元」著作權人須為同一人。

[22] 參見 Compendium of U.S. Copyright Office Practices, 1103。

[23] 桌上遊戲含有二以上不同種類著作，底板為美術或圖形著作，文字說明為文學著作，骰子、棋子等物件可能為雕塑著作。桌上遊戲之例子有知名的大富翁遊戲。

[24] 參見 Compendium of U.S. Copyright Office Practices, 1103.1。

[25] 首次發行時採分開發行，其後才包裹或綑綁為一個單元發行，不符合「出版單元」之定義。

[26] 若實際上不曾以「出版單元」發行及散布，而係為了登記才將二以上著作合併在一起提出申請，不符合「出版單元」之定義。

作權局以行政命令頒布就一群相關著作申請單一登記（single registration for a group of related works）之規定。著作權局乃依此授權，以行政命令規定申請人得就一群相關著作申請「合併登記」（Group Registration）。依著作權局之解釋，以下著作適用「合併登記」：

（一）未發行之著作

申請登記之所有著作皆須未發行，須屬於同一行政分類，一次登記至多十件著作，每件著作皆須有標題，所有著作之著作人或共同著作須為相同。

（二）定期刊物（serials）

定期刊物係指連續發行、載有編號或年份，並預定無限期繼續發行之著作，包括期刊（含新聞紙）、年報，及各種團體之會刊、議事錄、公報等[27]。申請登記之定期刊物須使用相同名稱，含有至少兩期，所有期別須在同一年度之三個月內發行，發行間隔須為一周以上（即周刊或月刊），每一期皆須為首次發行、可獨立存在之集合著作，且須為聘僱著作，所有期別之著作權人須相同[28]。

（三）新聞紙／報紙（newspapers）

申請登記之新聞紙／報紙須使用相同名稱，所有期別須在同一月份內發行，每一期皆須為首次發行、可獨立存在之集合著作，且須為聘僱著作，所有期別之著作權人須相同[29]。

（四）時事通訊（newsletters）

時事通訊係指含有特定團體（例如商業與職業公會、學校、教會）感興趣之新聞或資訊，藉由郵件、電子媒體或其他媒介發行，透過訂閱制而非零

27 參見 Compendium of U.S. Copyright Office Practices, 202.3(b)(1)(v)。

28 參見美國聯邦行政命令第 37 篇第 202.4 條 (d) 項第 (1) 款，以及 Compendium of U.S. Copyright Office Practices, 1107.2。

29 參見 Compendium of U.S. Copyright Office Practices, 1108.2。

售據點散布之定期刊物[30]。申請登記之時事通訊須使用相同名稱，含有至少兩期，所有期別須在同一月份內發行，每一期皆須為首次發行、可獨立存在之集合著作，且所有期別之主張著作權利之人須相同[31]。

（五）期刊中之個別著作（contributions to periodicals）

期刊係前述定期刊物之一種，期刊中所收錄的二以上個別著作，得申請合併登記。申請登記之所有個別著作均須由同一著作人創作，主張著作權利之人亦須為同一人，須在同一年內首次發行，且須首次發行於該期刊中，並不得為聘僱著作[32]。

（六）線上短篇文學著作（short online literary works）

線上短篇文學著作係指在網站或線上平台發表、字數在 50 字以上但 17,500 字以下[33]之文字著作，例如網站上之詩作、短篇故事、文章、專文、部落格文章、社群網站留言。由於此等著作多為在網站上經常地更新，甚至每日更新，合併登記提供申請人在申請上之便利。申請登記之文學著作均須由同一著作人，或同一組共同著作人創作，主張著作權利之人亦須為同一人或同一組人，須首次發行於網站或線上平台[34]，須在連續三個月份內發行[35]，且不得為聘僱著作，一次申請登記之文學著作數量不得超過 50 篇[36]。

---

30 參見美國聯邦行政命令第 37 篇第 202.4 條 (f) 項第 (1) 款 (i)，以及 Compendium of U.S. Copyright Office Practices, 1109.1。

31 參見 Compendium of U.S. Copyright Office Practices, 1109.2。

32 參見 Compendium of U.S. Copyright Office Practices, 1110.2。

33 至少 50 字之字數下限，係用以排除短句、標語、口號等字數過少之著作，至多 17,500 字之字數上限，係用以排除中篇小說、長篇小說等非屬短時間內經常地發表之作品。再者，50 字僅係為了登記目的所設定，並非意在作為認定文學著作原創性之標準。參見 Compendium of U.S. Copyright Office Practices, 1111.3(c)。

34 首次發行如係以線上發行與實體發行同時為之，亦可申請合併登記。若先以實體方式首次發行，其後才在線上發行，則不適用合併登記。參見 Compendium of U.S. Copyright Office Practices, 1111.2。

35 須在連續三個月份內發行，但不需在同一日曆年度內發行，也不需在同一網站或線上平台發行。

36 參見 Compendium of U.S. Copyright Office Practices, 1111.3。

（七）資料庫之更新及修正（database updates and revisions）

由於資料庫大多經常地更新，甚至每日更新，合併登記提供申請人在申請上之便利。申請登記之資料庫之更新或修正，須使用同一名稱或標題，須在內容及組織方法上相似，主張著作權利之人須為相同，且須在同一日曆年度的連續三個月份內製作或發行[37]。

（八）未發行或已發行之照片

申請登記之二以上照片，須為同一著作人所創作，須全部皆未發行或者全部皆已發行，不得混雜未發行和已發行之照片；主張著作權利之人亦須為相同，且一次申請登記之照片數量不得超過750張；若照片已發行，全部照片須在同一日曆年度內首次發行[38]。

（九）密封考試（secure test）所含之考題、答卷及相關資料

符合「合併登記」之情形，申請人可使用單一申請書同時登記二以上之相關著作，只需繳納一筆規費，可節省申請人之勞力及規費。著作權局審查後如認為不符合併登記之要件，將駁回申請並指示申請人以標準申請之方式重新提出申請[39]。

三、補充登記

補充登記（Supplementary Registration）係指在著作權登記已核准登記，由著作權局發給登記證書後，申請對登記事項予以更正或補充之登記。例如登記之著作人或主張著作權利之人之姓名有拼字錯誤，或者通訊地址變更，可申請補充登記加以更正；著作之主標題已登記但副標題漏未登記，或者共同著作人之部分著作人已登記而其餘著作人漏未登記，可申請補充登記加以

---

37 參見 Compendium of U.S. Copyright Office Practices, 1112.4。

38 參見 Compendium of U.S. Copyright Office Practices, 1114.1。

39 參見 Compendium of U.S. Copyright Office Practices, 1105.3。

增補[40]。有關著作權主體之變動，例如著作權登記後發生著作權之移轉或授權，不得以補充登記之方式進行更正或補充，應以著作權移轉或授權之文件申請存證[41]。未發行之著作已辦理著作權登記，其後發行時不得以補充登記之方式進行發行日之補充，應申請已發行著作之登記[42]。

四、延展登記

在1909年美國著作權法下，著作權之保護有第一期和第二期，各為28年，亦即保護期間總長可達56年。1976年著作權法下，著作權保護期間改採單一期之保護期間，原則上保護至著作人終身加死亡後50年；聘僱著作則保護至首次發行後75年。1998年10月27日修法後又將保護期間延長為原則上保護至著作人終身加死亡後70年；不具名著作、別名著作和聘僱著作則保護至首次發行後95年或者創作完成後120年，以先屆至者為準。1978年1月1日以前已取得著作權之著作，雖然在1978年1月1日以後並無必要辦理第二期著作權期間之登記，但仍可向著作權局申請第二期著作權期間之登記以享受著作權法提供之利益，此等登記即稱為「延展登記」（Renewal Registration）。

五、GATT登記

1976年以前的美國著作權法對於著作權之保護，設定若干形式要件（formalities），包括著作權標示（copyright notice）、發行、登記等。1976年美國著作權法改採創作保護主義，著作權之保護不以履行任何形式要件為必要。1989年美國加入伯恩公約，為符合公約之要求，美國著作權法修正增訂在1996年1月1日以前，因不符美國著作權法所定形式要件而在美國成為公

40　參見 Compendium of U.S. Copyright Office Practices, 1802.6(B)(C)(D)。
41　參見 Compendium of U.S. Copyright Office Practices, 1802.7(B)。
42　參見 Compendium of U.S. Copyright Office Practices, 1802.7(C)。

共財產之外國著作[43]，自 1996 年 1 月 1 日起在美國自動回復享有著作權之保護。雖然此等外國著作在美國之著作權保護不以登記為必要，仍可向著作權局申請著作權登記以享受著作權法提供之利益，此等登記即稱為「GATT 登記」（GATT Registration）。

六、預先登記

著作權之登記，原則上須著作創作完成始能提出申請，未完成之著作尚不產生著作權，原無登記著作權之可言。然而著作有可能在創作未完成前遭到盜用，而美國著作權法規定著作權登記為提起著作權侵害訴訟之前提要件，創作未完成之著作將無法提起訴訟請求救濟。美國著作權法為彌補此一不足，乃創設「預先登記」（Preregistration）制度，讓創作未完成之著作，在符合一定要件下亦可申請登記。由於預先登記之目的、功能、要件、申請程序、效力與基本登記均有不同，本文於本節第六項另外介紹說明。

第二項　登記之要件及審查

一、實體要件

著作權登記之實體要件，係指登記之申請在實體面必須符合之要件。此等實體要件，有的係明定於美國著作權法有關著作權登記之條文中，再由著作權局以行政命令進一步予以解釋闡明；有的並未明定於美國著作權法有關著作權登記之條文中，而係由著作權局依據美國著作權法之法源（包括著作權法規定、法院裁判、學說）歸納得出並於行政命令中予以載明。

---

[43] 此所謂外國，必須為 WTO 會員國或伯恩公約之會員國，參見美國著作權法第 104A 條 (h) 項第 (6) 款。

（一）可登記之客體

1. 著作權法上之著作

著作權登記係用以登記對於著作權之權利主張，權利主張之客體即為著作，因此申請登記之客體須為著作權法上之著作。依美國著作權法第 102 條 (a) 項之規定，著作係指「固著於現在已知或將來發展之任何有形表達媒介之原創性著作（original works of authorship），不論直接或者藉助機械或裝置得以感知、重製或傳達」，該項並列舉八種著作類別：(1) 文學著作；(2) 音樂著作，包括任何附隨之歌詞；(3) 戲劇著作，包括任何附隨之音樂；(4) 默劇及舞蹈著作；(5) 圖畫、圖形及雕塑著作；(6) 電影及其他視聽著作；(7) 錄音著作；(8) 建築著作。

著作權局綜合美國著作權法、法院裁判及學說，整理出著作必須符合以下要件：

(1) 固著之要件

美國著作權法第 101 條對「固著」所設之定義：「著作之『固著』於有形表達媒介，係指由著作人或經其授權，將著作永久或足夠穩定地具體化於重製物或錄音製品，可供非短暫之存續期間內加以感知、重製或以其他方式傳達。由聲音、影像或其二者組成之著作，若於其播送之同時予以固著，就本法之目的而言即為『固著』。」此所稱「錄音製品」指一切可固著聲音之實體物，「重製物」指錄音製品以外一切可固著任何著作內容之實體物，重製物與錄音製品之涵蓋範圍均極廣，包括能固著任何著作的一切實體物[44]。固著之方法可為現在已知之方法，或者未來新開發的任何方法。

依固著之要件，著作及其表達媒介不可僅短暫存在、或者不斷變化而無穩定形式、或者無法（直接或者藉助機械或裝置）被感知、重製或傳達。以下情形因不符固著之要件，不得申請登記：未被錄影或記成舞譜之（現場）舞蹈、未被錄影或錄音之即席演講、單純透過對話或現場播送傳達而未被錄

[44] 參見 Compendium of U.S. Copyright Office Practices, 305。

影、錄音或記錄之著作、音樂或戲劇之即興創作而未被錄影、錄音或記錄者[45]。申請登記之著作，極少不符合固著之要件，蓋申請人必須提出著作樣本，既能提出著作樣本，即表示著作內容應已固著於樣本上。

(2) 人之創作

著作權係保障人之智慧創作果實，必須是人（human being）之創作方得作為著作權之客體。由大自然、動植物所造成之物或現象，例如猴子拍的照片、動物之身紋、岩石或樹木上自然形成之紋路或刻痕，不得申請登記。聲稱由神或超自然仙靈所創作之物，不得申請登記，但申請人聲稱其創作係由神靈所啟發，則不妨礙申請登記[46]。

在電腦、機器或其他裝置之輔助下，由人所創作之作品，仍屬人之創作，可申請登記。若係由機器或機械程序隨機地或自動地產生，而不含有人之創作性的貢獻或參與的作品，則不得申請登記，例如將既存著作之尺寸放大或縮小、將影片從類比格式轉成數位格式、將歌曲從 B 大調轉成 C 大調、X 光機產生之醫學影像[47]。

(3) 可為著作權之標的

美國著作權法第 102 條 (a) 項列舉八種著作類別：A. 文學著作；B. 音樂著作，包括任何附隨之歌詞；C. 戲劇著作，包括任何附隨之音樂；D. 默劇及舞蹈著作；E. 圖畫、圖形及雕塑著作；F. 電影及其他視聽著作；G. 錄音著作；H. 建築著作。此八種著作類別為法定類別，唯有國會有權在此八類以外增加新的著作類別，法院和著作權局皆無權在此八類以外增加著作類別，但法院和著作權局可在適用法律之過程中，就此八類著作之意義及涵蓋加以解釋[48]。雖然此八種類別之涵義均相當寬廣，若申請之著作無法歸入其中任一類別，仍不得申請登記。

---

45 參見 Compendium of U.S. Copyright Office Practices, 313.1。

46 參見 Compendium of U.S. Copyright Office Practices, 313.2。

47 參見 Compendium of U.S. Copyright Office Practices, 313.2。

48 參見 Compendium of U.S. Copyright Office Practices, 307。

以下情形非屬可為著作權之標的，不得申請登記：

A. 觀念、程序、過程、系統、操作方法、概念、原理或發現：美國著作權法第 102 條 (b) 項明定：「原創性著作之著作權保護，不及於任何觀念、程序、過程、系統、操作方法、概念、原理或發現，不論其於該著作中被描述、闡釋、圖示或具體化之形式。」對觀念、程序、過程、系統、操作方法、概念、原理或發現加以描述、闡釋或圖示，該描述、闡釋或圖示可為著作權之標的，但觀念、程序、過程、系統、操作方法、概念、原理或發現本身不容任何人獨占，故不得申請登記，例如數學公式、商業營運方法、DNA 序列[49]。

B. 觀念與表達之合致（merger）：如果觀念、程序、過程、系統、操作方法、概念、原理或發現僅有唯一或極有限的表達方式，此種情形稱為觀念與表達之合致，若保護該表達方式將實質上導致保護該觀念、程序、過程、系統、操作方法、概念、原理或發現而容許獨占，故不得申請登記。例如基於習見之主題所創作的小說構想、標準的電腦程式撰寫技巧[50]。

C. 事實：事實係生活中客觀之存在，事實可由人發現、描述、記錄，但事實本身並非人之創作，非可由任何人獨占，故事實本身不得為著作權之標的，自不得申請著作權登記。例如含有事實性資訊 —— 新聞事件之報紙固可申請著作權登記，但此等新聞事件本身不得申請登記；收錄事實性資訊 —— 人名、店名、電話號碼之電話簿如具有原創性可申請著作權登記，但此等人名、店名、電話號碼不得申請登記[51]。

D. 字型：字型係具有統一設計而使用於撰文的一套字母，著作權局歷來均拒絕以字型登記著作權之申請，法院裁判對此亦給予支持。國

---

[49] 參見 Compendium of U.S. Copyright Office Practices, 313.3(A)。

[50] 參見 Compendium of U.S. Copyright Office Practices, 313.3(B)。

[51] 參見 Compendium of U.S. Copyright Office Practices, 313.3(C)。

會於 1976 年著作權法修正之理由中亦明白指出，字型設計不得為著作權之標的[52]，故字型設計不得申請著作權登記。

E. 格式（format）及布局（layout）：書籍、海報、網頁等物件之布局或格式，僅係表達內容的一種模板（template），非著作權之標的，不得申請著作權登記[53]。

依美國著作權法第 101 條之定義，「衍生著作」（derivative work）係指基於單一或二以上之既存著作並加以重塑、轉化或改編而成之著作，例如翻譯、音樂編曲、戲劇化、小說化、電影化、錄音、美術複製、節略、濃縮或其他任何形式。由編輯修正、註解、闡釋或其他修改所構成而整體上具備原創性之著作，亦為衍生著作。衍生著作係基於既存著作（preexisting work）所創作出來之著作，衍生著作及作為其基礎之既存著作皆須可為著作權之標的，但既存著作是否仍享有著作權之保護，並非所問。若僅從既存著作中取用非屬著作權標的之素材而發生之作品，例如，僅從他人之文章中取出若干單字加以組合成一作品，並非該他人文章之衍生著作。衍生著作係美國著作權法第 102 條 (a) 項所列八種著作類別之下之一個子集合（subset），並非該八種著作類別以外之另一著作類別，衍生著作及作為其基礎之既存著作皆必須屬於該八種著作類別之一，始得申請登記[54]。著作之修訂版（revision）或新版本（new version）亦屬衍生著作，得申請著作權登記[55]。

依美國著作權法第 101 條之定義，編輯著作（compilation）係指蒐集、組合既存之素材或資料，加以選擇、協調或安排而使完成後之整體構成原創性之著作。「編輯著作」一詞包含集合著作。集合著作（collective work）係指期刊、文選、百科全書等，由若干分離且獨立之個別著作所組合而成一整體之著作。編輯著作與集合著作之區別在於：前者所含之素材可為既存著作，

52 參見 Compendium of U.S. Copyright Office Practices, 313.3(D)。
53 參見 Compendium of U.S. Copyright Office Practices, 313.3(E)。
54 參見 Compendium of U.S. Copyright Office Practices, 311.1。
55 參見 Compendium of U.S. Copyright Office Practices, 507.1。

例如百科全書，亦可為非著作標的之素材，例如電話號碼簿、2014年最佳小說清單；後者所含之素材必須是著作權之標的，例如小說選、照片集、期刊、報紙[56]。集合著作亦屬於編輯著作之一種，但編輯著作未必是集合著作。編輯著作和集合著作係美國著作權法第102條（a）項所列八種著作類別之下之一個子集合，並非該八種著作類別以外之另一著作類別，編輯著作和集合著作必須屬於該八種著作類別之一，始得申請登記[57]。

(4) 原創性之要件

著作須具備原創性（originality），始得享有著作權之保護，從而得申請著作權登記。原創性之要件有二：

A. 獨立創作（independent creation）：意指著作係由著作人所創作，而非抄襲他人著作。著作須有原創性，並非意指著作須具備「新穎性」（novelty），著作雖與他人著作相似，只要不是抄襲他人著作之結果，仍屬「獨立創作」而可享有著作權[58]。

B. 最低限度之創意（minimum degree of creativity）：著作之原創性，非指著作內容須有創新或驚奇之處，而係指著作內容具備最低限度之創意。換言之，原創性之創意要求相當低，只要著作內容並非機械化、常規公式化而完全欠缺絲毫創意即可[59]。

美國著作權法第103條(b)項規定：「編輯著作或衍生著作之著作權，僅及於著作人所貢獻之部分而有別於該著作所利用之既存素材，且不包含對該既存素材之任何排他權利。該著作之著作權獨立於該既存素材之著作權保護，且不影響或擴張該既存素材著作權之範圍、期間、歸屬或存續。」故編輯著作之原創性僅在於著作人就既存素材所為之選擇、協調或安排，在此範

56　參見 Compendium of U.S. Copyright Office Practices, 508.1。
57　參見 Compendium of U.S. Copyright Office Practices, 312.1。
58　參見 Compendium of U.S. Copyright Office Practices, 308.1。
59　參見 Compendium of U.S. Copyright Office Practices, 308.2。

圍內可申請編輯著作之著作權登記；衍生著作之原創性僅在於著作人就既存著作所為之重塑、轉化或改編，在此範圍內可申請衍生著作之著作權登記。

由於原創性之要求甚低，僅為獨立創作加上最低限度之創意，絕大部分著作均可符合此一要求，即使其內容粗糙、淺顯或不成熟，亦可享有著作權之保護，從而得申請著作權登記。原創性之存否，與著作內容是否含有色情或猥褻成分無關，故色情作品如具備原創性亦可申請著作權登記[60]。惟下列情形，因欠缺最低限度之原創性，不得申請著作權登記[61]：

A. 單純重製（mere copies）：例如複製畫、照片之掃描或影印、文學著作之數位化。

B. 創意微不足道（de minimis quantum of creativity）：例如僅將既存著作中之「她」改成「他」、標準契約樣本、僅僅改正拼字與文法錯誤之編輯成果、僅含單一句子之劇本概要、僅含三個音符之樂句、已屬公共財之邱吉爾照片加上「承諾」「永不放棄」等字。

C. 單字及短句：例如姓名、標題／名稱、口號、網域名稱、角色名稱、座右銘。

D. 完全由屬於公共財（common property）之資訊所組成之作品：例如標準月曆、運動賽事表、成語／諺語、習見的和絃進行。

E. 測量或計算之裝置：身高體重表、量尺、計算機、溫度計。

F. 單純之原料／成分或內容之清單：例如食譜之材料清單、CD 所含音樂／歌曲之列表、說明產品所含成分之標籤。

G. 空白表格：例如帳簿、計分卡、通訊錄、報告表格、訂購單。

H. 角色（character）：描繪角色之視覺藝術作品、文學作品或表演藝術作品可申請著作權登記，但角色本身不得申請著作權登記。

---

[60] 參見 Compendium of U.S. Copyright Office Practices, 315。

[61] 參見 Compendium of U.S. Copyright Office Practices, 313.4。

I. 必要場景（scène à faire）：指特定主題所習見之角色、背景或事件，乃該主題之處理上所習用或不可或缺，不得申請著作權登記。但含有此等必要場景之著作若整體上具備原創性，可申請著作權登記。

J. 習見之符號與設計：例如字母、標點符號、縮寫、音符、數字、數學符號、十字架、建築圓柱上之渦螺造型（volute）。

K. 單純之顏色變換：含有顏色之組合與調配之圖畫或雕塑著作可申請著作權登記，但顏色本身、配色之方法，或者僅僅增加或變更既存著作之顏色，不得申請著作權登記。

2. 依美國著作權法第 408 條 (a) 項規定，1978 年 1 月 1 日以後（含該日）創作完成之美國著作，不論未發行或已發行，只要屬於上述可登記之著作權標的，均可申請著作權登記。1978 年 1 月 1 日前已取得著作權之著作，其著作權之第一期保護期間尚未屆滿者，亦可申請著作權登記。

3. 此外，以下著作亦不得申請著作權登記[62]：

(1) 在美國不受著作權保護之外國著作：外國著作如符合受到美國著作權法保護之要件[63]，且屬於上述可登記之著作權標的，亦可申請著作權登記。在美國不受著作權保護之外國著作，不得申請登記。

(2) 違法使用既存著作所產生之衍生著作、編輯著作、集合著作：美國著作權法第 103 條 (a) 項規定：「第 102 條所列之著作權之標的包括編輯著作及衍生著作，但對於利用有著作權之既存素材之著作之保

---

62 參見 Compendium of U.S. Copyright Office Practices, 313.6。

63 依美國著作權法第 104 條之規定，著作符合以下情形之一者，受到美國著作權法之保護：1. 未發行之著作，而不論著作人之國籍或住所；2. 著作首次發行時，著作人為美國國民或者在美國有住所之人，或者為美國參加之公約之成員國國民或者在該國有住所，或者為無國籍之人；3. 在美國首次發行，或者在美國參加之公約之成員國首次發行；4. 在美國參加之公約之成員國首次固著之錄音著作；5. 包含於建築物或其他構造物之圖畫、圖形及雕塑著作，或者體現於建築物之建築著作，而該建築物或構造物位於美國或美國參加之公約之成員國內；6. 由聯合國或其專屬機構，或者由美洲國家組織首次發行之著作；7. 總統以命令宣告互惠保護之外國國民之著作。依此，外國著作如符合上述情形之一者，在美國即享有著作權之保護。

護，不及於該著作非法利用該等既存素材之部分。」違法使用既存著作而創作編輯著作、集合著作或衍生著作，構成侵害著作權，依上述規定，著作人對於因此產生之編輯著作、集合著作或衍生著作不得享有著作權，故不得申請著作權登記[64]。

(3) 美國聯邦政府之著作：美國著作權法第 105 條 (a) 項規定：「本法所定著作權之保護，不適用於美國政府之任何著作。但美國政府因轉讓、遺贈或其他方式受讓取得並擁有著作權者，不在此限。」除了若干例外情形[65]，美國聯邦政府各機關之公務員或受僱人在職務上所創作之著作，均不得享有著作權，故不得申請著作權登記。但美國政府受讓取得之著作權，例如承包商將其創作之網站之著作財產權轉讓予招標機關，可申請著作權登記。

(4) 已成為公共財之著作：著作權保護期間已屆滿之著作，已成為不受著作權保護之公共財產，不得申請著作權登記。

4. 行政分類

依美國著作權法第 408 條 (c) 項規定，著作權局局長得為寄存及登記之目的，以行政命令指定著作之行政分類（administrative classification），美國著作權局依此授權，訂定了以下五種行政分類[66]：

(1) TX 類（Class TX）：非戲劇之文學著作。本類別包括所有已發行及未發行之非戲劇形式之文學著作。例示：小說；非小說；詩；教科書；參考書；名錄；目錄；廣告製作物；資訊之編輯。

(2) PA 類（Class PA）：表演藝術著作。本類別包括所有已發行及未發行、直接在觀眾面前或間接透過裝置或流程進行表演而創作之著作。例示：音樂著作，包括任何附隨之歌詞；戲劇著作，包括任何附隨之音樂；默劇及舞蹈著作；電影及其他視聽著作。

---

64 參見 Compendium of U.S. Copyright Office Practices, 313.6(B)。

65 參見 Compendium of U.S. Copyright Office Practices, 313.6(C)(1)。

66 參見美國聯邦行政命令第 37 篇第 202.3 條 (b) 項第 (1) 款。

(3) VA 類（Class VA）：視覺藝術著作。本類別包括所有已發行及未發行之圖畫、圖形及雕塑著作。例示：平面及立體之美術、圖形及應用美術著作；攝影；版畫及美術複製品；地圖、地球儀及圖表；工程圖、示意圖及模型；圖畫或圖形標籤及廣告作品。本類別亦包括已發行及未發行之建築著作。

(4) SR 類（Class SR）：錄音著作。本類別包括所有於 1972 年 2 月 15 日及其後固定之已發行及未發行之錄音著作。就收錄於錄音製品中之文學、戲劇及音樂著作主張著作權利，如符合下列要件，亦得依本條 (b) 項第 (4) 款登記於本類別：A. 於同一申請中就錄音著作及其收錄之文學、戲劇或音樂著作一併申請登記；B. 錄音著作及其收錄之文學、戲劇或音樂著作係固著於同一錄音製品中；且 C. 錄音著作及其收錄之文學、戲劇或音樂著作係由同一申請人申請登記。

(5) SE 類（Class SE）：定期刊物，指連續發行、載有編號或年份，並預定無限期繼續發行之著作。本類別包括期刊（含新聞紙）；年報；各種團體之會刊、議事錄、公報等。

每一行政分類均有其適用之申請書表，申請人須使用與其所登記著作之行政分類最符合之申請書表提出申請。著作之行政分類僅係為了著作權登記之行政目的所設，與著作權法所規定的著作權之標的無關[67]。

（二）可申請登記之主體

1. 申請人與主張權利人

在美國著作權登記制度上，申請人（applicant）與主張權利人（copyright claimant）係不同之概念，前者係指實際提出申請書並簽署切結書之人；後者則指著作權登記之效力所歸屬之人。依美國著作權法第 408 條 (a) 項及美國著作權局行政命令第 202.3 條之規定：

---

[67] 參見 Compendium of U.S. Copyright Office Practices, 1402.1。

(1) 以下之人得為著作權登記之申請人：A. 著作人；B. 擁有全部著作權利之人；C. 擁有部分著作權利之人；D. 上述 A. 至 C. 所指之人授權之代理人（agent）。從著作人受讓取得全部或部分著作權利之人，即屬上述 B. 或 C. 所指擁有全部著作權利或部分著作權利之人[68]。

(2) 以下之人得為著作權登記之主張權利人：A. 著作人；B. 擁有全部著作權利之人。擁有部分著作權利之人，不得為登記之主張權利人，但可擔任登記之申請人[69]。

以上所稱著作人，包括實際創作人及聘僱著作（work made for hire）之雇用人。

2. 著作權之被授權人得否申請登記

依美國著作權法第 101 條之定義：「著作權歸屬之移轉（transfer of copyright ownership），係指著作權或其所含之任何排他性權利之轉讓（assignment）、抵押（mortgage）、專屬授權（exclusive license）或其他讓與、出讓或設質，而不論其在時間上或地域上之效力是否有所限制，但不包括非專屬授權（non-exclusive license）。」專屬授權之被授權人在其被授權之範圍及期間內，可以排除包括著作權人在內之一切人使用著作，其效力等同著作權之讓與，故專屬授權之被授權人亦屬於「擁有著作權利之人」，若其為全部著作權利之專屬被授權人，可作為著作權登記之申請人及主張權利人；若其僅為部分著作權利之專屬被授權人，可作為著作權登記之申請人，但不得作為主張權利人。反觀非專屬授權之被授權人，在其被授權之範圍及期間內，並不能排除著作權人或其他任何人使用著作，其效力與著作權之讓與相去甚遠，故非專屬授權之被授權人非屬「擁有著作權利之人」，故不得作為著作權登記之申請人，更不得作為主張權利人，但可擔任申請人之代理人[70]。

---

[68] 參見 Compendium of U.S. Copyright Office Practices, 402。

[69] 參見 Compendium of U.S. Copyright Office Practices, 404。

[70] 參見 Compendium of U.S. Copyright Office Practices, 408。

3. 基於上述規定，著作權登記之申請名義可採以下幾種方式之一：

(1) 以著作人為申請人兼主張權利人。

(2) 以著作人為申請人，以擁有全部著作權利之人（包括全部著作權利之專屬被授權人）為主張權利人。

(3) 以擁有全部著作權利之人（包括全部著作權利之專屬被授權人）為申請人兼主張權利人。

(4) 以擁有部分著作權利之人（包括部分著作權利之專屬被授權人）為申請人，以著作人為主張權利人。

上述申請人均可委任代理人提出申請，代理人之資格並無限制。

4. 在共同著作之情形，共同著作人中之任一人或二人以上均可申請著作權登記。若共同著作人之一將其著作權全部轉讓他人，該共同著作人或該受讓著作權之人均可申請登記。若共同著作人之一將其部分著作權轉讓他人，申請登記時應以該共同著作人為主張權利人，該受讓著作權之人僅可擔任申請人[71]。未成年人得擁有及主張著作權，故未成年人亦得申請著作權登記，但得委任其父母或監護人為代理人[72]。

二、申請登記之期限

美國著作權法並未強制規定申請著作權登記之期限，原則上在著作之著作權保護期間屆滿而成為公共財產以前之任何時候，著作人都可以提出登記之申請。但為鼓勵著作人儘早申請登記，著作權法提供了若干利益作為誘因，例如著作權法第 411 條 (a) 項規定，未依法取得著作權登記或預先登記以前，不得就任何美國之著作所受之著作權侵害提起民事訴訟。又依著作權法第 412 條之規定，未發行之著作遭到侵權時，如欲請求法定賠償或律師費，須在侵權發生以前完成著作權登記；已發行之著作遭到侵權時，如欲請

[71] 參見 Compendium of U.S. Copyright Office Practices, 405.1。
[72] 參見 Compendium of U.S. Copyright Office Practices, 405.2。

求法定賠償或律師費，須在發行後三個月內或者侵權發生以前，完成著作權登記。因此，著作人對於可能發生的侵權，如欲提起侵害著作權之訴訟，或者欲請求法定賠償或律師費，宜儘早申辦著作權登記，始能享受法律提供之利益。相關細節，本文將於後述第四項「登記之效力」中再予論述。

三、形式要件

美國著作權法第 408 條 (a) 項規定：「登記之許可性 —— 就 1978 年 1 月 1 日前已取得著作權之任何已發行或未發行之著作，於其著作權之第一期保護期間之任何時點，或者就 1978 年 1 月 1 日之後（含該日）取得著作權之任何著作，於其著作權期間之任何時點，該著作之著作權人或任何排他（專屬）權之權利人，得將本條規定之寄存物連同第 409 條及第 708 條規定之申請書及規費，呈送著作權局以辦理著作權登記。著作權登記並非著作權保護之要件。」依此規定，申請著作權登記，在程序上須符合三項要件：提出申請書、寄存著作樣本、繳納申請費，此即為申請登記之形式要件。

（一）申請書

1. 美國著作權法第 409 條規定，申請著作權登記應依著作權局局長所定之格式為之，並明定申請書應包含之項目內容[73]。美國著作權局訂定了著作之五種行政分類：TX 類（Class TX，非戲劇之文學著作）、PA 類

[73] 美國著作權法第 409 條規定：「申請著作權登記應依著作權局局長所定之格式為之，並應包含：(1) 主張著作權利人之姓名及住址；(2) 除屬於不具名或別名著作者外，其著作人之姓名及國籍或住所，如著作人中一人或多人已死亡者，其死亡日期；(3) 如為不具名或別名著作，其著作人之國籍或住所；(4) 如為職務著作，表達此意旨之聲明；(5) 如著作權利人非著作人，著作權利人如何取得著作權之簡要說明；(6) 著作名稱，以及可供辨識該著作之任何先前名稱或替代名稱；(7) 著作創作完成之年份；(8) 如為已發行之著作，其首次發行之日期及國家；(9) 如為編輯著作或衍生著作，應指明其所根據或收編之既存著作，並就擬申請登記之著作權利所涵蓋之其他資料提出簡要之說明；以及 (10) 其他經著作權局局長認定與該著作之創作或辨識，或與其著作權之存在、權利歸屬或存續期間相關之資料。」

（Class PA，表演藝術著作）、VA 類（Class VA，視覺藝術著作）、SR 類（Class SR，錄音著作）、SE 類（Class SE，定期刊物）。每一行政分類均有其適用之申請書表，申請人須使用與其所登記之著作之行政分類最符合之申請書表。如申請登記之著作包含兩種以上不同類別之著作成分，申請人應使用最符合主要的著作型態（predominant type）之行政分類所適用之申請書。例如以含有文字與插畫之童書申請登記，若書中以文字為主，僅有少數插畫，應使用 TX 類之申請書；若書中以繪畫為主，僅有少量文字，應使用 VA 類之申請書；若書中之文字與插畫之篇幅相等，則使用 TX 類或 VA 類之申請書皆可[74]。

2. 應記載填寫之項目：每一行政分類所適用之申請書均有列出申請人應填寫之項目，茲僅以其中 TX 類之申請書[75]為例，說明其所列之應填寫項目：

第 1 欄：

著作名稱（title of this work）______

先前或替代之名稱（previousor alternative title）______

作為個別著作而發行（publication as a contribution）：若本著作已作為期刊（periodical）、定期刊物（serial）或集合著作（collection）之個別著作而發行，填入有關該集合著作之資訊：

集合著作之名稱（title of collective work）______

期刊或定期刊物之期別（volumn）______、號次（number）______、發行日（issue date）______、所在頁次（on pages）______

74 參見 Compendium of U.S. Copyright Office Practices, 1402.1。

75 參見 https://www.copyright.gov/forms/formtx.pdf（最後瀏覽日：2021/9/15）。

第 2 欄：

a 欄：著作人姓名（name of author）______

出生與死亡日期：出生年份 ______、死亡年份 ______

是否為聘僱著作（work made for hire）：□ 是、□ 否

著作人之國籍或住所：______ 之公民或居住於 ______

是否為不具名（anonymous）著作：□ 是、□ 否

是否為別名（pseudonymous）著作：□ 是、□ 否

創作之性質（nature of authorship）：簡述著作人主張著作權利之創作之性質 ______

b 欄、c 欄與 a 欄相同，在共同著作之情形，填入共同著作人之資料

第 3 欄：

a 欄：著作創作完成之年份（year in which creation of this work was completed）______（註：必填）

b 欄：著作首次發行之日期與國家（date and nation of first publication of this particular work）：____ 月 ____ 日 ____ 年，國家 ______（註：著作已發行始須填寫）

第 4 欄：

主張著作權利人（copyright claimant(s)）：主張權利人即使與第 2 欄之著作人相同，亦須填入姓名與住所 ______

權利移轉（transfer）：本欄所填入之主張權利人如非第 2 欄所填入之著作人，簡述主張權利人如何取得著作權 ______

第 5 欄：

先前之登記（previous registration）：本著作或其先前之版本是否已在著作權局辦理登記？□ 是、□ 否

若填寫是，為何此次又申請登記？（請勾選適當之項目）

a. ☐ 先前以未發行著作登記，此次係首次發行版本之登記。

b. ☐ 此為著作人以主張著作權利人之身分首次提出申請。

c. ☐ 此次為著作已變更之版本，如第 6 欄所載。

若填寫是，請填入先前之登記號碼 ______、登記年份 ______

第 6 欄：衍生著作或編輯著作（derivative work or compilation）

a 欄：既存素材（preexisting material）：本件著作所依據或所包含之既存素材 ______

b 欄：加入本件著作之素材：簡述已加入本件著作並且據以主張著作權利之素材 ______

第 7 欄：

a 欄：繳費帳戶（deposit account）：若申請費係從在著作權局開設之繳費帳戶中扣取，請填入帳戶名稱及帳號

帳戶名稱 ______、帳號 ______

b 欄：聯絡人（correspondence）：請填入本申請案之相關通訊應寄送之姓名及地址

姓名 / 地址 / 公寓大廈 / 城市 / 州 / 郵遞區號 ______

電話號碼 ______、傳真號碼 ______、Email ______

第 8 欄：

切結（certification）：本人茲切結本人是本申請書所載著作之（僅勾選其一）

☐ 著作人（author）

☐ 其他主張著作權利之人（other copyright claimant）

☐ 專屬權利之擁有人（owner of exclusive right(s)）

☐ ______ 之授權代理人（authorized agent）

（註：填入著作人、其他主張著作權利人或專屬權利之擁有人）

且本人在本申請書中所為之陳述，依本人所信皆為正確。

打印之姓名與日期：申請書第3欄如有填載發行日期，請勿在該日期之前簽名及送件 ______、日期 ______、簽名 ______

第9欄：

登記證書（certificate）將郵寄至以下住址：

姓名 ______、號碼／街道／公寓大廈 ______、

城市／州／郵遞區號 ______

您必須：* 填寫所有應載之欄位

* 在第8欄簽名

請將以下三樣物件以同一包裹寄出：1. 申請書；2. 不可退還之申請費，以載明美國著作權局為受款人之支票或匯票支付；3. 寄存之著作樣本（deposit material）。

本申請書請郵寄至：國會圖書館著作權局 —— TX

101 Independence Avenue SE, Washington, DC 20559-6000

3. 由於申請著作權登記一旦經著作權局核准，申請書所載之資訊內容依法將提供公眾查詢、閱覽及抄錄[76]，申請人宜避免在申請書中填寫非要求之資訊內容，尤其涉及申請人或著作人隱私之資訊內容，例如駕照號碼、社會安全號碼、銀行帳戶資訊、信用卡資料等。若申請人不慎將非要求之資訊內容填入申請書，著作權局在審查程序中得主動依職權予以刪除，若著作權局未主動刪除，申請人得在核准登記後申請著作權局從檔案中移除[77]。

---

[76] 參見本章第二節第三項「登記紀錄之查詢、閱覽及抄錄」。

[77] 參見美國聯邦行政命令第37篇第201.2條(f)項，以及Compendium of U.S. Copyright Office Practices, 205。

（二）寄存著作樣本

1. 強制寄存與登記寄存

美國著作權法規定的著作樣本（deposit）之寄存分成兩種，一種是強制寄存（mandatory deposit），另一種是為著作權登記之寄存（deposit for registration），此二種寄存之目的與要件有所區別。

依美國著作權法第407條(a)項之規定，已於美國發行之著作，其著作權人或擁有排他（專屬）發行權之人，應於該著作發行之日起三個月內，向國會圖書館寄存該著作之最佳版本（best edition）之完整重製物二份，該著作如為錄音著作時，應寄存其最佳版本之完整錄音製品二份，以及與該錄音製品一併發行之任何印刷品或其他可由視覺感知之物。此即為強制寄存，其目的係為了讓國會圖書館能收藏全國之所有出版品。雖然著作權法第407條(a)項明定，強制寄存並非著作權保護之要件，但應寄存之人在收到著作權局局長要求寄存之書面通知後，若未在三個月內完成寄存，得科處罰金。

另依美國著作權法第408條(a)項之規定，著作之著作權人或任何排他（專屬）權之權利人，得將本條規定之寄存物連同第409條及第708條規定之申請書及規費，呈送著作權局以辦理著作權登記。雖然著作權登記並非著作權保護之要件，但著作人如欲申請著作權登記，必須提出著作樣本寄存於著作權局，一方面供著作權局審查其申請是否符合法定要件，另一方面在核准登記後開放供各界查詢、閱覽、抄錄著作樣本。此時之寄存係為了申辦著作權登記，而非因著作之發行就必須向國會圖書館辦理之寄存。

向國會圖書館之強制寄存與申請著作權登記之寄存，係不同之寄存程序，惟依第407條已寄存於國會圖書館之重製物或錄音製品，如有檢附申請著作權登記之申請書、規費以及著作權局局長依行政命令所要求之其他辨識資料，得認為符合第408條之寄存規定，以免發生重覆寄存之情形。

2. 登記寄存之要件

依美國著作權法第408條(b)項之規定，為著作權登記所寄存之資料應包含：

(1) 著作未發行者，其完整之重製物或錄音製品一份。
(2) 著作已發行者，其最佳版本之完整重製物或錄音製品二份。
(3) 著作物於美國以外地區首次發行者，其已發行之完整重製物或錄音製品一份。
(4) 涉及構成集合著作（collective work）之個別著作者，該集合著作之最佳版本之完整重製物或錄音製品一份。

依美國著作權法第 101 條之定義，「最佳版本」係指「在寄存前之任何時間於美國發行，並經國會圖書館認定為最適合其目的之版本」。據以認定「最佳版本」之標準，係規定於美國著作權局行政命令第 202 條之附錄 B [78]，依該附錄 B 之規定，當同一著作（指內容完全相同）有發行二以上版本，一般而言，最高品質之版本（the one of the highest quality）即為最佳版本。該附錄 B 就不同類型之著作設定若干認定版本品質優劣之具體標準，藉以判斷最佳版本 [79]。

申請人以線上申請而應寄存實體之著作樣本時，應自行從著作權局之電子登記系統列印運送條（shipping slip），將運送條黏貼於著作樣本上寄出，以確保著作樣本與申請案號一致 [80]。著作如同時以實體書和電子書之形式發

78 參見 https://www.copyright.gov/title37/202/37cfr202-appb.html（最後瀏覽日：2021/9/15）。
79 例如文字印刷物（printed textual matter）版本品質優劣之具體標準有五（A 款至 E 款按優先順序排列，每一款中又按優先順序排列）：
A. 紙質、裝訂與包裝：1. 檔案紙優於短壽命紙；2. 精裝優於平裝；3. 圖書館裝訂優於商業裝訂；4. 普通版優於圖書俱樂部版；5. 線裝優於純膠裝；6. 線裝或膠裝優於螺旋裝訂或訂書釘裝訂；7. 訂書釘裝訂優於螺旋裝訂或塑膠裝訂；8. 有裝訂優於活頁式；9. 有書套優於無書套；10. 有護套優於無護套（單面印刷品）；11. 捲軸式優於折疊式（單面印刷品）；12. 有保護膜優於無保護膜。
B. 稀有性：1. 具有最多特殊設計之限量特殊版本；2. 其他限量版本優於普通版本；3. 特殊裝訂優於普通裝訂。
C. 插圖：1. 有插圖優於無插圖；2. 彩色插圖優於黑白插圖。
D. 特殊設計：1. 有拇指缺口或索引標籤優於無此等設計；2. 有使用輔助（例如套疊印刷、放大鏡）優於無此等設計。
E. 尺寸：1. 大尺寸優於小尺寸。
80 參見 Compendium of U.S. Copyright Office Practices, 1508.2。

行，申請人應提出實體書樣本寄存，最佳版本之認定以實體書為準[81]。著作如未發行，或者僅在美國以外發行，則不適用最佳版本之要件。未發行之著作如僅以電子形式固著，則以電子形式寄存；如同時以實體形式和電子形式固著，申請人得以電子形式寄存[82]。

3. 寄存之例外豁免

依美國著作權局行政命令第 202.20 條 (d) 項第 (1) 款之規定，著作權局局長在與國會圖書館之官員諮商後，得給予申請人以下的寄存要求之特別豁免（special relief）：

(1) 許可寄存一份重製物或錄音製品，或替代性之識別資料，以取代本條 (c) 項第 (1) 款規定之一份或兩份之重製物或錄音製品。

(2) 許可寄存不完整之重製物或錄音製品，或非屬最佳版本之重製物或錄音製品。

(3) 許可寄存一份或數份實際重製物，以取代本條或第 202.4 條要求之識別資料。

(4) 許可寄存不符合第 202.4 條或第 202.21 條規定之識別資料。

依上述規定，著作權局局長得在個案中，針對寄存物件之情況或數量給予特別豁免，申請人可提出非完整或非屬最佳版本之著作樣本，或者提出減量之著作樣本，或者提出著作之識別資料，以取代原應提出之著作樣本及數量。其中所謂「識別資料」（identifying material），係指能充分描述著作之創作內容之資料，例如申請登記雕塑著作時，得提出從各個角度拍攝的雕塑著作之一組照片作為識別資料，取代真實雕塑作品之寄存；申請登記電腦程式時，得提出該電腦程式之部分原始碼之列印本或微縮膠卷作為識別資料，

---

81 參見美國聯邦行政命令第 37 篇第 202.20 條 (b) 項第 (1) 款。

82 參見 Compendium of U.S. Copyright Office Practices, 1507.1。申請人如以電子形式寄存，得採直接上載電子檔案至著作權局之電子登記系統，或者將電子檔案儲存於磁碟或光碟，連同申請書及申請費一併郵寄至著作權局，參見 Compendium of U.S. Copyright Office Practices, 1508.1。

取代程式檔案之寄存[83]。申請人如欲取得上述任一種寄存之特別豁免，須以書面載明理由向著作權局提出申請。

（三）繳納申請費

申請著作權登記，申請人須繳納申請費（filing fee），不同種類或不同情形之登記申請，應繳納之申請費也不同。各項著作權登記之申請所應繳納之申請費，詳細規定於美國著作權局行政命令第 201.3 條 (c) 項及 (d) 項中之費用表。例如申請單一著作之著作權登記，如以線上申請提出，應繳納之申請費為 45 美元（單一著作人、主張著作權利人同一，且非聘僱著作）或 65 美元（所有其他情形）；如以紙本申請提出，應繳納之申請費為 125 美元。申請一組期刊中之個別著作之著作權登記，應繳納之申請費為 85 美元；申請一組（未發行或已發行）照片之著作權登記，應繳納之申請費為 55 美元；申請一組報紙或新聞通訊之著作權登記，應繳納之申請費為 95 美元；申請著作權期間之延展登記，應繳納之申請費為 125 美元。

申請費繳納之方式，依申請方式不同而異。採線上申請者，得在線上以信用卡、簽帳金融卡或電子支票繳費，或者透過繳費帳戶[84]扣款繳費；採紙本申請者，得將支票、匯款或銀行匯票連同申請書及著作樣本一併郵寄至美國著作權局，或者透過繳費帳戶扣款繳費[85]。

---

[83] 參見 Compendium of U.S. Copyright Office Practices, 1506。

[84] 繳費帳戶（deposit account）係為了便利經常使用美國著作權局服務之人所提供之繳費方式，申請人在著作權局開立一個專屬帳戶，事先存入一筆金額（至少 450 美元），嗣後申請著作權登記或使用著作權局其他服務時，應繳之申請費或其他費用逕從該帳戶中扣款。參見 Compendium of U.S. Copyright Office Practices, 1412.5。

[85] 參見 Compendium of U.S. Copyright Office Practices, 1412.4。

四、登記之審查

（一）審查範圍及方法

美國著作權局收到申請人提出的申請書、寄存之著作樣本以及繳納之申請費後，根據申請書填寫之內容以及寄存之著作樣本（或作為替代之著作識別資料），對申請之合法性進行審查，其審查之範圍涵蓋著作權登記之實體要件及形式要件，包括：申請登記之客體是否為可享有著作權之標的？申請之主體是否為可主張著作權利之人？申請書之填寫、著作樣本之寄存／識別資料之提出、費用之繳納是否均符合規定之要件？

著作權局在審查申請登記之客體是否為可享有著作權之標的時，會審查是否符合固著之要件？是否為人之創作？是否具備原創性（即是否為獨立創作並且具備最低限度之創意）？是否有不得登記著作權之情形？在進行原創性之審查時，著作權局不會考量以下與原創性之判斷無關之因素：1. 新穎性、卓越性；2. 美學價值、藝術性、內在品質；3. 靈感來源、創作動機／意圖；4. 技術、經驗、藝術判斷；5. 創作所花費之時間、努力、成本；6. 商業價值、市場行銷度[86]。

著作權局在審查申請之主體是否為可主張著作權利之人時，若申請書所載之主張著作權利人並非著作人，而申請書中的「權利移轉（transfer）：本欄所填入之主張權利人如非第 2 欄所填入之著作人，簡述主張權利人如何取得著作權」一欄有填寫「主張權利人依書面契約受讓取得全部著作權利」或者「主張權利人依繼承取得全部著作權利」，著作權局通常會接受其所載之事實[87]。若申請書中的「權利移轉」一欄未填寫，著作權局會要求申請人補填內容。另外，著作權局通常不會要求申請書中須交待從著作人至目前的主張著作權利人之間的所有權利移轉之鏈（chain of title），申請書中只要有填

[86] 參見 Compendium of U.S. Copyright Office Practices, 310。
[87] 參見 Compendium of U.S. Copyright Office Practices, 620.9(B)。

載最近一次的權利移轉過程即可。但在某些情形，例如著作人已死亡多年，著作權局可能會要求申請人補填從著作人至目前的主張著作權利人之間的所有權利移轉之過程[88]。

著作權局審查申請書及著作樣本／識別資料時，通常會接受其表面所呈現之事實，而不進行調查，包括不會進行著作樣本之比對，除非申請書與著作樣本／識別資料之間有矛盾、或者與其他資料有矛盾、或者與著作權局已知悉之事實有所出入[89]。申請人須據實填寫申請書及其他相關書面陳述，若申請人所提出之申請書或相關書面陳述中有虛偽不實之處，依美國著作權法第 506 條 (e) 項構成刑事犯罪，可處 2,500 美元以下之罰金。

著作權局審查後如發現申請案中有不一致（variance）之處，將依不一致之輕重程度做不同處置[90]：

1. 不一致無足輕重者：不一致之程度輕微，不影響申請所必需之資訊，亦不構成審查上的任何問題，例如拼字或印刷之錯誤，原則上著作權局對此等不一致將予以忽略，核准登記且不做註記，或者僅在線上公共紀錄中做註記。

2. 不一致重大者：不一致達到重大之程度，以致影響申請所必需之資訊，或者構成審查上的任何問題，又分以下三種情形：

(1) 若不一致之情形能夠透過審視申請案相關資料之整體，或者透過調查著作權局之檔案紀錄而得到解決，且所有必要的登記資訊皆已載明於申請書中，則著作權局可以逕行修正申請案之相關資料，而無需做註記。

(2) 若不一致之情形能夠透過審視申請案相關資料之整體，或者透過調查著作權局之檔案紀錄而得到解決，但並非所有必要的登記資訊皆

88　參見 Compendium of U.S. Copyright Office Practices, 620.10(B)。

89　參見 Compendium of U.S. Copyright Office Practices, 602.4(C)(D)。

90　參見 Compendium of U.S. Copyright Office Practices, 603。

已載明於申請書中，則著作權局將修正申請案之相關資料，同時在登記紀錄中做註記。

(3) 若不一致之情形無法透過審視申請案相關資料之整體，或者透過調查著作權局之檔案紀錄而得到解決，且所有必要的登記資訊皆已載明於申請書中，則著作權局將設法與申請人聯絡溝通以嘗試解決問題。若申請人同意對申請登記之資料進行修正，該修正將記載於登記證書並載入登記紀錄中。若需修正之處較多，著作權局可能將申請書退回，並指示申請人修正申請書後重新提出。若著作權局認為不一致之情形無法透過與申請人聯絡溝通而獲得解決，可能逕行駁回登記之申請。

著作權局在少數特殊情形下，提供以急件處理（special handling）著作權登記之申請案，例如著作權訴訟正繫屬中或者即將提出、牽涉關稅問題、牽涉版權合約或出版合約之履約期限。申請人如希望著作權局以急件處理其申請案，得於著作權局完成審查之前之任何時點以書面向著作權局提出申請，包括可於一開始提出著作權登記之申請時一併申請急件處理。申請人申請急件處理，除原定之申請費外，另須繳納額外之費用[91]。著作權局收到急件處理之申請及額外費用後，將審視其申請是否有充分理由，以及著作權局當前之工作量及預算是否足以負擔急件處理，據以准駁。若著作權局核准以急件處理，將儘可能在五個工作日內完成申請案之審查，但著作權局並不保證必能在五個工作日內完成審查。若著作權局駁回急件處理之申請，將按正常程序處理[92]。

---

[91] 每一項著作權利主張之急件處理之額外費用為 800 美元，參見美國聯邦行政命令第 37 篇第 201.3 條 (d) 項中之費用表。

[92] 參見 Compendium of U.S. Copyright Office Practices, 623。

（二）審查後之決定

1. 核准登記

依美國著作權法第 410 條 (a) 項之規定，美國著作權局對著作權登記之申請完成審查後，如認為申請登記之著作可為著作權之標的，且著作權法所定其他實體及形式要件均已符合，應核准登記著作權，並核發蓋有著作權局官章之登記證書（certificate of registration）予申請人。登記證書上除含有申請書所載之登記基本資料外，並有一個登記號碼（registration number）及登記生效日（effective date of registration）。登記證書核發後，著作權局將為該登記案建立一個線上公共紀錄[93]。在合併登記之情形，雖然其登記涵蓋一併申請的每一件著作，但只會核發一張登記證書，僅有一個登記編號，且合併登記僅為行政上便於申請人一併申請，並不使合併登記的所有著作被認定為集合著作或編輯著作[94]。

2. 駁回登記

依美國著作權法第 410 條 A (b) 項之規定，美國著作權局對著作權登記之申請完成審查後，如認為申請登記之物件不得為著作權之標的，或者其申請不符合著作權法所定其他實體或形式要件，或者有其他不得登記之情形，應駁回登記之申請，並以書面載明理由通知申請人。申請人對於駁回登記之決定如有不服，得申請復查及再復查，對於再復查之決定如有不服，得向法院起訴請求救濟[95]。若其後法院判定申請人所申請登記之物件得登記著作權，則仍以申請人原先完成申請手續之日為其登記生效日。

---

93 參見 Compendium of U.S. Copyright Office Practices, 625。

94 參見 Compendium of U.S. Copyright Office Practices, 1105.4。

95 詳見本章第二節第五項「登記爭議處理方式」。

五、登記申請之撤回

著作權登記之申請提出後，在美國著作權局完成審查並做出核准登記或駁回登記之決定以前，申請人隨時可撤回（withdraw）其申請。申請人欲撤回申請，須以書面載明理由向著作權局提出申請，著作權局收到撤回之申請後，未必會准予撤回，而是將衡量申請人之利益與維護著作權登記紀綠之完整性之公益，據以准駁[96]。若著作權局准予撤回登記之申請，申請人所提交之著作樣本及申請費並不予退還。申請人日後如欲登記同一著作權，須重新提出申請書、著作樣本及申請費[97]。

六、著作權登記之撤銷

著作權登記之申請經美國著作權局核准並發給登記證書後，如有以下情形之一時，著作權局得依職權或依申請，將著作權登記予以撤銷（cancellation）[98]：

（一）著作權局發現著作係登記在錯誤之行政分類：著作權局將逕行撤銷原著作權登記，並核發符合正確行政分類之新登記，無需事先通知申請人或主張著作權利之人。

（二）申請人先前所交付之申請費支票因存款不足而退票，或因其他原因而未獲兌現：著作權局將逕行撤銷著作權登記並通知申請人。

（三）著作權局發現登記之著作係不得為著作權之標的：著作權局將向申請人寄送擬予撤銷登記之通知書，申請人得於收到通知書後 30 日內以書面提出不應撤銷登記之理由，若申請人未於期限內提出書面回覆，

---

[96] 例如撤回登記之申請若是為了避免著作權局做出駁回登記之決定，則著作權局有可能不准其撤回登記。

[97] 參見 Compendium of U.S. Copyright Office Practices, 208。

[98] 參見 Compendium of U.S. Copyright Office Practices, 1807.3-1807.4。

或者著作權局收到書面回覆後認為其回覆並無理由，著作權局將撤銷著作權登記。

（四）著作權局發現著作之登記有不符合其他法定要件之瑕疵：例如申請書中應填載之事項漏未填載、未寄存正確之著作樣本。著作權局將與申請人聯絡溝通，並請申請人於 30 日內補正瑕疵。若申請人未於期限內補正瑕疵，或者著作權局認為其補正行為未能消除瑕疵，著作權局將撤銷著作權登記。

第三項　登記紀錄之查詢、閱覽及抄錄

著作權登記之申請不論經著作權局核准或者駁回，相關資料均會留存於著作權局之公共紀錄中，該公共紀錄已建置於著作權局之官方網站上，開放供外界在線上查詢、閱覽，並得在符合一定要件下由著作權局製作發給相關資料之影本。有關著作權局之公共紀錄之查詢、閱覽、抄錄等業務，係由著作權局之「紀錄搜尋與認證科」（Records Research and Certification Section）負責辦理。

任何人均可透過著作權局網站之「著作權公共紀錄入口」（Copyright Public Records Portal）[99] 進入「公共目錄」（Public Catalogue）[100]，該公共目錄匯集了自 1978 年 1 月 1 日以來的所有著作權登記之相關紀錄，使用者可免費進行搜尋 [101]。使用者如欲由著作權局代為進行搜尋並提供搜尋報告（search report），須以書面提出申請並繳納費用 [102]。

---

[99] 參見 https://www.copyright.gov/public-records/（最後瀏覽日：2021/9/15）。

[100] 參見 https://cocatalog.loc.gov/cgi-bin/Pwebrecon.cgi?DB=local&PAGE=First（最後瀏覽日：2021/9/15）。

[101] 1978 年 1 月 1 日以前的著作權登記紀錄係匯集在「歷史紀錄區」（Historical Public Records Program），https://www.copyright.gov/historic-records/（最後瀏覽日：2021/9/15）。

[102] 申請發給一份搜尋報告之費用為 200 美元，參見美國聯邦行政命令第 37 篇第 201.3 條 (c) 項中之費用表。

任何人均可以書面向著作權局申請：一、閱覽著作權登記之完整檔案資料，包括相關寄存之著作樣本或識別資料；二、發給著作權登記之登記證書[103]。以上申請時須指明所欲申請之著作權登記之著作名稱、登記號碼、登記或發行年份等基本資料，申請發給著作權登記證書並須繳納費用[104]，若申請人不知著作名稱、登記號碼、登記或發行年份等資料，可先上著作權局官網之公共目錄進行搜尋。但涉及審理中而尚未結案之著作權登記申請案，原則上僅有登記之主張權利人或其代理人方得申請閱覽、抄錄相關之檔案資料[105]。

以下之人，得向著作權局申請發給著作權登記相關資料，包括相關寄存之著作樣本或識別資料之影本：一、著作權登記之主張權利人或其代理人；二、擁有任何排他（專屬）著作權利之人或其繼承人；三、現繫屬中或即將提起之涉及著作權之訴訟之原告或被告之代理律師[106]。申請人應以書面提出申請，指明所欲申請影本之著作名稱、著作人姓名、主張著作權利人之姓名、登記號碼、登記年份等基本資料，並須繳納費用[107]。

第四項　登記之效力

一、生效日

依美國著作權法第 410 條 (d) 項之規定，申請著作權登記經著作權局核准後，著作權局發給登記證書，證書上記載登記生效日，係指申請案如經著作權局局長或有管轄權法院認定符合登記規定，以申請書、寄存物件及規

---

[103] 參見 Compendium of U.S. Copyright Office Practices, 2047.1(A)。

[104] 申請發給著作權登記證書之費用為每一份 55 美元，參見美國聯邦行政命令第 37 篇第 201.3 條 (c) 項中之費用表。

[105] 參見 Compendium of U.S. Copyright Office Practices, 2047.1(B)(3)。

[106] 參見 Compendium of U.S. Copyright Office Practices, 2407.1(A)。

[107] 參見 Compendium of U.S. Copyright Office Practices, 2407.1(D)。影印著作權登記檔案資料之費用為 12 美元，參見美國聯邦行政命令第 37 篇第 201.3 條 (d) 項中之費用表。

費均由著作權局收到之日為登記之生效日。登記生效日有別於登記裁決日（registration decision date），後者係指著作權局就申請案完成審查並決定准予登記之日。

二、法定效力

美國著作權法於 1976 年修正後，改採創作保護主義，著作權之保護不以登記為必要，著作權之登記從過去的強制登記改成自願登記，惟著作權法為鼓勵著作人辦理著作權登記，提供登記之誘因，乃賦予著作權登記以下法定效力：著作權登記有表面證據之效力，著作權登記為提起著作權侵權訴訟之要件、著作權登記為請求法定賠償及律師費之要件。

（一）表面證據之效力

所謂表面證據（prima facie evidence，或稱初步證據）係指表面上充分有效的證據，在法律上足以證明當事人的請求或答辯所依據的事實，但對方當事人可以提出反證加以反駁[108]。亦即，除非有反證加以推翻，否則足以證明某一事實之證據。以涉及著作權侵害之民事訴訟為例，著作權人因其著作權遭到侵害而向法院提起訴訟請求侵權人賠償損害時，原則上，著作權人須就以下所有事實加以證明：1. 遭侵害之著作係享有著作權保護之著作，包括該著作可為著作權之標的、該著作具備原創性，以及該著作之著作權保護期間尚未屆滿；2. 著作權人係該著作之著作人，或者雖非著作人而已取得著作權；3. 侵權人有侵害該著作之著作權之事實；4. 著作權人因該侵權而受有損害。若著作權人無法舉證證明以上所有事實皆成立，或者被告一方能舉證證明以上任一事實並不成立時，著作權人所提之請求將被法院駁回。

美國著作權法第 410 條 (c) 項規定：「於著作首次發行前或首次發行後五年內取得著作權登記證書者，該證書於任何訴訟程序上均構成該著作權之

---

[108] 參見元照英美法詞典，法律出版社，2003 年 5 月初版，頁 1088。

有效性及該證書所載事實之表面證據（prima facie evidence of the validity of the copyright and of the facts stated in the certificate）。如登記證書係於上述期間之後取得者，該證書之證明力由法院裁量之。」依此規定，申請著作權登記經著作權局核准並發給登記證書後，該登記證書在法律上即足以證明該著作權之成立及有效性（包括該著作係可為著作權之標的並且具備原創性），並且足以證明該登記證書中所載之基本事實，包括著作名稱、著作人之姓名、出生年份、死亡年份、國籍、住所、是否為聘僱著作、主張著作權利人（即著作人、著作權人或全部著作權利之專屬被授權人）及其如何取得著作權利、著作創作之年份、著作首次發行之日期與國家等，除非有反證加以推翻。因此，在訴訟上，一造當事人如提出著作權登記證書，便無需就該著作權之成立及有效性舉證，亦無需就該登記證書中所載之各項基本事實舉證。若另一造當事人有提出反證，提出著作權登記證書之一造始須進一步舉證。著作權登記證書之提出，顯然可以大幅減輕提出一方在訴訟上之舉證負擔，提高獲得勝訴判決之機會。

著作權登記證書之表面證據效力，其成立取決於一個前提要件：著作權登記證書必須是在著作首次發行前或首次發行後五年內取得。若著作權登記證書是在著作首次發行滿五年後始取得，該證書不能具有表面證據之效力，僅能作為一般之文書證據，其證明力由受訴法院裁量認定之。美國著作權法之所以將不遲於著作首次發行後五年內取得著作權登記證書定為其表面證據效力之前提要件，顯然就是為了鼓勵著作人儘早辦理著作權登記。在美國著作權法第 410 條 (c) 項之規定下，美國有法院認為在著作首次發行後六年始取得之著作權登記證書，法院無義務接受其著作權之有效性；有法院認為在著作首次發行後 20 年始取得之著作權登記證書，幾乎不具證明力，法院有理由對該證書中所載之事實加以存疑[109]。

---

[109] 參見 Paul Goldstein, Goldstein on Copyright, Third Edition, 2012, § 3.11, note 6。

（二）提起著作權侵害訴訟之要件

依美國著作權法第 501 條 (a) 項之規定，任何人如侵害著作權人依著作權法第 106 條至第 122 條所享有之排他性權利[110]，或者侵害著作人依著作權法第 106A 條 (a) 項所享有之著作人格權[111]，或者違反著作權法第 602 條規定將重製物或錄音製品輸入美國[112]者，即構成侵害著作權。依著作權法第 501 條 (b) 項之規定，著作權所含任何排他性權利之所有人或受益人（beneficial owner）[113]，於其享有該權利之期間內，有權對任何侵害該權利之行為提起訴訟，但須符合著作權法第 411 條規定之要件。

美國著作權法第 411 條 (a) 項則規定：「除因侵害著作人依第 106A 條 (a) 項所定之權利而提起之訴訟外，未依本法取得著作權利之登記或預先登記

---

[110] 美國著作權法第 106 條明文列舉著作（財產）權共有六種：重製權、改作權、散布權（包含銷售及其他移轉所有權之方式，以及出租、出借）、公開演出權、公開展示權、以數位形式公開演出錄音著作之權。第 107 條至第 122 條則規定著作權利所受之限制（例如合理使用）及部分著作權利可行使之範圍。故第 106 條及第 107 條至第 122 條共同界定了各項著作權利之實質內涵及其受到法律保護之範圍，利用著作之行為是否構成侵害著作權，須綜合第 106 條及第 107 條至第 122 條各條規定加以檢視方能確定。

[111] 美國著作權法第 106A 條規定視覺藝術著作（指第 102 條 (a) 項第 (5) 款所定之圖畫、圖形及雕塑著作）之著作人享有兩種著作人格權：姓名表示權（right of attribution）及著作完整性保持權（right of integrity）。姓名表示權係指有權主張為著作之創作者，以及有權禁止他人冒用其姓名作為視覺藝術著作之著作人。著作完整性保持權係指有權禁止他人對其著作加以曲解、割裂或做其他變更而損害其名譽或聲譽，以及有權禁止他人對其公認卓越之著作加以毀損。

[112] 美國著作權法第 602 條 (a) 項規定：「(a) 侵權輸入或侵權輸出：(1) 輸入：未依本法規定經著作權人授權，將美國境外取得之著作重製物或錄音製品輸入美國者，構成侵害第 106 條所定散布重製物或錄音製品之排他性權利之行為，依第 501 條之規定得受到控訴。(2) 侵權物品之輸入或輸出：未依本法規定經著作權人授權，將著作重製物或錄音製品輸入美國或輸出美國以外，而該重製物或錄音製品之製作已侵害著作權或者若在本法施行地區將已侵害著作權者，構成侵害第 106 條所定散布重製物或錄音製品之排他性權利之行為，依第 501 條或第 506 條之規定得受到控訴。」其中第 (1) 款係禁止著作合法重製物即真品之輸入，第 (2) 款係禁止著作違法重製物即盜版物品之輸入及輸出。

[113] 排他性著作權利之受益人，係指雖非擁有排他性著作權利，但就排他性權利之行使有重大利益之人，例如著作人將其著作權轉讓予出版社，以換取出版社須依合約向著作人支付利用著作之版稅，此時著作人即為著作權利之受益人，亦得對著作權之侵害提起訴訟。參見 Paul Goldstein, *ibid.*, § 15.5.1.2。

且該登記無 (b) 項所排除之情形，不得就任何美國之著作所受之著作權侵害提起民事訴訟。惟寄存物件、申請書及規費已依規定形式向著作權局提出，而登記之申請遭到駁回者，申請人如檢附起訴狀影本以通知送達著作權局局長，仍有權就著作權之侵害提起民事訴訟。著作權局局長收到上述通知後 60 日內，得選擇是否就該著作權利之可登記性之爭點，出庭參加該訴訟成為當事人。但著作權局局長縱未參加該訴訟，不影響法院對該爭點之裁判權。」依此規定，因著作權遭受侵害而欲提起民事訴訟，原則上以依法已取得著作權登記或預先登記為前提要件，換言之，取得著作權登記或預先登記乃提起著作權侵害之民事訴訟之訴訟要件。但以下四種情形為例外，不以取得著作權登記或預先登記為提起訴訟之要件：

1. 視覺藝術著作之著作人所享有之姓名表示權或著作完整性保持權遭受侵害者，著作人雖未取得著作權登記或預先登記，亦得提起訴訟。

2. 外國著作不適用美國著作權法第 411 條規定，因外國著作遭受侵權而在美國提起訴訟，不以取得美國著作權局核發之著作權登記或預先登記為要件。美國著作權法第 411 條 (a) 項所定以取得著作權登記或預先登記作為提起訴訟之要件，其適用原本不限於美國著作。由於美國於 1989 年 3 月 1 日加入伯恩公約，必須遵守伯恩公約第 5 條之規定：「(1) 著作人就其受本公約保護之著作，於源流國以外本聯盟各會員國境內，應享有本公約特別授予之權利，以及各該國家法律現在或將來對其國民授予之權利。(2) 上開權利之享有及行使，不得要求須履行一定形式要件，且應不問著作源流國是否給予保護。是故，除本公約另有規定者外，保護之範圍，以及著作人為保護其權利所享有之救濟方式，專受主張保護之當地國法律之拘束[114]。」即伯恩公約各會員國不得就著作權利之享有及行使要求須履行一定之形式要件，美國著作權法有關著作權登記為提

---

[114] 伯恩公約條文中譯文，引自經濟部智慧財產局網站，file:///C:/Users/owner/Downloads/%E4%BC%AF%E6%81%A9%E5%85%AC%E7%B4%84%EF%BC%88Berne+Convention%EF%BC%89%20(1).pdf（最後瀏覽日：2021/9/28）。

起著作權侵害訴訟之要件之規定，與公約有所牴觸。美國著作權法乃於1988 年修正時將第 411 條 (a) 項之適用對象限縮為美國著作，亦即外國著作不再適用第 411 條規定，故因外國著作遭受侵權而提起訴訟不以取得著作權登記或預先登記為要件。

3. 申請著作權登記遭駁回者，於符合一定要件下亦得提起訴訟：申請著作權登記遭駁回者，如申請人已依規定向著作權局提出申請書、著作樣本及申請費，申請人在檢附起訴狀影本以通知送達著作權局局長後，仍可就著作權之侵害提起民事訴訟。此一規定讓著作權登記之申請可能遭到不當駁回之人，有機會請求法院一併審查其著作權登記之申請是否合法，以及其著作權遭到侵權之主張是否成立。著作權局局長收到申請人檢附起訴狀影本之通知後 60 日內，得選擇是否就該著作權利之可登記性之爭點，出庭參加該訴訟成為當事人。但著作權局局長縱未參加該訴訟，不影響法院對該爭點之裁判權，亦即法院仍可逕行審查及認定著作權登記之申請是否合法。

4. 美國著作權法第 411 條 (c) 項規定：「著作係由聲音、影像或二者所構成，而其首次固定係與其播送同時為之者，著作權人如依據著作權局局長以行政命令所定之規定，並符合下列要件，得於首次固定前或固定後依第 501 條規定提起著作權侵害之訴訟，並得完全適用第 502 條至第 505 條及第 510 條所規定之救濟：(1) 於該著作首次固定至少 48 小時以前，將標明著作、首次播送之確切時間、來源，以及聲明欲維護該著作權之通知送達侵權人；且 (2) 如該著作依本條 (a) 項應為登記者，著作權人於該著作首次播送後三個月內已辦理登記者。」依此規定，錄音著作或視聽著作之現場播送，在符合上述要件下，亦得在尚未取得著作權登記之前提起訴訟。

取得著作權登記（或預先登記）乃提起著作權侵害之民事訴訟之訴訟要件，所謂「著作權已登記」（registration of the copyright claim has been made）係何所指，美國法院實務上曾有兩派不同見解。一派認為依著作權法

第 411 條 (a) 項之條文，著作權已登記係指著作權局就著作權登記之申請做成核准或駁回之決定，以第十巡迴上訴法院和第十一巡迴上訴法院為代表；另一派認為著作權已登記係指申請人向著作權局提出申請書並寄存著作樣本，而不論著作權局就登記之申請是否已做成核准或駁回之決定，如此解釋始足以保障訴訟權，以第五巡迴上訴法院和第九巡迴上訴法院為代表[115]。此一爭議嗣後由最高法院於 *Fourth Estate Public Benefit Corp. v. Wallstreet.com, LLC, et al.* 案[116]加以闡釋而獲得解決。最高法院表示，著作權法第 411 條 (a) 項之文義僅容許唯一合理的解釋：所謂「著作權已登記」係指著作權局核准著作權登記之行為，而非指著作權人之申請登記行為。若著作權登記之提出申請即足以構成「著作權已登記」，則著作權法第 411 條 (a) 項第 2 句之規定 —— 該句容許著作權人在其申請遭到著作權局駁回時仍得提起訴訟 —— 將成為贅文。誠然，在過去幾十年間，申請著作權登記所需之平均時間已從一、兩周大幅延長至數個月，可能影響著作權人之訴訟權，但登記程序之延宕原因在於著作權局之人員和預算不足，此一問題唯有國會能處理解決，並非法院職權之所及。

取得著作權登記或預先登記作為提起著作權侵害之民事訴訟之要件，尚須符合著作權法第 411 條 (b) 項之規定，亦即著作權登記證書中如含有不正確之資訊且為申請人所明知，並且著作權局局長若知悉該不正確之資訊將駁回登記之申請，則該登記證書不符合著作權法第 411 條及第 412 條之規定，從而不得據以提起民事訴訟，亦不得據以請求法定賠償或律師費。在任何案件中如有人主張著作權登記證書含有上述所指之不正確資訊，法院應要求著作權局局長說明其若知悉該不正確之資訊是否將駁回登記之申請，以利法院認定訴訟之提起是否符合第 411 條所定之要件。

---

[115] 參見 Justin Scharff, Why and How the Issue of Copyright Registration Made Its Way up to the Supreme Court, *Touro Law Review*, Vol. 34, No. 4, Article 19 (2018)，載於：https://digitalcommons.tourolaw.edu/lawreview/vol34/iss4/19/?utm_source=digitalcommons.tourolaw.edu%2Flawreview%2Fvol34%2Fiss4%2F19&utm_medium=PDF&utm_campaign=PDFCoverPages（最後瀏覽日：2021/9/15）。

[116] 參見 https://www.supremecourt.gov/opinions/18pdf/17-571_e29f.pdf（最後瀏覽日：2021/9/15）。

在司法實務上，部分法院對於以取得著作權登記或預先登記作為提起著作權侵害訴訟之要件，採取較為寬鬆之態度，認為原告雖然在起訴時尚未取得著作權登記或預先登記，若起訴後取得著作權登記或預先登記，其訴訟要件之瑕疵即屬已補正[117]。另外，取得著作權登記或預先登記雖為提起著作權侵害訴訟之要件，惟並非請求法院核發禁制令（緊急處分）（injunction）之要件[118]。

原著作及基於該著作所產生之衍生著作，若僅有其中一著作已取得著作權登記或預先登記，另一著作之著作權人是否得依據該著作權登記或預先登記提起侵權訴訟？多數法院認為若原著作未登記著作權，而其衍生著作已登記著作權，原著作遭到侵權時得依據衍生著作之著作權登記提起訴訟；若原著作已登記著作權，而其衍生著作未登記著作權，衍生著作遭到侵權時不得依據原著作之著作權登記提起訴訟[119]。另外，集合著作之著作權登記，有別於其所含之個別著作之著作權登記，兩者並無可相互取代之關係，惟若集合著作之著作權人，與其所含之個別著作之著作權人為相同之人，法院多容許集合著作之著作權登記可充當就個別著作提起侵權訴訟之依據[120]。

（三）請求法定賠償或律師費之要件

依美國著作權法第 504 條 (a) 項之規定，著作權人之著作權遭到侵害，得依該條 (b) 項向侵權人請求實際損害及侵權人之所得利益，或者依該條 (c) 項請求法定損害賠償（statutory damages）。依該條 (c) 項之規定，著作權人得就訴訟所涉之所有侵權，按每一件著作，請求法院在總額 750 美元以

---

[117] 參見 Paul Goldstein, *ibid*., § 3.15, 3: 154.2。

[118] 參見 Paul Goldstein, *ibid*., § 3.15, 3: 155。禁制令（緊急處分）係法院核發的要求當事人做某事或某行為，或者禁止其做某事或某行為之命令，是衡平法上的救濟措施，主要用於防止將來損害之發生，而非對已發生之損害給予補償。參見元照英美法詞典，法律出版社，2003 年 5 月初版，頁 696。

[119] 參見 Paul Goldstein, *ibid*., § 3.15, 3: 157, 3: 158.1。

[120] 參見 Paul Goldstein, *ibid*., § 3.15, note 23。

上 30,000 美元以下之範圍內裁決適當之賠償金額，以代替實際損害賠償與利益。若法院認定侵權係屬故意，法院得依其裁量提高法定損害賠償至總額 150,000 美元以下；若法院認定侵權人係善意且無過失，法院得依其裁量降低法定損害賠償至總額 200 美元以上[121]。

其次，依美國著作權法第 505 條之規定，依本法提起之民事訴訟，法院得依其裁量判決（除美國政府或其官員以外之）原告或被告一方負擔全部訴訟費用。法院亦得判決將勝訴一方之合理律師費作為訴訟費用之一部，由敗訴一方負擔。訴訟費用之負擔與律師費之負擔，差異在於：1. 訴訟費用可能由勝訴方負擔，亦可能由敗訴方負擔，但律師費一定由敗訴方負擔；2. 依美國著作權法第 412 條規定，律師費之請求，僅就著作權登記生效日以後發生之侵害始得為之，但訴訟費之請求並無此限制[122]。

美國著作權法第 412 條規定：「依本法提起之訴訟，除因侵害著作人受第 106A 條 (a) 項保護之權利，或因侵害在侵害發生前已依第 408 條 (f) 項預先登記，且登記生效日不晚於首次發行後三個月內或權利人知悉侵害後一個月內（以較早者為準）之著作之著作權，或依第 411 條 (c) 項之規定而提起外，如有下列情形之一者，不得依第 504 條、第 505 條之規定判給法定賠償或律師費：(1) 對未發行著作之著作權侵害係開始於該著作登記生效日之前；或 (2) 除於著作首次發行後三個月內取得著作權登記者外，對著作權之侵害係開始於該著作首次發行後、登記生效日之前。」本條係對於依第 504 條請求法定賠償，或者依第 505 條請求訴訟費或律師費所設之限制，依本條規定，無論涉及未發行或已發行之著作，原則上，著作權人僅就著作權登記生效日以後發生之侵害始得請求法定賠償或律師費，亦即法定賠償或律師費

---

[121] 美國著作權法第 504 條 (a) 項之所以提供法定賠償，乃因侵權之實際損害及侵權人之所得利益往往難以證明及估算，著作權人若能直接請求法定賠償，免去舉證之負擔，較容易獲得侵權之賠償以保衛其著作權，並且有助於遏阻侵權。著作權人是否選擇請求法定賠償，完全由其自行決定，只要在法院做出終局判決前皆可選擇法定賠償，無需再舉證證明實際損害或侵權人之利益。參見 Paul Goldstein, *ibid.*, § 14.2, 14: 41-42。

[122] 參見 Paul Goldstein, *ibid.*, § 14.3, 14: 64.1-64.2。

之請求以已取得著作權登記為要件；但於著作首次發行後三個月內已取得著作權登記者，縱使侵害發生於著作登記生效日以前，仍得請求法定賠償或律師費。惟以下三種情形為例外，請求法定賠償或訴訟費、律師費時，不受第 412 條規定之限制，亦即縱使侵害發生於著作登記生效日以前，仍得請求法定賠償或律師費：

1. 視覺藝術著作之著作人所享有之姓名表示權或著作完整性保持權遭受侵害者。

2. 因侵害在侵害發生前已依第 408 條 (f) 項預先登記，且登記生效日不晚於首次發行後三個月內或權利人知悉侵害後一個月內（以較早者為準）之著作之著作權。

3. 依第 411 條 (c) 項之規定而提起訴訟[123]。

如（二）所述，美國著作權法有關著作權登記為提起著作權侵害訴訟之要件之規定，僅適用於美國著作，外國著作遭受侵權而提起訴訟並不以取得著作權登記或預先登記為要件。然而美國著作權法第 412 條有關著作權登記為請求法定賠償或律師費之要件，並未排除外國著作之適用，因此外國著作遭到侵權時如欲請求法定賠償或律師費，同樣以著作權登記為要件，亦即外國著作之著作權人僅就著作權登記生效日以後發生之侵害始得請求法定賠償或律師費。

第五項　登記爭議處理方式

一、單一主張權利人之登記爭議

著作權登記之申請若遭到著作權局駁回，申請人對著作權局之駁回決定如有不服，法令提供前後不同階段之救濟途徑：前階段之救濟為第一次復查

[123] 參見第二節第四項、二、（二）、4. 有關美國著作權法第 411 條 (c) 項規定之說明。

及第二復查，規定於著作權局頒布之美國聯邦行政命令第 37 篇；後階段之救濟為法院訴訟，規定於行政程序法。

（一）復查

依美國聯邦行政命令第 37 篇第 202.5 條之規定，著作權局駁回著作權之登記申請時，申請人有權請求對駁回之處分進行復查（reconsideration），且申請人有兩次復查之機會，即第一次復查和第二次復查。

1. 第一次復查（first request for reconsideration）

申請人收到著作權局駁回登記申請之書面通知後，得依以下程序，請求著作權局對其駁回決定進行復查：

(1) 申請人必須以書面提出復查之請求。復查之請求必須敘明申請人認為登記係遭不當駁回之理由，包括支持該等理由之法律主張及補充資料。著作權局將以申請人之書面陳述作為裁決之基礎。

(2) 提出第一次復查之請求時，須一併繳納依美國聯邦行政命令第 37 篇第 201.3 條 (d) 項規定之費用。

(3) 第一次復查之請求及費用，必須在著作權局駁回決定之書面通知所載之日起三個月內送達著作權局。如該三個月期限之末日為週末或聯邦國定假日，則三個月期限之末日延展至次一聯邦工作日。

著作權局就第一次復查之請求進行審查後，如認為其請求有理由，決定准予登記申請人之著作，應將該決定以書面通知申請人，並為該著作之登記。如著作權局認為申請人之復查請求無理由，將再次決定駁回登記之申請，則應於第一次復查之請求送達著作權局之日起四個月內，以敘明駁回理由之書面通知申請人。如該四個月期限之末日為週末或聯邦國定假日，則四個月期限之末日延展至次一聯邦工作日。惟著作權局縱未於四個月期限內寄送書面通知，仍不發生申請人著作登記之結果。

2. 第二次復查（second request for reconsideration）

申請人收受著作權局就第一次復查之請求決定駁回之書面通知後，得依以下程序，請求「復查委員會」（Review Board）對著作權局之駁回決定進行第二次復查：

(1) 申請人必須以書面提出第二次復查之請求，請求復查委員會對著作權局之駁回決定進行復查。第二次復查之請求必須敘明申請人認為登記係遭不當駁回之理由，包括支持該等理由之法律主張及補充資料，並對著作權局第一次復查時駁回之理由提出陳述。復查委員會將以申請人之書面陳述作為裁決之基礎。
(2) 提出第二次復查之請求時，須一併繳納依美國聯邦行政命令第 37 篇第 201.3 條 (d) 項規定之費用。
(3) 第二次復查之請求及費用，必須在著作權局對第一次復查之請求決定駁回之書面通知所載之日起三個月內送達著作權局。如該三個月期限之末日為週末或聯邦國定假日，則三個月期限之末日延展至次一聯邦工作日。

復查委員會應由三位委員組成，其中二位委員為著作權局之局長及法務長（General Counsel）或其指定之代表，第三位委員由著作權局局長指派。

復查委員會就第二次復查之請求審查後，如認為其請求有理由，決定准予登記申請人之著作，復查委員會應將該決定以書面通知申請人，並為該著作之登記。如復查委員會認為第二次復查之請求無理由，將再次決定維持駁回登記申請之決定，則應以敘明駁回理由之書面通知申請人。

復查委員會對第二次復查之請求所為之決定，為終局之行政決定，申請人若有不服，在行政系統內不再有救濟途徑，但在行政系統外仍有救濟途徑，申請人得向法院提出訴訟。

（二）法院訴訟

美國聯邦法典第 5 篇第 702 條規定：「因機關行為（agency action）而遭受違法侵害之人，或者依特定法律而言係因機關行為而遭受不利影響或損害之人，有權請求司法審查。」依第 701 條之定義，上述所稱「機關」係指美國政府之任一機關，無論其是否受另一機關之監督審查，但不包含該條 (A) 款至 (H) 款所列之單位或情形[124]。美國著作權局亦屬上述所稱「機關」，故有第 702 條規定之適用。著作權登記之申請遭美國著作權局駁回後，經申請人請求第一次復查及第二次復查而均遭駁回者，申請人如認為駁回之決定係違法而侵害其權益，得向管轄之聯邦法院起訴請求對駁回之決定進行司法審查。

依美國聯邦法典第 5 篇第 706 條之規定，法院就美國著作權局之駁回決定進行審查時，就一切相關法律問題加以判定，並得針對該駁回決定在事實認定上或法律之解釋、適用上有違法或不當時，做出以下裁決：

1. 命令機關做出其違法拒絕或不當遲延之行為；2. 於機關之行為、事實認定及裁決結果有以下情形之一時，宣告其為違法並予以廢棄：(1) 武斷、恣意、濫用裁量或者以其他方式牴觸法律；(2) 違反憲法所定之權利、職權、特權或豁免；(3) 違反法定之管轄、權限或限制，或者欠缺法定權利；(4) 未遵守法律所定之程序；(5) 與案件中之重要證據不相符合；(6) 與事實不相符合，而該事實應由審查之法院重新審查。

二、兩個以上主張權利人之登記爭議

著作權登記之申請若涉及二以上之主張權利人，而其彼此間之權利主張處於競爭或對立之關係，稱為「對立之權利主張」（adverse claims），主要

---

[124] 美國聯邦法典第 5 篇第 701 條規定：「(b) 就本章之適用而言：(1)「機關」係指美國政府之任一機關，無論其是否受另一機關之監督審查，但不包含：(A) 國會；(B) 美國各法院；(C) 美國海外領土或屬地之政府；(D) 哥倫比亞特區之政府；(E) 由各政黨代表或各政黨組織之代表所組成、用以解決其紛爭之機關；(F) 軍事法院與軍事委員會；(G) 在戰時或占領區運作之軍事機關；(H) 聯邦法典第 12 篇第 1738 條、第 1739 條、第 1743 條及第 1744 條所賦予之職務；聯邦法典第 49 篇第 471 章第 2 節所賦予之職務；或聯邦法典第 50 篇第 1884 條、第 1891 條至第 1902 條及舊法第 1641 條 (b) 項第 (2) 款所賦予之職務。」

有以下兩種情形[125]：

（一）二以上不同之主張權利人，同時或先後就同一著作申請著作權登記，而其申請書所載之著作人或／及主張權利人亦不相同：著作權局對於併存之不同申請，均會分別審查其各自之申請是否符合法定之要件，各申請提出之時間先後順序並非著作權局審查及決定所考慮之因素，著作權局也不會給予任一申請優先地位。著作權局會將有二以上申請併存一事通知各申請人，讓各申請人有機會決定是否撤回申請，若申請人收到通知後無回應，著作權局仍將繼續其審查程序。著作權局審查後如認為各申請均符合法定要件，在大多數情形將准予分別登記，並且均納入著作權局之公共紀錄，亦即各登記將併存於著作權局之紀錄中。

（二）已取得之著作權登記遭其他人主張該登記係違法或無效：在此種情形，著作權局並不會對先前已取得之著作權登記重新進行審查，而是曉諭該質疑先前登記之合法性或有效性之人得以其自己之名義就同一著作提出登記申請。著作權局對其申請進行審查後，如認為符合法定之要件，將准予登記，並將此事通知先前已取得著作權登記之人。換言之，後申請之對立主張在登記後將與先前之登記併存於著作權局之紀錄中。

由以上可知，當針對同一著作有對立之權利主張時，著作權局並不會進行特別的程序讓各主張權利人有機會參與其他主張權利人之申請程序，或者與其他主張權利人進行辯論（interference or adversarial proceedings）。蓋如前所述，著作權局審查申請書及著作樣本／識別資料時，通常會接受其表面所呈現之事實，不會在登記資料庫內進行著作樣本之比對，除非申請書與著作樣本／識別資料之間有矛盾、或者與其他資料有矛盾、或者與著作權局已知悉之事實有所出入。若有二以上之人對同一著作提出對立之權利主張，此

---

125 參見 Compendium of U.S. Copyright Office Practices, 1808。

等涉及著作權利主張之爭議，不論其為事實面或法律面之爭議，著作權局不會介入進行裁決，而是應由法院審查、裁決，故著作權法沒有提供解決此等爭議之行政救濟途徑，各主張權利人應自行向管轄法院提起訴訟以尋求司法救濟。

第六項　預先登記

著作權之登記，原則上須著作創作完成始能提出申請，著作在未完成之前尚不產生著作權，原無登記著作權之可言。然而著作有可能在創作未完成前遭到盜用，在數位網路時代特別有此風險，而美國著作權法規定著作權登記為提起著作權侵害訴訟之前提要件，創作未完成之著作因無法申請著作權登記，將無法提起訴訟請求救濟。美國著作權法為彌補此一不足，乃創設「預先登記」制度，讓創作未完成，但已在準備商業發行中之著作，亦可申請登記。

一、要件及審查

著作權預先登記之法源依據，係美國著作權法第 408 條 (f) 項規定：「擬供商業目的散布之著作之預先登記：(1) 行政命令之頒布 —— 著作權局局長應於本項制定後 180 日內，頒布擬供商業目的散布而尚未發行著作之預先登記所適用之程序規定；(2) 著作類別：依第 (1) 款所頒布之行政命令，應允許任何屬於經著作權局局長認定在授權商業發行前曾發生侵權歷史之著作類別之個別著作申請預先登記。」美國著作權局依上述規定，頒布了有關預先登記之行政命令，收錄於美國聯邦行政命令第 37 篇第 202.16 條。

申請預先登記之著作除了仍然必須可為著作權之標的外，依美國著作權局行政命令之規定，申請預先登記之著作必須符合以下三項要件：（一）未發行；（二）擬供商業目的散布；（三）屬於經著作權局局長認定在授權商業發行前曾發生侵權歷史之著作類別之一。其中所謂「經著作權局局長認定在授權商業發行前曾發生侵權歷史之著作類別」，係指以下六個著作類別：（一）電影著作；（二）錄音著作；（三）音樂著作；（四）擬以書籍形式發行之文學著作；（五）電腦程式（包括電子遊戲）；（六）廣告或行銷照片。亦即僅有此六類著作可申請預先登記。

其次，所謂「擬供商業目的散布」必須同時符合以下兩項要件：（一）依據被授權申請預先登記者所切結之聲明，主張權利人有合理期待該著作將向公眾為商業散布，無論其為實體形式之散布或數位電子形式之散布[126]；以及（二）著作已開始創作，且至少著作之一部分已固定於有形之表達媒介，如下：1. 就電影著作而言，必須已經開始拍攝；2. 就錄音著作而言，必須已經開始錄製聲音；3. 就音樂著作而言，至少音樂著作之一部分必須已經固定於樂譜上，或者呈現該音樂著作之一部或全部之表演之錄音製品或複本上；4. 就擬以書籍形式發行之文學著作而言，必須已實際開始撰寫著作內容；5. 就電腦程式而言，至少電腦程式碼之一部分（不論原始碼或目的碼）必須已固定；6. 就廣告或行銷照片而言，照片（或者就擬供同時發行之一組照片，至少其中一張照片）必須已經拍攝。

申請著作預先登記時，由於著作尚未創作完成，不需、也無從寄存該著作之樣本，但申請人應提出一份不超過 2,000 個字母（大約 330 個英文字）關於該著作之詳細描述。該描述應基於申請時可取得且足以合理辨識該著作之資訊。行政命令中並就可申請預先登記之六類著作，分別規定其可辨識之著作描述所應包含之最低限度資訊內容[127]，例如就電影著作而言，辨識著作

---

[126] 參見 Compendium of U.S. Copyright Office Practices, 1603。

[127] 美國聯邦行政命令第 37 篇第 202.16 條 (c) 項第 6 款規定：「(ii) 就錄音著作而言，辨識著作之描述應包含申請時可知悉之以下資訊：所錄製之著作之主題、表演者或表演團體、所錄製之著作之種類（例如：古典、流行、音樂喜劇、抒情搖滾、重金屬、福音、饒舌、嘻哈、藍調、爵士）、所錄製之音樂著作之標題、主要錄製地點、錄音著作所收錄之音樂著作之作曲者，及其他任何有助於辨識擬預先登記之特定著作之資訊。(iii) 就音樂著作而言，辨識著作之描述應包含申請時可知悉之以下資訊：有歌詞者其歌詞之主題、著作之種類（例如：古典、流行、音樂喜劇、抒情搖滾、重金屬、福音、饒舌、嘻哈、藍調、爵士）、表演者、主要錄製地點、唱片公司、電影，或其他含有該音樂著作之任何擬作商業散布之

之描述應包含申請時可知悉之以下資訊：主題、摘要或大綱、導演、主要演員、主要拍攝地點，及其他任何有助於辨識擬預先登記之特定著作之資訊。

著作權局對預先登記之申請只進行有限度之審查，以確認該申請所描述之著作是否屬於「經著作權局局長認定在授權商業發行前曾發生侵權歷史之著作類別」。著作權局通常不會審查申請人所提之著作描述之適足性，但在預先登記之著作遭受侵權之訴訟上，法院可能審查該描述之適足性以認定該預先登記是否確實描述該聲稱遭受侵權之著作，同時考量申請人預先登記時可取得之資訊，以及申請人維護機密資訊之合法利益。

美國著作權局對預先登記之申請完成審查後，如認為申請預先登記之著作可為著作權之標的，且預先登記之其他要件均已符合，將核准預先登記著作權，並以書面通知申請人，該書面通知將載明預先登記之號碼（preregistration number）及預先登記生效日（effective date of preregistration）。但著作權局並不會就預先登記核發任何證書。預先登記之資訊將納入著作權局之公共目錄中，供各界查閱[128]。著作權局如認為申請預先登記之物件不得為著作權之

錄音著作或電影之相關資訊，及其他任何有助於辨識該特定音樂著作之細節或特徵。(iv) 就書籍形式之文學著作而言，辨識著作之描述應包含申請時可知悉之以下資訊：書籍之種類（例如：傳記、小說、歷史等），並應包含該著作之摘要，摘要內容包含主題（例如：布希總統之傳記、伊拉克戰爭之歷史、奇幻小說）；對於該著作之情節、主要角色、事件或其他關鍵要素（key elements）之描述（如有適用）；及該書之其他任何顯著特徵（例如：是否為先前作品之最新版或修正版，以及其他任何有助於辨識該書籍形式之文學著作之細節）。(v) 就電腦程式（包括電子遊戲）而言，辨識著作之描述應包含申請時可知悉之以下資訊：電腦程式之性質、目的及功能，包含其使用之程式語言、該程式在撰寫上所依據之特定組織或架構；預期發行之形式（例如：僅在線上發行之產品）；是否有先前版本（如有，並指明該先前版本）；參與創作該電腦程式之人；如該程式為電子遊戲，亦應描述該電子遊戲之主題、遊戲在整體上之對象、目標或目的；遊戲之角色（若有），以及遊戲內之一般設定與背景。(vi) 就廣告或行銷照片而言，辨識著作之描述應包含照片所描繪之主題，包括該照片所欲廣告或行銷之特定產品、活動、公眾人物或其他項目或事件等資訊。在可能及適用之範圍內，對照片之描述應提供有助於辨識照片之額外細節，例如該廣告照片係為何人所拍攝；大概之拍攝時期；同一組照片可能包含的照片之概略數量；任何與照片有關之活動；照片中描繪之地點、實體背景或環境。上開描述亦可說明照片之整體呈現方式（例如：燈光設計、背景用之布景、主題要素在照片中擺放之位置）；並應提供與照片相關之任何地點及事件（如有適用）。」

[128] 參見 Compendium of U.S. Copyright Office Practices, 1608。

標的，或者其申請不符合預先登記之其他要件，將駁回預先登記之申請，並以書面載明理由通知申請人[129]。

預先登記經核准後即不得申請更改或補充，預先登記之資訊如有錯誤或遺漏，申請人可以在著作創作完成後提出著作權登記之申請[130]。

二、效力

依美國聯邦行政命令第 37 篇第 202.16 條之規定，著作預先登記之申請如經著作權局核准並通知申請人已為預先登記，或者經有管轄權法院認定可為預先登記者，自申請書及規費均由著作權局收到之日起生效。

著作權登記經核准後取得之著作權登記證書，具有表面證據之效力，足以證明該著作權之有效性及該證書所載之事實。預先登記並非正式、完整之著作權登記，加以著作權局對於預先登記之申請僅做有限度之審查，因此，預先登記並不具備表面證據之效力，既不能證明著作權之成立及有效性，亦不足以證明預先登記中所載之任何事實資訊[131]。

依美國著作權法第 411 條 (a) 項之規定，因著作權遭受侵害而欲提起民事訴訟，原則上以依法已取得著作權登記或預先登記為前提要件，故被害人雖未取得著作權登記，若已取得著作權之預先登記，亦符合提起著作權侵害之民事訴訟之要件。惟依美國著作權法第 408 條 (f) 項第 (4) 款之規定，預先登記作為提起著作權侵害之訴訟之要件，尚須符合另一要件，亦即取得預先登記後，申請人後續必須：（一）在該著作首次發行後三個月內；或（二）在著作權人知悉該侵權後一個月內（以較早者為準），完成申請著作權登記之手續（呈送申請書、著作樣本、申請費至著作權局），否則對該著作首次發行前或發行後二個月內發生之侵權所提起之訴訟，法院應予以駁回。換言

---

129 參見 Compendium of U.S. Copyright Office Practices, 1610。

130 參見 Compendium of U.S. Copyright Office Practices, 1612。

131 參見 Compendium of U.S. Copyright Office Practices, 1607。

之，申請人取得預先登記後，若未在上述期限內完成正式、完整著作權登記之申請手續，仍不得對該著作首次發行前或發行後二個月內發生之侵權提起訴訟。但申請人仍得透過後續申請取得正式、完整之著作權登記而對該著作首次發行滿二個月後發生之侵權提起訴訟[132]。

另外，依美國著作權法第 412 條之規定，因侵害在侵害發生前已依第 408 條 (f) 項預先登記，且登記生效日不晚於首次發行後三個月內或權利人知悉侵害後一個月內（以較早者為準）之著作之著作權，被害人仍可請求法定賠償及律師費，換言之，被害人雖未取得著作權登記，若已在規定期限內取得著作權之預先登記，亦符合請求法定賠償及律師費之要件。

依美國聯邦法典第 17 篇第 408 條 (f) 項、第 411 條及第 412 條之規定，著作之預先登記提供著作權人若干利益。但著作之預先登記，並不構成著作權之有效性，或預先登記之申請書或登記紀錄中所載事實之表面證據。著作縱已為預先登記，並不得推定著作權局在正式登記之申請提出時將予以登記。再者，預先登記亦非取得著作權正式登記之前提要件，著作人可在著作完成後直接申請正式著作權登記。

由以上所述可知，預先登記之效力相當有限，預先登記僅能當作正式、完整之著作權登記之預備步驟，並不能取代正式、完整之著作權登記[133]。這也是何以著作權局會在預先登記之書面通知中，提醒申請人儘快申請正式、完整之著作權登記[134]。

三、救濟

駁回預先登記之決定並不適用行政審查之程序，申請人對於駁回預先登記之決定如有不服，不得申請復查。惟申請人仍得重新提出預先登記之申

[132] 參見 Compendium of U.S. Copyright Office Practices, 1604.1。
[133] 參見 Compendium of U.S. Copyright Office Practices, 1604.2。
[134] 參見 Compendium of U.S. Copyright Office Practices, 1608。

請，並於申請書中提出對於前次駁回決定之不服理由，若著作權局認為其申請有理由，仍可能核准其預先登記，而其預先登記則從新的申請書及規費均由著作權局收到之日起生效[135]。

第三節　著作權文件之存證

第一項　概說

在美國著作權法上，廣義的存證包括自願存證，即著作權文件之存證，以及強制存證，即依美國著作權法相關規定必須辦理之其他存證[136]。本文僅就自願性的著作權文件之存證加以論述。

美國著作權登記制度係用以登記對於著作之權利主張，在申請著作權登記之過程中，不需提出著作權如何產生或取得之證明文件。然而著作權之交易文件，例如著作權讓與契約[137]、著作權授權使用契約、著作權設定質權契約等，對於著作權之行使和利用均有重大影響，但著作權之交易均私下進行，又無如同不動產交易之登記制度可發揮公示作用，導致著作權之交易可

---

[135] 參見 Compendium of U.S. Copyright Office Practices, 1611。

[136] 強制辦理的存證，例如終止著作權轉讓或授權之通知。依美國著作權法第 203 條之規定，除涉及聘僱著作之情形外，著作人於 1978 年 1 月 1 日（含該日）之後將其著作權之全部或一部，透過遺囑以外之方法，以專屬或非專屬方式轉讓或授權予他人者，著作人或其法定繼承人，得在轉讓或授權後滿 35 年之日起算五年內（若轉讓或授權之權利為出版權，則該五年之期限自出版後滿 35 年，或自轉讓或授權後滿 40 年起算，以較早屆至者為準），終止該轉讓或授權，但須在預計終止日之前二年至 10 年間以書面事先通知受讓人或被授權人，並且須在預計終止日之前將該書面通知在著作權局存證，始生終止之效力。又如，依部分美國法院之見解，債權人欲在已登記之著作權上設定質權（security interest）以擔保其債權，必須向著作權局辦理存證，始生質權之優先效力。參見 Compendium of U.S. Copyright Office Practices, 2304.1(B)。

[137] 依美國著作權法第 204 條 (a) 項之規定，著作權之移轉，除依法律規定而移轉外，非經所移轉權利之權利人或其合法授權之代理人於讓與文件、移轉通知或備忘錄之書面上簽署，不生效力。亦即著作權之移轉為要式行為，須以簽署書面文件為之，始生移轉權利之效力。

能發生無權授權、雙重授權、設質後又授權等情事，引發關係人間之糾紛。為保障著作權之交易安全，美國著作權法自 19 世紀晚期便建立著作權文件之存證制度。著作權存證制度係用以記錄與著作權相關之法律文件，其與著作權登記制度在目的、申請與審核之要件均不同，辦理程序各自獨立運作，法律效力也迥然有別。

美國著作權法第 205 條 (a) 項規定：「存證之要件：著作權之任何移轉或其他與著作權有關之文件，如附有從事該移轉或其他著作權行為之人之真正簽名，或檢附官方或經宣誓之認證書證明其為與經簽名之原始文件相符之影本，得提出向著作權局存證。」此即為著作權存證之最主要法律依據。美國著作權法第 702 條授權著作權局局長得制定行政命令，以執行其依著作權法所負之職權及責任。著作權局局長依據此授權，訂定了有關著作權存證之相關業務之執行規定，統一收錄於美國聯邦行政命令第 37 篇第 201.4 條。本文即根據上述法令規定論述美國之著作權存證制度。

美國著作權局負責辦理存證業務之單位為「公共紀錄與寄存處」之下的存證科（Recordation Section）[138]。

第二項　存證之標的

一、著作權移轉之文件

依美國著作權法第 205 條 (a) 項之規定，可辦理存證之文件有兩類：第一類為著作權之任何移轉（any transfer of copyright ownership）之文件，另一類為其他與著作權有關之文件。而依美國著作權法第 101 條之定義：「著作權歸屬之移轉（transfer of copyright ownership），係指著作權或其所含之任何排他性權利之轉讓（assignment）、抵押（mortgage）、專屬授權（exclusive license）或其他讓與、出讓或設質，而不論其在時間上或地域上之效力是否

[138] 參見 Compendium of U.S. Copyright Office Practices, 2302。

有所限制，但不包括非專屬授權（non-exclusive license）。」著作權之專屬授權亦屬於著作權移轉之一種，故著作權專屬授權之文件可辦理存證。

二、其他著作權相關文件

依美國著作權法第 205 條 (a) 項之規定，除著作權移轉之文件可辦理存證外，其他與著作權有關之文件（other document pertaining to a copyright）亦可辦理存證。此所謂與著作權有關之文件，依美國著作權局之解釋，係指與著作權之存在、範圍、期間、辨識有直接或間接關係，或者與著作權所含任一權利之歸屬、劃分、分配、授權、移轉或行使有直接或間接關係之文件，且該直接或間接關係可為過去、現在或未來之關係。與著作權有關之文件，例如非專屬授權之文件、遺囑、授權書（power of attorney）、宣誓書（affidavit）、聲明書（declaration）、破產命令、公司名稱變更證書、住址變更陳述書等[139]。

第三項　存證之要件、申請、審查、發證及查閱

一、要件及申請

著作權文件必須清晰易讀（legible），可透過肉眼辨識其內容，並且可由著作權局藉助科技工具加以掃描轉製成影像資料，以納入著作權局之公共紀錄[140]。

著作權文件必須完整（complete），文件中如有提及任何附件、附表或其他增補物件，該文件必須連同該等附件、附表或其他增補物件一併提出，方屬完整之文件。若文件中所提及之附件、附表或其他增補物件未提出，著作權局將通知申請人補提，或者申請人亦可刪除文件中提及附件、附表或其

---

[139] 參見 Compendium of U.S. Copyright Office Practices, 2309.2。

[140] 參見 Compendium of U.S. Copyright Office Practices, 2309.8。

他增補物之文字，並由做成文件之人在刪除之處簽名，僅以該文件本身辦理存證[141]。

申請人欲存證之文件如為原件，須附有從事該著作權移轉行為或其他著作權行為之人之真正簽名。應簽名之人如係由他人代表者，文件上之簽名須同時表明本人與代表人之姓名[142]。簽名無需簽署全名，亦無需清晰易讀，只要全名可從該文件之記載內容辨識即可[143]。文件宜載明做成之年月日，蓋此關係到存證之效力（詳後述第四項之說明），若文件未載明做成之日期，仍可存證，惟承辦人員將於存證之紀錄中加註「No date given」[144]。

申請人欲存證之文件如非原件，而係原件之影本、複寫本或其他重製本，須附有官方認證書（official certification）或經宣誓之認證書（sworn certification）證明其為與經簽名之原始文件相符之影本（a true copy of the original, signed document）。

著作權文件經過編輯（redaction）者，例如文件中之部分內容加以塗黑或刪節，亦可存證，但可編輯之處原則上限於敏感資訊，例如：財務條款、營業秘密、社會保險號碼或稅籍編號，申請人如欲編輯其他資訊，須以書面向著作權局申請，經著作權局個案審查認為其編輯具有合理性者，始得為之。

著作權文件如非以英文繕寫，亦可存證，但須檢附英文譯本，且譯本上須有譯名之簽名。

辦理著作權文件之存證，須繳納申請費[145]。任何人只要提出符合要件之著作權文件，並且繳納應繳之費用，均可辦理著作權文件存證。且著作權文件之存證可在任何時候提出申請，並無期限之限制[146]。

---

141 參見 Compendium of U.S. Copyright Office Practices, 2309.9。

142 例如：Robert Penn on behalf of Cursive Enterprises, LLC。

143 參見 Compendium of U.S. Copyright Office Practices, 2309.10(A)。

144 參見 Compendium of U.S. Copyright Office Practices, 2309.10(B)。

145 辦理著作權文件存證，如文件僅涉及單一件著作，僅須繳納基本費用 125 美元（紙本申請）或 95 美元（數位申請），若文件涉及兩件以上之著作，須繳納額外費用，參見美國聯邦行政命令第 37 篇第 201.3 條 (c) 項中之費用表。著作權文件之存證，以提出紙本文件為原則，著作權局僅在少數情形容許申請人以數位文件辦理存證。

146 參見 Compendium of U.S. Copyright Office Practices, 2309.4-2309.5。

辦理著作權文件之存證，除了提出著作權文件及繳納費用外，尚須填寫DCS表格（Recordation Document Cover Sheet, Form DCS），該表格可從著作權局官網下載[147]。DCS表格包含著作權局辦理文件存證所需要之資訊，其中部分欄位之填寫可充當申請人之經宣誓之認證書。DCS表格雖非存證文件之一部分，著作權局將根據表格之填載內容來審查存證之申請。

二、審查、發證及查閱

著作權局收到申請人提出之著作權文件及申請費後，對申請存證之著作權文件進行審查。此所稱審查，係指針對文件是否為「著作權移轉之文件」或「其他著作權相關文件」，以及是否符合前述一、所述之各項要件：文件是否清晰易讀、是否完整、是否附有簽名或認證書等而為審查。著作權局並不就文件之效力（例如：是否已生效？何時生效？是否有違法而無效之事由？）進行審查和認定，也不會對文件之實質內容（例如：移轉或授權之範圍為何？專屬授權或非專屬授權？授權有無地域或期限之限制？）進行解釋或判斷，此等問題乃屬法院之權限[148]。

著作權局對申請存證之著作權文件進行審查後，如認為符合存證之要件，應將該著作權文件記錄於檔案，亦即將該文件掃描轉製成影像資料納入著作權局之公共紀錄，並將該文件檢附存證證書（certificate of recordation）發還申請人。存證證書中載明存證日期，該日期係指存證文件及申請費由著作權局收訖之日，若存證文件及申請費非在同一時間收到，則以最後收齊之日為存證日期[149]。

著作權文件經著作權局存證後，相關資料包括著作權文件及存證證書之內容會留存於著作權局之公共紀錄中，該公共紀錄已建置於著作權局之官方

---

147 參見 https://www.copyright.gov/forms/formdcs.pdf（最後瀏覽日：2021/9/28）。

148 參見 Compendium of U.S. Copyright Office Practices, 2305。

149 參見 Compendium of U.S. Copyright Office Practices, 2309.15。

網站上，開放供外界在線上查詢、閱覽。有關著作權局之公共紀錄之查詢、閱覽、抄錄等業務，係由著作權局之「紀錄搜尋與認證科」負責辦理。任何人均可透過著作權局網站之「著作權公共紀錄入口」（同註 99）進入「公共目錄」（同註 100），該公共目錄匯集了自 1978 年 1 月 1 日以來的所有著作權文件之存證紀錄，使用者可免費進行搜尋。此外，任何人均可以書面向著作權局申請閱覽著作權存證之完整檔案資料，或者在繳納費用後申請發給著作權存證紀錄之影本[150]。

第四項　存證之效力

存證制度之設立主要係為了解決著作權交易中所發生的雙重授權問題，以保障著作權之交易安全。著作權文件經著作權局存證後，相關資料包括著作權文件及存證證書之內容會留存於著作權局之公共紀錄中，並建置於著作權局之官方網站上，開放供各界查詢、閱覽、抄錄（請求發給影本）。藉由存證紀錄之公開及公示作用，法律一方面賦予著作權文件具有對所有人「擬制通告」（constructive notice）的效力，另一方面使存證之文件所表彰之權利，相對於未存證之文件所表彰之競爭性或衝突性之權利，享有優先之效力[151]。

一、擬制通告之效力

美國著作權法第 205 條 (c) 項規定：「存證作為擬制通告：著作權文件已於著作權局存證者，僅於符合下列情形下，視為向公眾通告該文件所記載之事實：(1) 存證文件或其附件具體指明所涉及之著作，經著作權局編入索引

---

[150] 參見 Compendium of U.S. Copyright Office Practices, 2047.2(C)(D)。

[151] 美國 1976 年著作權法第 205 條 (d) 原本規定，因著作權之移轉而取得著作權或任何專屬權利之人，非將該著作權移轉文件向著作權局辦理存證，不得提起著作權侵權訴訟，換言之，存證亦為提起侵權訴訟之前提要件。美國為加入伯恩公約，已透過 1988 年伯恩公約施行法刪除此一規定。參見 Paul Goldstein, *ibid.*, § 5.2.3.3, 5: 44。

後，得依著作名稱或登記號碼進行合理查詢而揭露該文件；且 (2) 該著作已完成登記。」依此規定，在符合上述二要件之下，已辦理存證之著作權文件具有「向公眾通告該文件所記載之事實」之效力，換言之，所有人均視為已知悉該著作權文件所記載之事實[152]，而不得主張不知該著作權文件所記載之事實。舉例而言，甲將其所創作之 A 書之著作權讓與乙，讓與契約已向著作權局辦理存證，且 A 書已辦妥著作權登記，則自存證日起，視為所有人均已知悉「甲將 A 書之著作權讓與乙」此一事實，任何人皆不得再主張對該事實並不知情。

二、存證文件所表彰之權利之優先效力

（一）相衝突之著作權移轉之優先順序

美國著作權法第 205 條 (d) 項規定：「於二相衝突之著作權移轉行為間，實施在先之移轉行為，如於美國實施移轉後一個月內；或者於美國以外實施移轉後二個月內；或者於實施在後之移轉行為（以符合本條 (c) 項規定之擬制通告效力之方式）存證前，以符合本條 (c) 項規定之擬制通告效力之方式存證，則其效力優於實施在後之移轉行為。但實施在後之移轉行為係出於善意而換取相當之對價或給付權利金之有效承諾，並以符合本條 (c) 項規定之擬制通告效力之方式存證在先，且就實施在先之移轉行為未受任何通知，則實施在後之移轉行為之效力優於實施在先之移轉行為。」

假設著作權人將其著作權先讓與甲，其後又讓與乙，依本項前段之規定，讓與在先之行為欲取得優先效力，須具備以下二項要件之一：

1. 於美國實行讓與後一個月內辦理存證；或者於美國以外實行讓與後二個月內辦理存證；或者

2. 於讓與在後之行為存證前，先辦理存證。

---

[152] 參見 Compendium of U.S. Copyright Office Practices, 2309.3(A)。

亦即，讓與在先之行為若存證先於讓與在後之行為，讓與在先之行為取得優先效力；但讓與在先之行為若在美國實行讓與後一個月內辦理存證，或者於美國以外實行讓與後二個月內辦理存證，縱使其存證晚於讓與在後之行為，讓與在先之行為仍取得優先效力。可見，讓與在先之行為欲取得優先效力，最重要之關鍵在於儘早存證，只要能在美國實行讓與後一個月內辦理存證，或者於美國以外實行讓與後二個月內辦理存證，即可保障必取得優先效力。

依本項後段之規定，讓與在後之行為欲取得優先效力，須具備以下全部三項要件：1. 讓與行為係出於善意，且係以相當之對價或給付權利金之有效承諾而換取；2. 辦理存證先於讓與在先之行為；並且 3. 就讓與在先之行為未受任何通知。

亦即，讓與在後之行為若存證先於讓與在先之行為，且其讓與係善意、有償之行為，讓與在後之行為取得優先效力。讓與在後之行為欲取得優先效力，除須存證在先外，尚須符合善意、有償之要件，可見其取得優先效力之條件較為嚴苛，考其原因應在於其讓與行為之時間在後。

讓與在先之行為若存證也先於讓與在後之行為，由於存證具有向一切人擬制通知之效力，法律上視為讓與在後之受讓人已知悉讓與在先之行為，而不論讓與在後之受讓人實際上是否有查詢讓與在先之行為之存證紀錄，因此讓與在後之受讓人不可能符合善意之要件。若讓與在先之行為未存證，或者存證不符要件而未發生擬制通告之效力，但讓與在後之受讓人就讓與在先之行為在實際上有所知悉，例如讓與在後之受讓人有查詢存證紀錄，則讓與在後之行為仍然無法享有優先效力[153]。

（二）相衝突之著作權移轉與非專屬授權之優先順序

美國著作權法第 205 條 (e) 項規定：「著作權之非專屬授權，無論是否已存證，如有該被授予權利之權利人或其合法授權之代理人簽署之書面文件

---

[153] 參見 Paul Goldstein, *ibid.*, § 5.2.3.1, 5: 37-5: 38。

可資證明，並符合以下情形之一者，其效力優於相衝突之著作權移轉行為：(1) 該授權行為係於著作權移轉行為實施之前所為；或 (2) 該授權行為係於著作權移轉行為存證之前出於善意所為，且就該著作權移轉行為未受任何通知。」

假設著作權人將其著作權先以非專屬授權甲利用，其後又將其著作權讓與乙，依本項規定，甲如能提出著作權人或其合法代理人簽署之書面文件可證明該授權行為，該授權行為即具有優先效力，而不論該授權行為是否有存證；其次，假設著作權人先將其著作權讓與乙，其後才將其著作權以非專屬授權甲利用，但著作權人授權甲之時間早於該讓與行為之存證時間，且甲之獲得該授權係出於善意，甲就著作權人讓與乙之行為未受任何通知，則該授權行為亦具有優先效力，而不論該授權行為是否有存證。

由以上可知，在授權行為早於讓與行為，或者（雖晚於讓與行為，但）早於讓與行為之存證時間且著作權人或乙沒有將讓與一事通知甲之情形，甲在獲得授權時不可能對於該讓與行為有所知悉，不難證明甲之獲得該授權係出於善意。換言之，只要授權行為早於讓與行為，或者早於讓與行為之存證時間並且著作權人或乙沒有將讓與一事通知甲，甲所獲得之授權便享有優先效力，著作權人和乙皆不得主張甲所獲得之授權為無效。可見非專屬授權相對於著作權讓與之優先效力，與授權行為是否存證、是否以相當之對價或給付權利金之有效承諾而換取無關，而僅以時間較早及善意為其要件。若著作權之讓與行為有存證且其存證時間早於非專屬授權行為，則無論其存證能否發生擬制通告之效力，讓與行為均具有優先效力[154]。至於兩個非專屬授權行為之間，本即互無衝突，著作權法對兩個非專屬授權行為之優先效力自無規定之需要。

---

[154] 參見 Paul Goldstein, *ibid.*, § 5.2.3.2, 5: 42-5: 43。

三、著作權文件之存證與著作權登記

申請著作權登記，並不以申請著作權文件之存證為必要；未申請著作權登記，並不妨礙申請著作權文件之存證。換言之，著作權登記與著作權文件之存證兩者為各自獨立之程序，兩者之間並不發生互相取代之問題[155]。然而著作若從未辦理著作權登記，與該著作有關之著作權文件雖辦理存證，仍無法發生擬制通告之效力，從而無法享有著作權法第205條(d)項所賦予之優先效力。以此而言，著作權登記與著作權文件之存證相較，前者是更為根本、更具重要性之事。

第五項　存證爭議之處理方式

著作權文件存證之申請若遭到著作權局駁回，申請人對著作權局之駁回決定如有不服，美國著作權法令並無提供任何救濟途徑，申請人並不能對駁回決定申請復查或提起法院訴訟。

---

[155] 參見 Compendium of U.S. Copyright Office Practices, 2303。

第五章　日本之著作權登記制度

第一節　概說

第一項　登記制度簡介

日本自西元 1899 年即為伯恩公約會員國，故對於著作權之享有亦遵循公約之「非形式主義」。有關著作權之內容及享有，日本現行著作權法第 17 條規定：「著作人享有次條第 1 項、第 19 條第 1 項及第 20 條第 1 項規定之著作人格權，以及第 21 條至第 28 條規定之著作財產權（第 1 項）。對於著作人格權及著作財產權之享有，無須履行任何要式程序（第 2 項）。」本條第 2 項規定，即來自伯恩公約第 5 條第 2 項前段所定之「非形式主義」。亦即著作權應於著作創作完成之同時「自動」產生，對於著作權之保護，不以著作上著作權聲明、著作權登記或著作送存等手續為要件。

然而，為了著作權相關法律事實關係之公示，或為確保著作權等權利變動時之交易安全，日本從 1899 年（明治 32 年）舊著作權法開始，即定有著作權登記制度，當時包括讓與登記、本名登記、創作日期登記及首次發行日期登記等，並賦予若干推定效力[1]。而直至目前，日本現行著作權法第二章（著作人之權利）第十節第 75 條至第 78 條之 2，仍然存有特定之登記（登錄）制度，且對於該等登記賦予一定之法律效果。惟該等相關登記，均與著作權權利之發生及享有無關。

---

[1] 日本 1899 年（明治 32 年）著作權法第 15 條及第 35 條，請參見公益社團法人著作權情報中心（CRIC）官網，https://www.cric.or.jp/db/domestic/old_index.html（最後瀏覽日：2021/10/12）。

與美國不同，日本並無辦理全面性之著作權登記。目前現行法所辦理之登記項目，僅有著作權法第 75 條所定之本名（實名）登記、第 76 條所定之首次發行或公開發表日期登記、第 76 條之 2 所定之電腦程式著作創作日期登記、第 77 條及第 104 條所定之與著作財產權或著作鄰接權的移轉與質權等相關之登記，以及第 88 條所定之與出版權的設定、移轉與質權等相關之登記等（詳後述）。

第二項　登記機關

依日本著作權法第 10 條例示保護之各種類著作為：一、小說、腳本、論文、演講及其他語文著作；二、音樂著作；三、舞蹈或默劇著作；四、繪畫、版畫、雕刻及其他美術著作；五、建築著作；六、地圖或具有學術性質之圖面、圖表、模型及其他圖形著作；七、電影著作；八、攝影著作；及九、電腦程式著作。

有關登記機關，對於電腦程式著作以外之其他一般著作，係由隸屬於「文部科學省」（簡稱 MEXT）之日本著作權主管機關「文化廳」（Agency for Cultural Affairs, Ministry of Education, Culture, Sports, Science and Technology, Government of Japan）[2] 之著作權課辦理 [3]。而有關電腦程式著作之登記事務，依著作權法第 78 條之 2 規定，尚須另依「關於電腦程式著作登記特例法」[4] 辦理。依該法第 5 條第 1 項之規定，自 1987 年（昭和 62 年）起，即由文化廳長官指定的「財團法人軟體資訊中心」（ソフトウェア情報センター，簡稱 SOFTIC）辦理 [5]。

---

[2] 參見日本文部科學省組織圖，https://www.mext.go.jp/b_menu/soshiki2/04.htm；文化廳官網，https://www.bunka.go.jp/（最後瀏覽日：2021/10/12）。

[3] 參見文化廳著作權登錄制度資訊網站，https://www.bunka.go.jp/seisaku/chosakuken/seidokaisetsu/toroku_seido/（最後瀏覽日：2021/10/12）。

[4] プログラムの著作物に係る登録の特例に関する法律（昭和 61 年法律第 65 号）。條文請參見附錄二。

[5] 參見 SOFTIC 電腦程式著作登錄資訊網站，https://www.softic.or.jp/touroku/index.html（最後瀏覽日：2021/10/12）。

第二節　登記項目及登記效力

第一項　本名（實名）登記

日本著作權法第 75 條（実名の登録）第 1 項規定：「以不具名或別名[6]公開發表之著作之著作人，不論其是否享有該著作權，得就該著作為本名之登記。」同條第 2 項規定：「著作人死亡後，得由其遺囑指定之人，為前項之本名登記。」同條第 3 項規定：「為本名登記之人，推定為該登記著作之著作人。」本條為本名登記規定，適用於著作權法所保護之各種類著作，著作人得向主管機關登記其真實姓名，此乃係為了讓以不具名或別名公開發表著作之著作人，於其著作上不顯示真實姓名的情況下，仍可享受與本名著作著作權同等之保護，因此所建立得由著作人本人或於其死後遺囑所指定之人辦理本名登記之制度。茲將其要點說明如下：

一、不具名著作或別名著作之「著作人」，無論對其該著作是否享有著作財產權，均可以辦理本條之本名登記。但本條僅適用於匿名公開發表或僅顯示假名公開發表之著作，未公開發表之著作無法進行本名登記[7]。依本條規定，得由著作人或者於其死後由其遺囑指定之人辦理，至著作人是否擁有著作財產權並不重要，此乃由於本條之本名登記制度具有姓名表示權的性格[8]。

二、本條本名登記，於著作人死後，得由著作人遺囑指定之人提出申請辦理，但所謂遺囑指定之人，得為遺囑中指定之自然人或團體為之，不限於著作人之遺族家屬。有學者認為，因法條明定為須以遺言指定，故如

---

[6] 為與我國著作權法用語一致，便於閱讀，本文係以不具名著作或別名著作稱之。在日本著作權法原文中，我國之不具名著作，係稱為「無名著作」（即匿名公開發表的著作）；而我國之「別名著作」，則稱為「變名著作」（即以非眾所周知之假名公開發表的著作）。

[7] 參見小倉秀夫、金井重彥，著作権法コンメンタール改訂版（2），第一法規 2020 年出版，頁 607。

[8] 參見加戶守行，著作権法逐条講義，著作権情報センター發行，2013 年六訂新版，頁 495。

著作人僅於著作權轉讓契約書中指定，該契約書中被指定之人不得辦理本條之本名登記[9]。另依據文化廳所發布之「登錄指引手冊」，如有共同著作等著作人為多數之情形，僅其中一人申請登記，需提出其他共同著作人之同意證明書[10]，學者說明此乃因日本著作權法第64條第1項規定（此即相當於我國著作權法第19條第1項規定）共同著作著作人格權之行使應取得全體同意[11]。

三、如已辦理本名登記，即使對外公開發表之著作上未顯示作者本名或者僅顯示非眾所周知之假名，則依據本條第3項之規定，仍產生將該已為本名登記之著作人「推定」為該登記著作著作人之法律效果。此效果如同日本著作權法第14條所定（於著作原件或向公眾提供或提示著作之際，將其本名或其他代替本名而眾所周知之別名以通常方法標示者，推定為該著作之著作人）[12]，即具有法律上推定其為該著作著作人之效力。此在訴訟上將產生舉證責任倒置，登記而受推定之原告就該登記事項不需負舉證責任，而應由相對之被告舉證證明原告非著作人。

四、然而，對於該被登記之標的，是否真正具有創作性之著作性（而應受著作權法保護）一點，並無推定效力[13]。在東京地方裁判所平成22年（ワ）35800號[14]損害賠償請求事件中，法院認定原告所主張之標的不具創作性，但原告主張其已辦理本條登記具有推定效力，法院不採，因此駁回原告之訴。法院判決理由說明，不論是依第75條第3項之推定著作人或依第76條第2項之推定首次發行或公開發表年月日，都無法因此即推定登記標的具有著作性；原告雖主張其當時之登記未被駁回應認為其為受保護之著作，但著作權之登記，僅進行所謂之形式審查，僅

9 參見小倉秀夫、金井重彥，前揭書，頁610。

10 參見文化廳著作權課，登録の手引き，令和3年（2021），頁18。

11 參見小倉秀夫、金井重彥，前揭書，頁608。

12 日本著作權法第14條，相當於我國著作權法第13條第1項所規定之著作人表示之推定效力。

13 參見小倉秀夫、金井重彥，前揭書，頁611。

14 本判決全文，參見 http://tokkyo.hanrei.jp/hanrei/pt/9163.html（最後瀏覽日：2021/9/7）。

審查是否依據法令規定（著作權法施行令第23條之程式要件）之方式提出申請，不能因登記即解為該登記標的具有著作性而應受著作權之保護。

五、實際上，辦理本名登記，最大之實益在於有關著作財產權保護期間之計算，其保護期間將回復與一般有表示真名之著作相同。如同我國著作權法第30條及第32條規定之立法例，對於語文或美術等一般自然人著作之著作財產權保護期間，如作者有具名，原則將存續於著作人終身及其死後50年；但針對不具名著作或別名著作，因為不知真正著作人為何人，故除非可證明著作人已死亡超過50年（此時依一般原則，著作財產權已消滅）或者其別名為眾所周知（此情形仍可計算著作人是否死亡超過50年），否則該不具名著作或別名之著作財產權存續期間計算，係自公開發表後起算50年。而日本著作權法第51條，針對一般真名發表著作之著作財產權，係保護著作人終身及其死後70年[15]；另於同法第52條，針對不具名（無名）著作或別名（變名）著作之著作財產權保護期間，亦規定僅保護從公開發表起算後之70年。然一旦著作人依據本條辦理本名登記後，該以不具名著作或別名公開發表之著作，依據日本著作權法第52條第2項第2款規定，將回復到一般本名發表著作之著作財產權保護期間原則，即改回保護該本名登記著作人終身及其死後70年。易言之，辦理本名登記後，著作財產權保護期間通常會有延長之效果，行使著作財產權之財產收益亦可增加，有利於著作人。

六、對於本名登記之著作人，依日本著作權法第118條第1項但書規定，尚可排除該條本文所定由發行人為不具名著作或別名著作之著作人進行排

[15] 按日本一般著作之著作財產權保護期間，原亦依伯恩公約標準，為終身加50年。但因日本加入TPP（環太平洋パートナーシップ協定，即Trans-Pacific Partnership Agreement, TPP）為會員國，依據日本締結TPP協定整備法（平成28年法律第108號著作權法修正案及平成30年法律第70號改正案），於TPP 11協定在日本生效日起，即自2018年12月30日起改延長為保護終身加70年。

除侵害、回復名譽、死後著作人格權、損害賠償等維權請求之規定，而使著作人自己得處理侵權之訴訟法上效果。

七、不僅著作公開發表時使用非眾所周知的別名之著作人，可以辦理本條本名登記，即使是使用眾所周知的筆名公開發表之著作人，亦可進行本條之本名登記。只是既然其筆名已經眾所周知而可適用一般本名發表之相關規定，此時辦理本條本名登記之實益不大。但如著作人無法確認自己的別名是否眾所周知，為確保延長著作財產權保護期間之效果，仍以辦理本條之本名登記較為安全[16]。

八、本條於代筆之情形，不適用。即實際為 A 執筆，但卻以另一真正存在的 B 名義發表之著作，不能辦理本條之本名登記。因為以別名發表，依據日本著作權法第 14 條乃代替本名之假名或筆名，但實際仍應為同一著作人。同理，以團體機構名義發表之著作，其實際執筆之自然人亦不能辦理本條之本名登記[17]。另依據文化廳所發布之「登錄指引手冊」指出，法人著作（即法人為著作人之著作）不能辦理本名登記[18]，此應由於依日本著作權法規定，法人著作原則上係以該法人自己名義公開發表之著作。

九、依據日本著作權法第 78 條第 3 項之規定，文化廳長官為本條第 1 項之本名登記時，應透過網路或以其他適當方法公告其意旨。

第二項　首次發行（公開發表）日期登記

日本著作權法第 76 條（第一発行年月日等の登録）第 1 項規定：「著作權人，或者不具名或別名著作之發行人，得就該著作為首次發行年月日或首次公開發表年月日之登記。」同條第 2 項規定：「為首次發行年月日或首次公開發表年月日登記之著作，以該登記之年月日推定為其最初發行或最初

---

[16] 參見加戶守行，前揭書，頁 495。
[17] 參見加戶守行，前揭書，頁 496。
[18] 參見文化廳著作權課，登録の手引き，令和 3 年（2021），頁 7。

公開發表之日。」本條適用於著作權法所保護之各種類著作，其要點如下：

一、本條為著作首次發行或首次公開發表之登記，除了「著作權人」外，「不具名或別名著作之發行人」（例如書籍之出版者）亦可申請登記。而後者之所以可以申請登記，是基於日本著作權法第 118 條所規定，即發行人得以自己名義為該不具名或別名著作之著作人或著作權人對於侵權者進行維權之地位。但已將著作財產權讓與他人之著作人，或者其著作財產權保護期間已屆滿而消滅者，均無法進行本條之登記[19]。

二、所謂「發行」，是指由權利人或經其授權之人重製著作，並將能滿足公眾需要相當數量之重製物以轉讓、租借等對公眾加以散布（請參照日本著作權法第 3 條規定）。所謂「公開發表」，是指著作經發行或由權利人或經其授權之人以表演、演奏、放映、播送、公開傳播、口述或展示等方式向公眾提示著作（請參照日本著作權法第 4 條第 1 項規定）。因此，如果著作已構成發行，即為已公開發表。而將著作上傳公開網頁而使一般人得以瀏覽時，亦屬已公開發表。

三、因為發行，必須達到散布能滿足公眾需要相當數量之重製物。因此依據文化廳所發布之「登錄指引手冊」，在登記實務上，申請時應提出第三者證明書，證明該著作確已發行散布超過 50 份的著作重製物或超過 50 人見聞該著作，始為「發行」及「公開發表」[20]。而於網路公開發表，則僅需提出一人之證明書即可[21]。

四、如辦理本條之登記，依本條第 2 項規定，就該登記著作將以所登記之該日期「推定」為首次發行或首次公開發表日期。此為法律推定之事實，有爭執者，應提出反證始可推翻之。而以「公開發表」事實而言，在著作權法上較為重要的意義，在於以公開發表後開始計算著作權保護期間之著作，如不具名或別名著作、以法人或團體名義發表之著作及電影著

[19] 參見文化廳著作權課，登録の手引き，令和 3 年（2021），頁 23。

[20] 同前註。

[21] 參見半田正夫、松田政行，著作権法コンメンタール 2，勁草書房，2009 年，頁 705。

作，即可明確地起算其存續期間；另外以著作須已公開發表為要件之諸多著作財產權限制規定[22]，始有適用之可能。但是，前述意義，恐怕都是對於著作利用人較有利。然而，因日本並無一般單純之著作權登記，且本條適格之申請人為著作權人，故依據日本學者見解，當著作權人辦理本條著作首次發行或首次公開發表登記時，透過於著作權登記簿之記載，對於該著作之存在及著作權人身分，亦有實際上之公示作用[23]。

第三項　電腦程式著作創作日期登記

日本著作權法第 76 條之 2（創作年月日の登録）第 1 項規定：「電腦程式著作之著作人，得就該著作為創作年月日之登記。但該著作創作後已逾六個月者，不適用之。」同條第 2 項規定：「為前項登記之著作，以該登記之年月日推定為其創作之日。」本條僅適用於電腦程式著作，其要點如下：

一、本條為電腦程式著作之創作日期登記，登記之申請人為「電腦程式著作之著作人」。如非著作人，而為著作權人，除非作為代理人，否則無法登記。此乃因為既為創作日期，實際進行創作事實之著作人本人，通常最為清楚。

二、與同法第 76 條之首次發行或公開發表日期不同，本條有登記期限之限制，即須於創作後六個月內進行登記。此乃因創作日期之事實，越久越難舉證，且登記期限縮短，真實性較高[24]。

三、本條創作日期之登記，乃電腦程式著作特有之登記制度，其他一般著作並無此登記[25]。因為電腦程式與其他一般著作不同，通常電腦程式係供

---

22 即我國俗稱之合理使用規定，例如我國著作權法第 52 條之引用規定，即以該被引用著作須已公開發表為要件。

23 參見加戶守行，前揭書，頁 498；小倉秀夫、金井重彥，前揭書，頁 617。

24 參見半田正夫、松田政行，前揭書，頁 709。

25 日本 1899 年（明治 32 年）舊著作權法，原規定一般著作均可為創作年月日之登記，但現行著作權法僅電腦程式著作始有創作年月日登記制度。

開發之公司或研究機關內部使用，或僅供委託者利用。易言之，電腦程式常係在未公開發表、未發行之情形下使用。而如著作未公開發表、未發行，無法辦理同法第 76 條之首次發行或公開發表日期登記，然由於該等電腦程式通常具有高價值，故訂定本條得辦理電腦程式創作日期之登記[26]。

四、如辦理本條之登記，依本條第 2 項規定，就該電腦程式著作將以所登記之該日期「推定」為創作日期。對此法律推定之事實，有爭執者，應提出反證始可推翻之。此外，依日本著作權法第 53 條第 1 項規定，有關從未公開發表法人著作之著作財產權保護期間，原則上將自創作完成時起算 70 年，因此，倘該電腦程式未公開發表，對於未公開發表之法人著作，即可明確地依此登記之創作日期而起算其存續期間。

五、依據日本學者見解，辦理本條之登記，除了上述保護期間起算點明確外，尚有便於訴訟上電腦程式創作日期之舉證，以及透過電腦程式之登記號碼可使電腦程式內容易於特定，而有利於著作權之轉讓及授權等優點，實際上對於該辦理登記之電腦程式著作之存在及權利關係亦有公示作用[27]。

六、另依日本著作權法第 78 條之 2 規定：「電腦程式著作之登記，除本節之規定外，另依其他法律之規定。」此所謂其他法律即為「關於電腦程式著作登記特例法」。依此特例法第 5 條第 1 項之規定，有關電腦程式著作之登記事務，包括本名登記、首次發行或公開發表日期登記、創作日期登記及著作財產權移轉變更登記等，文化廳已指定由「財團法人軟體資訊中心」（SOFTIC）辦理。而依該特例法第 2 條規定，登記之申請者，必須向 SOFTIC 提出符合法定規格之電腦程式重製物。此外，SOFTIC 依同法第 3 條規定，對電腦程式著作為首次發行或公開發表日

---

[26] 參見加戶守行，前揭書，頁 501。
[27] 參見半田正夫、松田政行，前揭書，頁 707。

期登記，或者為創作日期登記時，應依法予以公告。此公示目的，依學者之說明，乃係為避免重複投資於電腦程式之開發，並促進電腦程式之流通及利用[28]。

第四項　與著作財產權、著作鄰接權讓與及其質權設定等相關登記

一、有關著作財產權登記部分

日本著作權法第77條（著作権の登録）規定：「下列事項，非經登記，不得對抗第三人：一、著作財產權之移轉、信託變更，或者對著作財產權處分之限制。二、以著作財產權為標的之質權設定、移轉、變更、消滅（不包括因混同或著作財產權或其所擔保債權消滅所造成之質權消滅），或者對其處分之限制。」

本條乃有關各種著作著作財產權之變動、以著作財產權為標的之質權（下稱「質權」）的得喪變更之登記對抗效力規定。本條登記制度，係基於財產交易安全目的所定之公示制度。其要點如下：

（一）對於著作權之轉讓及設質，日本自1899年舊著作權法起至現行法，均採登記對抗效力原則。即著作財產權之移轉等變動以及質權之得喪變更，非經登記，不得對抗第三人。但本條之登記，並非著作財產權移轉等之生效要件。有關著作財產權之轉讓，仍因原著作權人與受讓人間之轉讓意思表示合致而生效[29]。然著作財產權具有可交易之財產權性質，因而有可能發生雙重讓與等問題，基於將著作權讓與關係之法律事實加以公示，確保著作權移轉時之交易安全之觀點，採本條之登記對抗效力原則。

---

[28] 參見加戶守行，前揭書，頁501。
[29] 參見加戶守行，前揭書，頁503。

（二）所謂「非經登記，不得對抗第三人」之第三人，限於因主張「登記之欠缺」而具有正當利益之第三人。亦即如該登記不存在，其即得主張有關著作權法律上權利的第三人，例如在著作權雙重讓與中之其中一個受讓人。但此第三人，並不包括不法侵害著作權之侵權行為人以及背信惡意者，易言之，對於該等人，受讓人縱使無辦理著作權移轉登記，仍得加以對抗。茲說明如下：

1. 不法侵害著作權之第三人。例如，倘該第三人為擅自重製著作之人，則著作權之受讓人雖未辦理本條之登記，仍可依法對該侵害著作權之第三人主張侵權法律責任[30]。易言之，所謂登記對抗效力，並非指未辦理本條讓與登記之受讓人即不得向侵害人進行追訴。

2. 背信惡意者，亦非本條保護之第三人。例如，於日本「Von Dutch」ロゴ登録事件中，該訴訟案之 Y，明知 X 為著作權之正當受讓人（但 X 未登記），卻基於加害 X 或自 X 圖謀高利之目的，而與原著作權讓與者簽署讓與證明且先辦理本條之讓與登記。此時 Y 為背信之惡意者，對未登記之 X 不得主張其本條有法律上正當利害關係之第三人。在該案中，法院仍判決 X 因受讓而確認取得著作權，Y 則應塗銷其著作權移轉登記[31]。

（三）本條適用於權利關係有爭執者之間關於正當權利關係的主張。通常是，A、B 均受讓了甲之同一著作財產權，此時，如果 B 先辦理了本條著作財產權移轉登記，B 可以著作權人地位對抗 A，即主張 B 因自甲受讓而擁有著作權，而 A 只能回頭向原讓與之甲主張損害賠償，而無法主張自己擁有著作權。而前述著作權之雙重讓與為典型例子，另外如

---

[30] 同前註。

[31] 「Von Dutch」ロゴ登録事件，知財高判平 20.3.27（平成 19 年(ネ) 10095 号）著作権讓渡登録塗銷請求上訴事件，判決全文參見 https://www.courts.go.jp/app/files/hanrei_jp/229/036229_hanrei.pdf（最後瀏覽日：2021/10/12）；另可參見小倉秀夫、金井重彥，前揭書，頁 626。

從 B 取得出版權或質權設定、著作利用授權者，是否能對抗 A，亦與 B 有無辦理移轉登記有關[32]。

（四）此外，本條第 1 款所謂著作財產權之移轉登記，在平成 30 年法律第 72 號[33]修法，於令和元年（2019 年）7 月 1 日生效前，原不包括因繼承或公司合併等一般繼受之著作權移轉，即因繼承等之移轉效力，乃係依法所產生，不需辦理登記，亦不適用上述登記對抗效力。但為保障交易安全，修法後之現行法，對於依遺囑取得超過法定應繼分部分，亦有登記對抗效力之適用，亦即如不登記，亦無法對抗第三人[34]。

（五）信託，通常委託者會基於信託契約目的而將著作權移轉給受託者[35]，故依信託法所為之信託，其著作權之信託及其變更亦有本條之適用。另有關著作財產權處分之限制，包括依民事執行法及民事保全法之進行之扣押、假扣押、禁止處分等限制著作權（如轉讓、質權的設定等）之處分[36]。

（六）本條第 2 款，對於有關以著作財產權為標的之質權的設定、移轉、變更、消滅或對其處分之限制，亦同樣規定，未經登記不得對抗第三人。例如 A 以其著作權為 B 設定質權，但 A 又將其著作權轉讓給 C，此時質權人 B 如未辦理質權登記，無法對著作權受讓人 C 主張其質權。

---

32 參見加戶守行，前揭書，頁 504。

33 即民法及び家事事件手続法の一部を改正する法律（平成 30 年法律第 72 號）。

34 參見岡村久道，著作権法（第 4 版），株式會社民事法研究會，2019 年 8 月發行，頁 289。

35 日本著作權法施行令第 35 條第 1 項規定：「信託登記之申請，應與該信託之著作權等之移轉、變更或設定登記之申請同時為之。」第 38 條第 1 項亦規定：「因原為信託財產之著作權等之移轉、變更或消滅而不屬於信託財產之情形，塗銷信託登記之申請，應與該著作權等之移轉或變更登記或者該著作權等塗銷登記之申請，同時為之。」可資參照。

36 參見小倉秀夫、金井重彥，前揭書，頁 626。

（七）本條第 1 款有關著作財產權移轉、信託變更或處分限制之登記對抗制度，乃我國現行法所無。但我國有與日本（本條第 2 款）類似之質權登記對抗制度，目前係規定於我國文化創意產業發展法第 23 條。而此質權登記對抗規定，依行政院於 2021 年 4 月通過之著作權法修正草案，未來將改移訂於著作權法第 78 條之 1，併此說明。

二、有關著作鄰接權登記部分

日本著作權法第 104 條（著作隣接権の登録）規定：「第 77 條及第 78 條（不包括該條第 3 項）規定，於著作鄰接權相關登記準用之。於此情形，第 78 條第 1 項、第 2 項、第 4 項、第 8 項及第 9 項之『著作權登記原簿』改稱為『著作鄰接權登記原簿』。」

緣日本著作權法採大陸法系，將表演人、錄音物製作者、無線及有線廣播事業者之權利，以國際「著作鄰接權」制度保護[37]。著作鄰接權之發生及享有，亦不以登記為要件。然同於上述著作財產權為保護交易安全之意旨，此等著作鄰接權之變動、以著作鄰接權為標的之質權的得喪變更之登記及對抗效力，亦準用同法第 77 條及第 78 條辦理。但，有關同法第 75 條（本名登記）、第 76 條（首次發行或公開發表日期登記）以及第 76 條之 2（電腦程式著作創作日期登記），則均不在準用之列[38]。

第五項　與出版權設定、移轉等及其質權設定相關之登記

日本著作權法第 88 條（出版権の登録）第 1 項規定：「下列事項，非經登記，不得對抗第三人：一、出版權之設定、移轉、變更、消滅（不包括因

---

37 我國著作權法目前僅保護表演及錄音，但未採著作鄰接權制度，形式上係以著作保護之。

38 參見小倉秀夫、金井重彥，著作権法コンメンタール，改訂版（3），第一法規 2020 年出版，頁 245。

混同、重製權或公眾送信權消滅所造成者），或者其處分之限制。二、以出版權為標的的質權之設定、移轉、變更、消滅（不包括因混同或出版權或其所擔保債權之消滅所造成之質權消滅），或對其處分之限制。」同條第 2 項規定：「第 78 條（不包括該條第 3 項）規定，於前項所定之登記，準用之。於此情形，同條第 1 項、第 2 項、第 4 項、第 8 項及第 9 項中所定之『著作權登記原簿』改稱為『出版權登記原簿』。」茲說明如下：

一、出版權制度，乃日本著作權法第 79 條至第 88 條所定之特別制度，我國著作權法中並無此出版權設定之制度。日本出版權之設定，原來僅以紙本之印刷出版為對象，但因應數位出版趨勢，平成 26 年（2014 年）之著作權法修正，增訂了網路傳輸之電子出版權[39]。

二、依據日本著作權法第 79 條規定，出版權係由該紙本出版或電子出版所涉及之重製權人或公開傳輸權人與出版者間，依據雙方出版權設定契約而發生。出版權人依據同法第 80 條規定，依其設定行為之約定，對於出版權標的之著作，專有該紙本印刷出版或電子出版之權利。而出版權作為著作權法上所定之專有權利，出版權之設定或變動、以出版權為標的之質權的得喪變更，與上述著作財產權及著作鄰接權相同，基於交易安全之公示，亦定有本條登記對抗效力制度。

第六項　小結

針對日本依其著作權法所辦理之相關登記項目及其登記效力，已詳述如上。於此，茲以表格簡化整理如表 5-1[40]，以為參考。

---

[39] 即平成 26 年（2014）法律第 35 號，於 2015 年 1 月 1 日起施行。

[40] 本表乃譯自日本文化廳著作權課，登録の手引き，令和 3 年（2021），頁 8。

表 5-1　日本著作權登記之種類及效力

登記種類	登記之內容及效力	申請者
本名登記 （法第 75 條）	• 內容：以不具名或別名公開發表著作之著作人，不論其是否享有該著作權，得就該著作為本名之登記 • 效力：為本名登記之人，推定為該登記著作之著作人。故該著作之著作財產權保護期間改為至著作人死亡後 70 年（而非著作公開發表後 70 年）	• 不具名或別名公開發表著作之著作人 • 著作人以遺囑指定之人
首次發行或公開發表日期登記 （法第 76 條）	• 內容：著作權人，或者不具名或別名著作之發行人，得就該著作為首次發行年月日或首次公開發表年月日之登記 • 效力：以該登記之年月日，推定為其最初發行或最初公開發表之日	• 著作權人 • 不具名或別名著作之發行人
創作日期登記 （法第 76 條之 2）	• 內容：電腦程式著作著作人，得於創作後六個月內就該著作為創作年月日之登記 • 效力：以該登記之年月日，推定為其創作之日	• 電腦程式著作之著作人
著作財產權、著作鄰接權移轉等及其質權設定等登記 （法第 77 條、第 104 條）	• 內容：著作財產權或著作鄰接權之移轉、信託變更或限制處分，或者以著作財產權或著作鄰接權為標的之質權之設定、移轉、變更、消滅或限制處分，登記權利人及登記義務人得辦理該等權利之登記 • 效力：有關上述權利之變動，依據該登記，具有得對抗第三人之效力	• 登記權利人及登記義務人 • 原則共同申請，但例外情形可由登記權利人單獨申請（施行令第 17 條至第 18 條）
出版權設定等及其質權設定等登記 （法第 88 條）	• 內容：出版權之設定、移轉、變更、消滅或限制處分，或以出版權為標的之質權之設定、移轉、變更、消滅或限制處分，登記權利人及登記義務人得辦理該等權利之登記 • 效力：有關上述權利之變動，依據該登記，具有得對抗第三人之效力	• 登記權利人及登記義務人 • 原則共同申請，但例外情形可由登記權利人單獨申請（施行令第 17 條至第 18 條）

第三節　登記及相關爭議處理

第一項　有關申請、登記及駁回救濟

一、申請人及應提出之書類

依日本著作權法施行令第 15 條規定：「除法令另有規定外，依法律之登記，應依申請或委託為之。」而關於登記手續，日本著作權法施行令第 20 條至第 21 條規定，欲申請登記者，應向文化廳長官提出記載法定事項之申請書[41]及檢附相關資料[42]（請參表 5-2）。

另依該施行令第 16 條至第 19 條規定，除法令另有規定（例如著作權法第 75 條之本名登記、第 76 條之首次發行 / 公開發表日期登記及第 76 條之 2 之電腦程式著作創作日期登記，法條均已各自明定其有權之申請人）外，原則上應由登記權利人（即因登記而取得利益者）及登記義務人（即因登記而受不利益者）共同申請。但如申請書附有登記義務人之同意書，或者係依判決之登記、因一般繼承或法人合併的權利移轉登記，均得由登記權利人單獨申請辦理。此外，如係登記名義人表示（例如住所或姓名 / 名稱）之變更或更正，得由該登記名義人單獨辦理。

有關申請人申請時應提出之書類，依據文化廳所發布之「登錄指引手冊」記載如表 5-2[43]所示：

41 申請書應記載事項，如日本著作權法施行令第 20 條所載，請參見附錄二。
42 申請書應檢附之必要資料，如日本著作權法施行令第 21 條所載，請參見附錄二。
43 本一覽表，乃譯自日本文化廳著作權課，登録の手引き，令和 3 年（2021），頁 15。

表 5-2　提出書類一覽表

<table>
<tr><th></th><th>申請書</th><th>明細書</th><th>應檢附資料</th><th>其他應提出資料</th></tr>
<tr><td>本名登記</td><td>○</td><td>○</td><td>• 戶籍或登記簿謄本或抄錄本、居民證影本等，得證明本名之資料</td><td>-</td></tr>
<tr><td>首次發行／
公開發表日期登記</td><td>○</td><td>○</td><td>• 受領書、販賣證明書等，得證明首次發行(公開發表)日期之資料</td><td>-</td></tr>
<tr><td>著作權讓與登記</td><td>○</td><td>○</td><td>• 登記原因之證明資料（讓與契約書副本或讓與證書等）</td><td rowspan="7">• （登記權利人單獨申請時）→登記義務人之同意書或判決
• （登記之原因需要第三人之許可、認可、同意或承諾時）→該第三人許可、認可、同意或承諾之證明資料
• （申請變更、更正、塗銷登記或回復已塗銷之登記，於該登記上有存在利害關係之第三人時）→該第三人之承諾書或對得抗該第三人之判決謄本或抄錄本
• （申請者為登記權利人或登記義務人之繼承人或其他一般繼受人時，或申請登記名義人之表示變更或更正登記時）→戶籍或登記簿謄本或抄錄本、居民證影本等或其他得證明該事實之資料
• （債權人依民法第 423 條代位債務人而申請時）→債權人代位債務人之原因證明資料</td></tr>
<tr><td>著作權移轉
（繼承或其他一般繼受）登記</td><td>○</td><td>○</td><td>• 登記原因之證明資料（戶籍謄本或抄錄本、遺產分割協議書副本等）</td></tr>
<tr><td>著作權信託登記</td><td>○</td><td>○</td><td>• 登記原因之證明資料（信託契約書副本或讓與證書，自己信託時之公證證書等）</td></tr>
<tr><td>以著作權為標的
之質權設定等登記</td><td>○</td><td>○</td><td>• 登記原因之證明資料（質權設定契約書等副本或質權設定證書等）</td></tr>
<tr><td>出版權設定登記</td><td>○</td><td>○</td><td>• 登記原因之證明資料（出版權設定契約書等副本或出版權設定證書等）</td></tr>
<tr><td>著作鄰接權
移轉等登記</td><td>○</td><td>○</td><td>• 登記原因之證明資料（讓與契約書等副本或讓與證書等）</td></tr>
<tr><td>登記之變更、
更正、塗銷等登記</td><td>○</td><td>○</td><td>• 登記原因之證明資料（居民證副本等、戶籍或登記簿謄本、清償證明書等）</td></tr>
</table>

文化廳之「登錄指引手冊」以實名登記之例，舉出了表 5-2 中所謂之「明細書」中對於該申請著作之應記載事項為：著作名稱、著作人姓名、著作人國籍、首次公開發表時所表示之著作人名、首次公開發表年月日、首次公開發表國家、著作種類以及著作內容或樣態等[44]。其中有關該明細書中應填寫之所謂「著作內容或樣態」一欄，文化廳更進一步做了幾點說明：

（一）請簡明扼要地以 200 字至 400 字描述著作之內容或態樣。該描述請包括該著作之特徵，以便儘可能特定該著作（例如：文化廳手冊中舉出小說語文著作之例而描述其故事主要內容情節）。申請登記著作將以此明細書特定，因此應謹慎說明。此外，無需附加該著作物本身。

（二）對於美術、建築、圖形和攝影著作，可於文字說明外，再附上一份不超過 A4 格式之該等著作照片或圖紙等。

（三）對於短的文章，如詩歌、短歌和俳句等語文著作，則可按原文記載。

（四）對於編輯著作，請描述「資料的選擇或編排」之創作性，對於資料庫作品，請描述「資訊的選擇或系統結構」之創作性。

（五）對於電影著作，應包括故事的特徵及視聽影像的特徵（因為如果有多個基於同一原著拍攝的電影，則如僅憑故事簡介可能無法識別該登記著作）[45]。

二、形式審查及登記處分

（一）文化廳對於前述本名登記、首次發行或公開發表日期、電腦程式著作創作日期，以及著作財產權移轉等權利變動等登記申請，僅進行「形式審查」，文化廳對於登記著作之內容不予查知[46]。亦即文化廳僅

---

44 參見日本文化廳著作權課，登録の手引き，令和 3 年（2021），頁 20。

45 同前註，頁 22。

46 參見日本文化廳著作權課，關於著作權登記 QA 之 Q14，登録の手引き，令和 3 年（2021），頁 4。

檢查是否有著作權法施行令第 23 條所定應駁回申請之情事，包括：1. 所申請之事項乃不應登記者；2. 申請書格式不符；3. 與前已登記之登記名義人等表示或資料不符；4. 未檢附必要資料；5. 所檢附之登記原因證明書面與其申請書之記載不符；及 6. 未繳納登記許可稅等[47]。至於申請者是否於該日真有首次發行，或者當事人間是否真有權利移轉等事實，文化廳並不加以審查[48]。

（二）有關基於形式審查之登記，日本著作權法第 78 條第 7 項亦規定：「關於第 1 項規定之登記的處分，不適用『行政手續法』（平成 5 年法律第 88 號）第二章及第三章之規定。」茲說明如下：

1. 文化廳依同條第 1 項規定所做之有關著作權登記原簿申請登記決定，該當於行政手續法上之「行政處分」。只是該行政處分之做成，依本項排除了日本行政手續法第二章、第三章規定之適用。

2. 查行政手續法第二章，乃「對於申請所為之處分」共通程序（包括：針對申請，應依性質訂定對於許可要件認定之審查基準、申請至處分之標準處理期間、因考慮申請者以外第三人利害關係而召開公聽會聽取意見等）。另行政手續法第三章，乃規定「不利益處分」之共通程序（包括：針對不利益處分，應訂定處分基準、應給予當事人聽證或辯明之機會、應給予書面理由等）。

3. 而既然主管機關對於著作權之登記，僅係就該申請提出之一定權利關係或事實關係基於「形式上之審查權限」而為之登記處分，此即與通常行政處分之處理方式不同，且於著作權法及其施行令等體系中已有處理手續相關規定，不適合再適用行政手續法上述第二章、第三章之一般共通規定，遂於著作權法第 78 條第 7 項明文加以排除。

---

47 日本著作權法施行令第 23 條所定應駁回登記申請之事由，詳細條文請參見附錄二。

48 參見文化廳，著作権に関する登録制度についてよくある質問 Q2.，https://www.bunka.go.jp/seisaku/chosakuken/seidokaisetsu/toroku_seido/faq.html#faq01（最後瀏覽日：2021/10/12）。

（三）著作權登記原簿之登載：文化廳如認無著作權法施行令第 23 條所定應駁回情事，符合申請格式要件，依日本著作權法第 78 條第 1 項規定，文化廳長官將記載於著作權登記原簿或以電磁紀錄予以儲存。另依著作權法第 78 條第 2 項及施行令第 13 條規定，目前著作權登記原簿已經全部以電子化製作儲存。另依據文化廳所發布之「登錄指引手冊」指出，文化廳登記後，僅向申請人發出登記通知，不發給登記證書[49]。

（四）請求閱覽著作權登記原簿及交付謄本：依日本著作權法第 78 條第 4 項、第 5 項規定，任何人（國家除外）均得支付手續費向文化廳請求交付著作權登記原簿之謄本或其附屬書類之複本，或請求閱覽著作權登記原簿或其附屬書類，或請求交付儲存於著作權登記原簿內電磁磁碟片之已記載事項之書類。提出申請，可先於文化廳公開網站查詢檢索該著作之登記狀況[50]。

三、駁回申請之救濟

日本著作權法第 78 條第 7 項雖規定關於第 1 項登記的處分，不適用「行政手續法」第二章及第三章之規定。然而，上述著作權法第 78 條第 7 項規定並未排除「行政事件訴訟法」等行政救濟程序之適用，依法理遭駁回之申請者，就該不利處分應得尋行政法救濟。故日本學者亦說明，當申請者不服文化廳之拒絕登記處分時，自得就該不利處分依法救濟，包括得依法提起撤銷該處分之訴及請求應記載於著作權登記原簿之訴[51]。

---

49 參見日本文化廳著作權課，關於著作權登記 QA 之 Q17，登録の手引き，令和 3 年（2021），頁 4。

50 參見文化廳著作權等登錄狀況檢索系統，https://pf.bunka.go.jp/chosaku/egenbo4/（最後瀏覽日：2021/10/12）。

51 參見小倉秀夫、金井重彥，前揭書，頁 636-637。

四、不實登記之法律責任

依據文化廳官網之說明[52]，文化廳對於所辦理登記之審查，僅進行「形式審查」。換言之，文化廳僅檢查是否依據法令規定之方式提出申請、有無該當上述著作權法施行令第23條所定應駁回之理由等，該機關不審查申請者是否於該日真有首次發行，或者當事人間是否真有權利移轉等，已如前述。因此，如果申請者提出與真實不符之文件而使文化廳為不實內容之登記時，將可能該當刑法第157條之向公務員虛偽陳述而使公務員於證書不實登載之罪[53]（此即相當於我國刑法第214條之「使公務員登載不實罪」[54]），在日本將面臨五年以下有期徒刑或50萬日圓以下之罰金，未遂犯亦罰之。

第二項　有關登記之申請變更、更正、塗銷或回復登記等

對於已辦理登記之事項，如欲申請變更、更正、塗銷等，此在日本著作權法母法中並無相關之規定。僅在著作權法施行令第21條（本條乃在規定申請登記時所應檢具之資料）第1項第6款規定：「前條之申請書，應附加以下各款資料：……六、申請變更、更正、塗銷登記，或回復已塗銷之登記時，於該登記上有存在利害關係之第三人時，該第三人之承諾書或對得抗該第三人之判決謄本或抄錄本。」另參照文化廳所發布之「登記指導手冊」[55]中有關登記之變更、更正、塗銷之申請注意事項，茲將其要點說明如下：

---

[52] 參見著作権に関する登録制度についてよくある質問Q2.，https://www.bunka.go.jp/seisaku/chosakuken/seidokaisetsu/toroku_seido/faq.html#faq01（最後瀏覽日：2021/10/12）。

[53] 日本刑法第157條第1項規定：「對公務員虛偽陳述，使其於登記簿、戶籍簿或其他有關權利義務之公證書原本上為不實之記載，或者在用作權利或義務公證書原本的電磁紀錄為不實之記錄者，處五年以下有期徒刑或五十萬日圓以下之罰金。」同條第3項規定：「前二項之未遂犯罰之。」

[54] 按我國53年舊著作權法第37條針對註冊呈報不實，原亦訂有處理罰金之刑責。此刑責規定於74年修法時刪除，74年刪除之立法理由即謂：「『明知為不實之事項，而使公務員登載於職務上所掌之公文書……』刑法已定有處罰條文，爰將罰金部分刪除。」

[55] 即日本文化廳著作權課，登録の手引き，令和3年（2021），頁64、68。

一、有關原登記之變更及更正

(一)所謂「變更」登記，係指在登記後，權利的內容等發生變更時，為了使登記的內容與事實一致而辦理。而所謂「更正」登記，則是於發現登記內容中存在錯誤或遺漏之不正確時，為使登記內容與事實一致而辦理。

(二)關於權利變動的登記(轉讓、質權設定、出版權設定等)，與權利主體及客體相關之事項，不得變更登記。此外，依法所推定一定事實的登記(首次發行或公開發表日期、本名登記等)，有關該等事實之有無事項，亦不得變更登記。

(三)文化廳在指導手冊中，舉出了屬於可向該機關申請變更或更正之事例，包括：1. 原登記名義人(例如本名登記的著作人、著作財產權受讓人或質權人等)之住所或姓名，因搬家或結婚而變更；2. 質權內容中的債權金額、存續期間、利息或違約金等，或者出版權內容之出版權範圍、存續期間等原登記事項，已變更時；3. 共有著作權之持分記載錯誤等。

(四)文化廳在指導手冊中，另亦舉出了屬於不可向該機關申請變更或更正之事例，包括：如對於首次發行(公開發表)日期、本名登記之著作人、轉讓等契約之當事人、作為轉讓等對象之著作或著作權之內容，發生錯誤，此等均不得辦理變更或更正登記。在此種情形下，必須先辦理塗銷後，才能再另行登記。

(五)於著作權登記原簿「表示欄」之記載事項[56]，亦即於著作物明細書所記載之事項，其變更或更正登記，須限於在不失著作同一性之情況下，始可為之。例如，為市場銷售著作物之契機而變更著作標題、原為未公開發表著作而已公開發表、關於著作內容之記述部分錯誤等，才能允許變更登記。

---

[56] 參見附錄二之日本著作權法施行規則第 11 條規定。

（六）申請變更或更正登記時，如存有在該登記上具有利害關係的第三人時，必須提出該第三人之同意書或者可對抗該第三人之判決，始可為之。

（七）原則上，申請變更、更正登記，依日本著作權法施行令第16條規定，應由登記權利人及登記義務人共同申請。但依同施行令第19條規定，登記名義人表示（例如住所或姓名／名稱）之變更或更正，得由該登記名義人單獨辦理。

（八）此外，有關主管機關之主動更正，僅有施行令第26條規定之情形，即：「文化廳長於登記完畢後，發現該登記有錯誤或遺漏，而其錯誤或遺漏係基於文化廳長之過失所致時，除有登記上之利害關係第三人之情形外，應立即更正該登記，且將其意旨通知登記權利人及登記義務人。」

二、有關原申請人申請塗銷

（一）所謂「塗銷」登記，是指因首次發行或公開發表、以不具名或假名公開發表、著作財產權等轉讓契約、質權設定契約等原先登記原因之事由消失，或有契約無效等情形，或者因登記後才發生的理由（例如債務已償還），導致登記變得不合法時，為塗銷原登記所辦理者。

（二）原則上，有關首次發行或公開發表日期登記及本名登記之塗銷，由原申請人辦理，但有關著作財產權等權利之轉讓、質權之設定等權利變動之登記，應由登記權利人及登記義務人共同申請。

（三）同樣地，申請塗銷登記時，如存有在該登記上具有利害關係的第三人時，必須提出該第三人之同意書或者可對抗該第三人之判決，始得為之。

---

[57] 參見作花文雄，詳解著作權法（第4版），ぎようせい，2010年4月，頁462。

三、有關第三人對於登記名義人不實登記之爭執及請求塗銷

（一）首先，於日本著作權法中，並無文化廳於通常得職權塗銷相關登記之明文規定。僅在著作權法施行令第34條之3以下，定有關於職權塗銷依民事保全法所為之假處分及禁止處分登記，以及依信託法之信託變更登記等規定。

（二）其次，因文化廳之登記不做實體審查，故有關如第三人事後認為申請人所為之登記不實，是否能請求登記機關文化廳撤銷或塗銷登記一點，在日本著作權法及該法施行令中均無相關之規定，日本著作權法權威教科書亦無論及此部分。解釋上，既然認登記本身為行政處分，應循行政法相關原理處理。法如無第三人事後得請求撤銷或塗銷登記之相關規定，該第三人事後縱認登記有不實情形，似無直接得向文化廳請求塗銷登記之公法上請求權。

（三）另觀之上述文化廳於「登記指導手冊」中對變更、更正及塗銷登記部分之記載，文化廳已明確說明，有關權利主體（通常指著作人、著作財產權人）及客體（通常指所登記之著作及著作權內容）等事項，以及依法推定一定事實之有無的登記事項（首次發行或公開發表日期、本名登記等），均不得辦理變更登記；此等事項，如發生錯誤，必須先辦理塗銷後，才能再次登記。再者，依著作權法施行令第21條第1項第6款規定，原申請人（可能為該共同申請之權利人及登記義務人或依法得單獨申請之登記權利人）如欲申請變更、更正或塗銷登記，倘存有著在該登記上具有利害關係的第三人時，必須提出該第三人之同意書或者可對抗該第三人之判決，始可為之。則，如係非原登記者之第三方對於該登記提出爭執，認為原登記名義人不該登記，解釋上，若無法院判決，似無從逕向文化廳行辦理撤銷或塗銷登記。唯一途徑，僅能向法院提出訴訟，於訴訟中舉證推翻該不實登記事項後，再持確定判決向文化廳辦理塗銷。

（四）文化廳已明確說明，不實登記將涉及刑法使公務員登載不實罪。或許因有此可能擔負嚴重刑事犯罪責任之緣故，日本學者亦提及，日本有關著作權登記紛爭之案例並不多[57]。舉例如下：

1. 日本フジテレビシンボルマーク事件，為有關著作人本名登記之塗銷登記請求訴訟[58]。本案X公司採用A創作之圖案作為X公司集團象徵符號，並自A受讓該圖案著作財產權，但卻另有Y主張其為該圖案之創作者並為本名登記。故X遂對Y起訴請求應塗銷該不實之本名登記。本案二審東京高裁，經審理後認定真正著作人確實為A，且為A不具名著作，依據著作權法第118條但書及第75條第3項推定效力之規定，當有（不實）本名登記存在時，將會對於著作人及著作財產權人權利之正常行使產生法律上及事實上之阻礙。因此，在A已將著作財產權轉讓給X公司之情形，A及X公司均可向法院提出請求Y塗銷其不實之本名登記。因為A係基於著作人之人格權而提出塗銷請求，X公司則是基於著作財產權（複製權）之排除侵害請求權而提出塗銷請求，本案法院判決Y應塗銷其不實之本名登記。

2. 本文前面曾提到的「Von Dutch」ロゴ登録事件中，Y明知X為著作權之正當受讓人（但X未登記），卻基於加害X或自X圖謀高利之目的，而與原著作權讓與者簽署讓與證明且辦理本條之讓與登記，知的財產高等裁判所（知裁高判）經審理後，亦認定Y為背信惡意者，對未登記之X不得主張其本條有法律上正當利害關係之第三人，而判決X確認因受讓而取得著作權，且Y應塗銷其著作權移轉登記[59]。

58　參見東京高判平9.8.28判時1625号，頁96，著作者実名登録抹消登録請求控訴事件。參自本橋光一郎、本橋美智子，要約著作權判例212，學陽書房，2007年，頁172。

59　「Von Dutch」ロゴ登録事件，知財高判平20.3.27（平成19年(ネ)10095号）著作權讓渡登錄塗銷請求上訴事件，判決全文參見https://www.courts.go.jp/app/files/hanrei_jp/229/036229_hanrei.pdf（最後瀏覽日：2021/10/12）；另可參見小倉秀夫、金井重彥，前揭書，頁626。

第六章　南韓及德國之著作權登記制度

第一節　南韓之著作權登記制度

第一項　概說

一、登記制度簡介

南韓著作權法第一次全面修正，乃 1987 年，當時主要係參考日本 1970 年著作權法規定，故南韓著作權法架構之建立，主要來自日本法。而南韓亦為伯恩公約會員國，對於著作權之享有當然亦遵循公約之「非形式主義」，南韓著作權法第 10 條規定：「著作人享有第 11 條至第 13 條規定之權利（以下稱著作人格權）以及第 16 條至第 22 條規定之權利（以下稱著作財產權）（第 1 項）。著作權於創作著作時即發生，無須履行任何程序或形式（第 2 項）。」亦即著作權應於著作創作完成之同時「自動」產生，不以履行著作權登記或其他程序、形式為要件。

南韓之著作權登記制度，主要規定於現行著作權法第二章（著作權）第六節（登記暨認證）第 53 條至第 55 條之 5 [1]，並對於該等登記賦予一定之法律效果。目前現行法所辦理之登記項目，主要有：著作權法第 53 條所定之本名（實名）登記、創作日期登記、首次公開發表日期登記，第 54 條所定之著作財產權、專屬發行權及出版權之權利變

---

1 由於南韓著作權委員會官網所公布之著作權法英文版版本較舊，並非現行法。故本章節所引及附錄三所附之南韓著作權法中文條文，乃節錄自經濟部智慧財產局委託達文西個資暨高科技法律事務所辦理之 110 年度「韓國著作權法及其法令翻譯」。

動及質權等登記，第 90 條有關著作鄰接權準用前述登記規定，以及第 98 條有關資料庫製作人權利之準用登記。

二、登記機關

依南韓著作權法第 4 條例示保護之著作為：（一）小說、詩、論文、演講、演說、腳本及其他語文著作；（二）音樂著作；（三）戲劇暨舞蹈、默劇及其他戲劇著作；（四）繪畫、書法、雕刻、版畫、工藝、應用美術著作及其他美術著作；（五）建築物、為建築而製之模型暨設計圖說及其他建築著作；（六）攝影著作（包括以相似方式做成之物）；（七）影像著作；（八）地圖、圖表、設計圖、簡圖、模型及其他圖形著作；及（九）電腦程式著作。

南韓的著作權主管機關為文化體育觀光部（Ministry of Culture, Sports and Tourism, MCST [2]）。有關著作權登記業務之登記機構，在過去，電腦程式著作之登記，原由電腦程式著作保護委員會負責，電腦程式以外之其他著作則由著作權委員會負責。但隨著 2009 年 7 月兩個機構的整併，目前南韓著作權委員會（The Korea Copyright Commission, KCC）為該國唯一全面負責包括電腦程式在內之全部各種類著作著作權登記業務之機構 [3]。

有關南韓著作權委員會，在南韓著作權法第八章（第 112 條至第 122 條）定有專章，規定該著作權委員會之設立、組成及業務等。依據該章規定，該著作權委員會為一法人，有關該委員會之事項，著作權法未規定時，準用民法財團法人之相關規定；該委員會之委員，由文化體育觀光部部長從具有著作權或文化產業相關學識或豐富經驗之專家及學者委囑之；有關著作權登記事務之辦理，即屬該著作權委員會業務之一 [4]。

2　參見南韓文化體育觀光部組織圖，https://www.mcst.go.kr/english/about/orgChart.jsp（最後瀏覽日：2021/10/12）。該部之下設有著作權局（Copyright Bureau）。

3　參見著作權委員會著作權登記資訊網站，https://www.copyright.or.kr/eng/service/registration.do。該委員會著作權登記官網，https://www.cros.or.kr/page.do?w2xPath=/ui/main/main.xml（最後瀏覽日：2021/10/12）。

4　現行南韓著作權法第 112 條、第 112 條之 2 及第 113 條規定，參見附錄三。

第二項　登記項目及登記效力

一、本名（實名）登記

南韓著作權法第 53 條第 1 項規定：「著作人得為下列各款事項登記：一、著作人之本名、別名（限於公開發表當時使用之別名）、國籍、住所或居所。二、著作之名稱、種類、創作日期。三、著作是否已公開發表及首次公開發表之國家、日期。四、其他總統令所定之事項。」同條第 2 項規定：「著作人死亡時，該著作人無特別之意思表示者，其遺囑所指定之人或繼承人得依第 1 項各款規定登記。」同條第 3 項規定：「依第 1 項及第 2 項規定以本名登記為著作人者，推定為該登記著作之著作人、以該登記之日期推定為創作日期或首次公開發表之日。但著作於創作之日起一年後登記者，不以該登記之日期推定為創作完成日。」故依本條第 1 項第 1 款規定，著作人得申請辦理本名登記：

（一）南韓與我國及日本相同，均有所謂不具名著作或別名著作。依南韓著作權法第 40 條規定，著作以不具名或非眾所周知之別名表示者，其著作財產權原則上自公開發表起存續 70 年[5]。但例外之情形是：(1) 如前述期間內有正當理由可認其著作人死亡已逾 70 年，則其著作財產權仍應於著作人死亡後逾 70 年時消滅；(2) 在公開發表後 70 年內，發現著作人之本名或別名為眾所周知，或者著作人依第 53 條第 1 項規定登記其本名，則仍適用一般計算原則即著作人終身及其死亡後 70 年。故辦理本名登記，其實益在於有關著作財產權保護期間之計算，將回復與一般有表示真名之著作相同，著作財產權保護期間通常會有延長之效果。

---

[5] 但我國目前著作財產權保護期間原則上仍為伯恩公約標準之 50 年，非如日韓已延長至 70 年。南韓係於 2011 年因應南韓與歐盟 FTA 之施行而修法（法第 10807 號）將著作財產權保護期間延長至 70 年。

（二）前述南韓有關不具名著作或別名著作之著作財產權保護期間計算規定，大致上與日本著作權法第 52 條及我國著作權法第 32 條相同。此乃因南韓 1987 年著作權法及我國 1992 年著作權法之全面修訂，均參考日本 1970 年著作權法所致。雖其後日本、南韓均各自因應其國際談判及國內科技產業發展等需求而已分別進行多次著作權法之修法，但最初之基本架構類似。

（三）南韓辦理本名登記之申請人，與日本法相同，為各種類著作之「著作人」。但於著作人死後，則除得由著作人遺囑指定之人提出申請辦理外，如著作人無特別之表示外，尚得由其繼承人提出申請登記，此點與日本法不同。

（四）如已辦理本名登記，縱使對外公開發表之著作上未具名或者僅顯示非眾所周知之別名，依據本條第 3 項之規定，將產生以該已為本名登記之著作人「推定」為該登記著作著作人之法律效果。此登記效力，與日本之本名登記相同，登記而受推定之原告就該登記事項不需負舉證責任，而應由相對之被告舉證證明原告非著作人。

二、創作日期登記

（一）依上述南韓著作權法第 53 條第 1 項第 2 款規定，著作人得為著作名稱、種類及創作日期之登記。本條適用於著作權法所保護之各種類著作，此點與日本法不同。按日本法得辦理創作日期登記者，僅限於電腦程式著作。

（二）依本條第 3 項規定，依本條所為著作創作日期登記，依法將以該登記之日期「推定」為創作日期；但如著作於創作日起一年後登記者，則不適用之。易言之，如著作人於創作一年後才登記者，就其登記之創作日期，將不具有推定為創作完成日之法律效力。此點與日本法稍有不同，按日本法得辦理創作日期登記者，僅限於創作後六個月內之電腦程式著作，始可辦理。南韓在著作人創作超過一年後，並未禁止辦理創作日期登記，僅法律對該登記之創作日期不賦予推定效力，即日後如有爭議，應由著作人在訴訟中就此創作日期等事實自行舉證。此應係因創作日期之事實，時間距離越久，其真實性越可能降低所致之排除規定。

三、首次公開發表日期等登記

（一）依上述南韓著作權法第 53 條第 1 項第 3 款規定，著作人得就其著作是否已公開發表以及首次公開發表之國家、日期辦理登記。本條適用於著作權法所保護之各種類著作。依本條第 3 項規定，依本條所為首次公開發表日期登記，依法將以該登記之日期「推定」為登記著作之首次公開發表之日。

（二）依南韓著作權法第 2 條第 25 款規定，所謂「公開發表」，是指以公開表演、公眾送信（public transmission）或展示，及其他方法，向公眾公開著作或發行著作情形。另依同條第 7 款、第 8 款、第 10 款及第 11 款之規定，所謂「公眾送信」，係指為使公眾接收或存取著作、表演、錄音物、廣播或資料庫（下稱「著作等」），而以有線通訊或無線通訊等方法，向公眾送信或提供。廣播（broadcasting）、互動式傳輸（interactive transmission）及數位聲音傳輸（digital sound transmission），均屬南韓著作權法之公眾送信行為類型之一[6]。此公眾送信定義，則包括我國之公開播送及公開傳輸行為。

四、著作財產權讓與、限制處分以及其質權設定等相關登記

按南韓著作權法第 54 條規定：「下列各款得登記事項，未經登記不得

---

[6] 南韓之公眾送信，與日本法之公眾送信類似，為一上位概念，其下包含南韓著作權法第 2 條第 8 款之廣播、第 10 款之互動式傳輸以及第 11 款之數位聲音傳輸（指非屬互動式傳輸之數位聲音網路傳輸）。

對抗第三人：一、著作財產權之讓與（繼承或其他一般繼受時除外）或限制處分。二、第 57 條專屬發行權或第 63 條出版權之設定、移轉、變更、消滅或限制處分。三、以著作財產權、第 57 條專屬發行權或第 63 條出版權為標的之質權設定、移轉、變更、消滅或限制處分。」故依本條第 1 款規定，登記權利人及登記義務人[7]得申請辦理著作財產權之讓與或限制處分、以著作財產權為標的之質權（下稱「質權」）的得喪變更相關登記：

（一）本條對於著作財產權之讓與及設質等登記制度，與日本法相同，同樣係基於財產交易安全所設，使依本條辦理之登記依法具有登記對抗效力。本條之讓與等登記，並非著作財產權移轉等之生效要件，但此登記具有得對抗第三人之效力，此登記之公示得確保著作權讓與時之交易安全，如發生著作財產權發生雙重讓與等問題時，辦妥登記者即具有得對抗第三人之效力。

（二）與日本法不同者，南韓仍沿襲日本舊法，本條第 1 款所謂著作財產權之讓與登記，並不包括因繼承或其他一般繼受（例如公司合併）之著作權移轉，即因繼承或公司合併等之著作財產權移轉，乃係依法發生，不需登記，亦不適用上述登記對抗效力。

（三）實務上曾有的案例，乃作為稅務機關的被告，查封了積欠稅款之 A 的著作財產權，但該機關未就該查封之處分限制進行登記，原告則係從 A 受讓了 A 著作財產權之受讓人，原告並依法辦理著作財產權讓與登記，此時原告作為已辦理著作財產權讓與登記之受讓人，透過其登記即得向被告稅務機關主張對抗效力[8]。

---

[7] 南韓著作權法施行令第 26 條第 2 項規定：「依本法第 54 條進行登記時，除本令另有其他規定外，登記權利人與登記義務人應共同申請之。但於申請書檢附登記義務人之承諾書時，得僅由登記權利人為申請。」

[8] 南韓大法院 2018 年 11 月 15 日言渡 2017 ドゥ 54579 判決，參考自日本文化廳委託「EY 新日本有限責任監查法人」令和 2 年（2020 年）3 月發表之「諸外国における著作権登録制度調査」報告書，頁 140。

五、專屬發行權的設定、移轉等以及其質權設定等相關之登記

（一）所謂「專屬發行權」，於南韓著作權法第二章第七節設有專節規定，其第 57 條（專屬發行權之設定）規定，係指：「享有發行、重製或互動式傳輸（下稱「發行等」）著作之權利人，得設定專屬權（下稱「專屬發行權」，但第 63 條規定之出版權除外，以下同）予欲將著作用於發行等之人」。著作財產權人，得對其著作之發行等方式及條件於不重疊之範圍內設定新的專屬發行權。經設定取得專屬發行權之人，享有依該設定行為內所定，以發行等方式利用該專屬發行權著作之權利。

（二）依據上述南韓著作權法第 54 條第 2 款、第 3 款規定，針對該法第 57 條所定之專屬發行權，其登記權利人及登記義務人得申請辦理該專屬發行權之設定、移轉、變更、消滅或限制處分，以及以該專屬發行權為標的之質權的得喪變更相關登記，而以該登記對抗第三人。

六、出版權的設定、移轉等以及其質權設定等相關之登記

（一）所謂「出版權」，於南韓著作權法第二章第七節之二亦設有專節規定，其第 63 條（出版權之設定）規定：「享有著作之重製、散布權利之人，得對欲以印刷或其他類似方式將著作以文件或圖片形式發行者，設定出版權利。」依此，於權利設定內涵上，出版權與專屬發行權有所區分，「出版權」限於以圖文印刷形式之重製及發行，而「專屬發行權」則是除去出版權以外之其他形式重製、發行或公開傳輸。

（二）依據上述南韓著作權法第 54 條第 2 款、第 3 款規定，針對該法第 63 條所定之出版權，其登記權利人及登記義務人得申請辦理該出版權之設定、移轉、變更、消滅或限制處分，以及以該出版權為標的之質權的得喪變更相關登記，而以該登記對抗第三人。

七、著作鄰接權之準用登記

（一）按南韓著作權法亦依大陸法系，將表演人、錄音物製作者、廣播機構業者之權利，以「著作鄰接權」保護，並於其著作權法第三章設有著作鄰接權專章。其著作權法第 90 條（著作鄰接權之登記）規定：「第 53 條至第 55 條及第 55 條之 2 至第 55 條之 5 規定，於著作鄰接權或著作鄰接權之專屬發行權之登記、變更登記等，準用之。於此情形，第 55 條、第 55 條之 2 及第 55 條之 3 所定『著作權登記簿』解釋為『著作鄰接權登記簿』。」

（二）基於與著作財產權上述情形相同意旨，依上述規定，此等著作鄰接權之變動、以著作鄰接權為標的之質權的得喪變更之登記及對抗效力，亦準用南韓著作權法第 53 條至第 55 條及第 55 條之 2 至第 55 條之 5 規定辦理。此與日本法不同者，乃日本有關著作權之著作權法第 75 條（本名登記）、第 76 條（首次發行、首次公開發表日期登記）及第 76 條之 2（電腦程式著作創作日期登記），於其著作鄰接權並不準用。但南韓之表演人、錄音物製作者、廣播機構業者等著作鄰接權人，則得全部準用其著作權登記之相關規定，包括其著作權法第 53 條之本名、首次公開發表及創作日期登記，以及第 54 條之權利變動、質權及專屬發行權等相關登記，並享有各該登記之法定推定效力（第 53 條）及對抗效力（第 54 條）。

八、資料庫權利人之準用登記

按著作權法第四章設有資料庫製作人之保護專章規定。依據南韓著作權法第 98 條（資料庫製作人權利之登記）規定：「第 53 條至第 55 條及第 55 條之 2 至第 55 條之 5 規定，於資料庫製作人之權利及資料庫製作人權利之專屬發行權之登記、變更登記等，準用之。於此情形，第 55 條、第 55 條之 2 及第 55 條之 3 所定『著作權登記簿』解釋為『資料庫製作人權利登記簿』。」

依此，與著作鄰接權之登記類似，受南韓著作權法保護之資料庫，其資料庫製作人，亦得全部準用著作權登記之相關規定，包括其著作權法第 53 條之本名、首次公開發表及創作日期登記，以及第 54 條之權利變動、質權及專屬發行權等相關登記，並享有各該登記之法定推定效力（第 53 條）及對抗效力（第 54 條）。

九、辦理登記之訴訟上效果

（一）推定侵害行為人具有過失

依法理，於民事訴訟上請求侵權之損害賠償時，原告原應舉證被告具有侵權之故意或過失。而南韓著作權法第 125 條（損害賠償之請求）第 4 項則規定：「侵害已登記之著作權、專屬發行權（包括準用第 88 條及第 96 條之情形）、出版權、著作鄰接權或資料庫著作權之人，推定其侵害行為係過失。」因此，已辦理著作權登記之著作，於遭侵害時，法律已「推定」行為人之侵害行為具有「過失」。而此法律推定效果，將使舉證責任倒置，減輕原告之舉證責任，而反過來應由行為人就其主張不具有過失一節負擔舉證責任。

（二）請求法定損害賠償之要件

1. 按於著作財產權人對侵害行為人提出侵害之損害賠償請求時，一般而言，係以侵害人因侵害行為所獲得之利益，或以著作財產權人行使該權利通常可預期之利益，作為損害賠償額之計算標準[9]。在民事訴訟中，通常被害人（原告）必須舉證證明該實際損害額。然而，著作財產權遭侵害之實際損害額，被害人往往不易證明。也因此，我國著作權法於民國 81 年即仿美國著作權法第 504 條 (c) 項法定賠償（statutory damages）規定，而制定第 88 條第 3 項之法定賠償請求權。依據我國現行法該項

---

[9] 如我國著作權法第 88 條第 2 項規定。另南韓著作權法第 125 條第 1 項至第 3 項規定，參見附錄三。

法定賠償請求權規定，被害人在不易證明實際損害額時，得請求法院依侵害情節，在新台幣 1 萬元以上 100 萬元以下酌定賠償額；如損害行為屬故意且情節重大者，賠償額得增至新台幣 500 萬元。

2. 而南韓於其著作權法第 125 條之 2，亦規定了法定損害賠償請求權制度。依該條第 1 項規定，被害人得向侵害行為人請求 1,000 萬韓元（如係故意以營利為目的侵害權利之情形則為 5,000 萬韓元）以下範圍內之相當金額為法定賠償，以替代實際損害額，此對於被害人甚為便利。但是，該條第 3 項亦同時規定：「著作財產權人等欲依第 1 項為請求，應於侵害行為發生前依第 53 條至第 55 條規定（包括依第 90 條及第 98 條準用之情形）登記該著作等。」依此，事先辦妥著作權登記，乃成為被害人事後遭侵害時欲請求前述法定損害賠償之前提要件。易言之，須著作財產權人已事先依法辦理著作權登記，當被害人被侵害而不能證明實際損失時，才有權選擇適用第 125 條之 2 第 1 項規定之法定損害賠償制度，請求法院將判決被告應給付原告每件著作 1,000 萬韓元以下（如故意營利者，則為 5,000 萬韓元以下）之一定金額。

十、小結

針對南韓依其著作權法所辦理之相關登記項目及其登記效力，已詳述如上。於此，茲以表格簡化整理如表 6-1 以為參考：

表 6-1　南韓著作權登記之種類及效力

登記種類	登記之內容及效力	申請者
本名登記 （法第 53 條）	• 內容：以不具名或別名公開發表著作之著作人，得就該著作為本名及別名之登記 • 效力： 1. 為本名登記之人，推定為該著作之著作人。故其著作財產權保護期間為至著作人死亡後 70 年 2. 推定侵害行為人具有過失 3. 適用法定損害賠償請求權之前提	• 不具名或別名公開發表著作之著作人 • 著作人遺囑指定之人或繼承人 • 著作鄰接權人準用（法第 90 條） • 資料庫製作人準用（法第 98 條）

表 6-1　南韓著作權登記之種類及效力（續）

登記種類	登記之內容及效力	申請者
創作日期登記 （法第 53 條）	• 內容：著作人得登記其著作之創作日期 • 效力： 1. 以該登記之日期，推定為其創作之日。但如著作於創作一年後始登記者，除外 2. 推定侵害行為人具有過失 3. 適用法定損害賠償請求權之前提	• 著作人 • 著作人遺囑指定之人或繼承人 • 著作鄰接權人準用（法第 90 條） • 資料庫製作人準用（法第 98 條）
首次公開發表登記 （法第 53 條）	• 內容：著作人得登記其著作是否已公開發表以及首次公開發表之國家、日期 • 效力： 1. 以該登記之日期，推定為其著作首次公開發表之日 2. 推定侵害行為人具有過失 3. 適用法定損害賠償請求權之前提	• 著作人 • 著作人遺囑指定之人或繼承人 • 著作鄰接權人準用（法第 90 條） • 資料庫製作人準用（法第 98 條）
著作財產權讓與等以及其質權設定等登記 （法第 54 條）	• 內容：著作財產權之讓與或限制處分，或以著作財產權為標的之質權之設定、移轉、變更、消滅或限制處分，登記權利人及登記義務人著作得辦理該等權利之登記 • 效力： 1. 有關上述權利之變動，依據該登記，具有得對抗第三人之效力 2. 推定侵害行為人具有過失 3. 適用法定損害賠償請求權之前提	• 登記權利人及登記義務人（原則共同申請，但例外情形可由登記權利人單獨申請） • 著作鄰接權人準用（法第 90 條） • 資料庫製作人準用（法第 98 條）
出版權之設定等以及其質權設定等登記 （法第 54 條）	• 內容：著作財產權之專屬發行權之設定、移轉、變更、消滅或限制處分，或以專屬發行權為標的之質權之設定、移轉、變更、消滅或限制處分，登記權利人及登記義務人得辦理該等權利之登記 • 效力： 1. 有關上述權利之變動，依據該登記，具有得對抗第三人之效力 2. 推定侵害行為人具有過失 3. 適用法定損害賠償請求權之前提	• 登記權利人及登記義務人（原則共同申請，但例外情形可由登記權利人單獨申請） • 著作鄰接權人準用（法第 90 條） • 資料庫製作人準用（法第 98 條）

第三項　登記及相關爭議處理

一、有關登記之申請及駁回處分

（一）申請人

依著作權法施行令第 25 條第 1 項規定：「本法第 53 條及第 54 條規定之登記，除本令有其他規定外，應經申請或囑託之。」而關於登記手續，南韓著作權法施行令第 26 條規定，欲依本法第 53 條及第 54 條規定登記之人，應向著作權委員會提交文化體育觀光部令所定之登記申請書。第 53 條之本名登記、創作日期登記及首次公開發表日期登記，明定係由著作人（著作人死後，則由其遺囑指定之人或其繼承人）提出申請。至於第 54 條規定之權利變動或設定等登記，原則上應由登記權利人及登記義務人共同申請之。但如申請書附有登記義務人之承諾書，或者係依判決、繼承、其他一般繼受（例如公司合併）或囑託等登記，均得由登記權利人單獨申請辦理。此外，如係登記名義人表示（例如住所或姓名／名稱）之變更或更正，得由該登記名義人單獨辦理 。

（二）登記處分

著作權委員會接獲第 53 條、第 54 條之登記申請後，如無著作權法第 55 條第 2 項所定得駁回申請之情形（詳後述）或該瑕疵得補正且申請人已經依法補正者，著作權委員會依法應將其登記登載於著作權登記簿[10]，並依法向申請人發行登記證，且發行登記公報或將該內容揭示於著作權委員會之網站。

對於申請著作權登記簿閱覽或請求發給謄本者，著作權委員會亦應提供閱覽或發給謄本。

此外，有申請登記、駁回申請及提出異議（詳後述）、發行登記公報、申請閱覽著作權登記簿或欲取得發行謄本、發行登記證、申請變更登記事項

[10] 著作權登記簿應記載事項，則依著作權施行令第 27 條所載。

等相關業務，得以電算資訊處理系統處理[11]。

（三）駁回申請之救濟

1. 駁回申請

依著作權法第 55 條第 2 項規定，除非以下情形之瑕疵得補正且申請人已於申請當日補正者，否則有下列情形之一者，委員會得駁回其申請：「1. 登記申請之客體非屬著作。2. 申請登記之客體屬第 7 條[12]規定不受保護之著作。3. 無申請登記權之人申請登記。4. 未檢附申請登記之必要資料或文件。5. 依第 53 條第 1 項或第 54 條規定申請登記之項目內容，與文化體育觀光部令所定之登記申請書規定檢附文件內容不相符。6. 申請登記與文化體育觀光部令所定之格式不相符。」

上述共六款得駁回申請之事由，乃南韓著作權法於 2020 年 2 月 4 日所修正[13]，修正前之舊法原僅有兩款事由，即：「1. 申請登記之事項，不適合登記。2. 申請登記與文化體育觀光部令規定之格式不相符，或者未檢附其他必要資料或文件[14]。」修法後，現行法已具體擴增至上述共六款得駁回之事

---

11 參見南韓著作權施行令第 35 條。

12 南韓著作權法第 7 條規定：「符合下列任一款者，不受本法保護：一、憲法、法律、條約、命令、條例及規則。二、國家或地方自治團體之告示、公告、訓令及其他類似著作。三、法院的判決、裁定、命令及審判，或行政審判程序及其他類似程序之決議、決定等。四、國家或地方自治團體就本條第 1 款至第 3 款規定之著作做成的編輯物或翻譯物。五、單純為傳達事實之新聞報導。」此條文類似於我國著作權法第 9 條所定不受著作權保護之標的。

13 即南韓 2020 年 2 月 4 日，法 16933 號修正，此修法於 2020 年 8 月 5 日施行。參見 https://www.law.go.kr/LSW//lsInfoP.do?lsiSeq=213873&ancYd=20200204&ancNo=16933&efYd=20200805&nwJoYnInfo=N&efGubun=Y&chrClsCd=010202&ancYnChk=0#（最後瀏覽日：2021/10/15）。

14 “1. Where the matters that have been applied for registration are not fit for registration; 2. Where the application for registration does not conform to the form stipulated by Ordinance of the Ministry of Culture, Sports and Tourism, or is not accompanied with other necessary materials or documents.” 參見 KCC 官網著作權法第 55 條第 2 項舊法條文，英文，https://www.copyright.or.kr/eng/laws-and-treaties/copyright-law/chapter02/section06.do（最後瀏覽日：2021/10/15）。

由，且如著作權委員會於登記後發現有其中所定第 4 款、第 6 款以外之其他任一款情形，委員會並可依著作權法第 55 條之 4 規定予以職權撤銷之（詳後述）。

另依著作權法施行令第 27 條之 2 規定，著作權委員會駁回登記申請時，應以書面明示該事由並告知申請人。

2. 提出異議

依著作權法第 55 條第 3 項至第 5 項規定，登記申請經依上述第 2 項駁回者，申請人得於被駁回之日起一個月內依法定格式之異議申請書，向著作權委員會提出「異議」。著作權委員會應自收受異議申請之日起一個月內審查，並將其結果通知申請人。著作權委員會駁回異議申請時，應附記行政裁判或行政訴訟之教示，將結果通知申請人。

有關上述賦予申請人對於著作權委員會之駁回申請可先提出「異議」，由該委員會在一個月內先迅速進行審查並通知審查結果之特別程序，乃南韓著作權法於 2020 年 2 月 4 日修法所新設對於著作權登記申請人提供之救濟制度。

（四）不實登記之處罰

對於不實登記之刑罰，不同於日本係以一般刑法上向公務員虛偽陳述而使公務員於證書不實登載罪處理，南韓對於虛偽登記之行為人，則於著作權法上獨立定有刑罰規定，以強化其真實登記之確保。例如：第一次全面修正前之 1957 年著作權法第 73 條，對於虛偽登記者即處以六個月以下徒刑或 20 萬韓元以下罰金[15]；又如 1987 年全面修訂之著作權法第 98 條，對於虛偽辦理著作權登記者，明文科予三年以下有期徒刑或 300 萬韓元以下罰金之刑事

---

[15] 參見南韓 1957 年著作權法第 73 條有關虛偽登記之刑責，韓文，https://www.law.go.kr/LSW//lsInfoP.do?lsiSeq=29306&ancYd=19570128&ancNo=00432&efYd=19570128&nwJoYnInfo=N&efGubun=Y&chrClsCd=010202&ancYnChk=0#0000（最後瀏覽日：2021/10/12）。

責任[16]。現行著作權法，則將該刑責改定於第 136 條第 2 項，即：「符合下列任一款者，處三年以下有期徒刑，或科韓幣 3,000 萬元以下罰金，得併罰之。……二、對第 53 條暨第 54 條（包括第 90 條暨第 98 條準用之情形）規定之登記，以不實方式為之者。」

二、職權撤銷登記

南韓著作權法於 2020 年 2 月 4 日修法時，亦增訂該法第 55 條之 4 有關著作權委員會得「職權撤銷」登記之規定，即如委員會於登記後，知悉其登記有第 55 條第 2 項第 1 款至第 3 款或第 5 款（應予駁回）之任一情形時，得依職權撤銷該登記。但原則上，委員會欲進行前述職權撤銷登記時，應進行聽證，除非該撤銷事由係經確定判決確認者，則不需經聽證程序，但此時委員會應將該撤銷事實向著作權登記人及利害第三人告知。

依據 2020 年 2 月 4 日修法之文化體育觀光部新聞稿說明，因著作權登記時僅形式審查，致即使無相當權限或難以取得著作權認定者，仍可輕易被登記為著作權，對市場造成混亂；是本次修法明定得依職權撤銷非著作或無相當權限之登記申請，於事後確認登記錯誤亦可依職權註銷登記，以明確權利關係，確實保障著作權人之權益[17]。

三、有關登記之更正、申請變更、塗銷或回復登記等

（一）原登記人之申請變更、更正、撤銷登記或回復登記

依著作權法第 55 條之 3 規定，原著作權登記人，得提出申請書並檢附證明文件，向著作權委員會申請變更、更正、撤銷登記或回復已撤銷登記

---

16 參見南韓 1987 年著作權法第 98 條有關虛偽登記之刑責，韓文，https://www.law.go.kr/LSW/lsInfoP.do?lsiSeq=57808&ancYd=19861231&ancNo=03916&efYd=19870701&nwJoYnInfo=N&efGubun=Y&chrClsCd=010202&ancYnChk=0#0000（最後瀏覽日：2021/10/12）。

17 參見經濟部智慧財產局委託達文西個資暨高科技法律事務所辦理 110 年度「韓國著作權法及其法令翻譯案 —— 結案報告」，頁 4。

（下稱「變更登記等」）之事由，如下：

1. 著作權登記簿登記之事項已變更時。

2. 登記有錯誤或疏漏時。

3. 欲撤銷登記時。

4. 欲回復已撤銷之登記時。

委員會，對於上述變更登記等之申請，若認申請書所載內容與該證明文件之內容有不一致時，得駁回申請，並應以書面明示其事由，向申請人告知。對此，該登記之申請人，則得準用上述第 55 條第 3 項至第 5 項規定，於被駁回之日起一個月內提出「異議」；著作權委員會應於收受異議申請後一個月內審查並將其結果通知申請人。

委員會，若接受上述變更登記等之申請時，應將該內容記載於著作權登記簿。若屬變更、更正或回復被塗銷之登記，應向申請人發行新的登記證，若屬塗銷，應將該事實通知申請人[18]。

（二）著作權委員會之更正

此著作權委員會得主動「更正」之情形，係指著作權登記簿上記錄之事項有錯誤或疏漏時所為之更正。

依著作權法第 55 條之 2 規定，著作權委員會於發覺著作權登記簿上記錄之事項有錯誤或疏漏時，應立即將該事實向著作權登記人告知。如該錯誤或疏漏係因委員會負責登記之職員失誤所生時，委員會應立即更正，並將該內容告知著作權登記人。然前述登記事項之更正，如有利害第三人時，委員會應將該錯誤或疏漏之內容及予以更正之事實向該第三人告知。

---

18 參見南韓著作權施行令第 30 條。

（三）有關第三人對於登記名義人不實登記之爭執及請求塗銷

在南韓著作權法及施行令中，對於原著作權登記申請人以外之第三人，並無規定該第三人得向著作權委員會請求撤銷或塗銷著作權登記，故第三人應無直接向著作權委員會請求塗銷或撤銷登記之公法上請求權。

依據日本於2020年2月委託進行而發表之各國著作權登記制度調查報告書，當著作權登記係由非著作權人所為之不實登記時，該不實之登記名義人，須負擔南韓著作權法第136條第2項第2款所定三年以下有期徒刑等法律責任。而當對於該不實登記者進行之民事或刑事訴訟判決確定時，即得向著作權委員會提出塗銷其不實登記之申請，此時該委員會將依職權塗銷該登記。但是，如未經裁判，真正的著作權人不得直接向著作權委員會提出塗銷或更正原登記名義人之登記[19]。

然而，依前所述，南韓著作權法於2020年2月4日之修法時增訂該法第55條之4，擴大了著作權委員會得「職權撤銷」登記之事由規定。易言之，從條文觀之，如委員會於登記後，知悉其登記有第55條第2項第3款即「無申請登記權之人申請登記」情形時，雖無確定判決，委員會亦得於依法進行聽證程序後，依職權撤銷該登記。故於此委員會得職權撤銷登記之新法施行後，就第三人對於登記名義人所主張不實登記之爭議，著作權委員會是否仍需經裁判始可撤銷，或者著作權委員會得自行於經聽證程序後職權撤銷之，因該2020年2月4日修法（同年8月5日施行）施行未久，實務運作尚待觀察。

---

[19] 參見日本文化廳委託「EY新日本有限責任監査法人」令和2年（2020）3月發表之「諸外国における著作権登録制度調査」報告書，頁141。

第二節 德國之著作權登記制度

第一項 概說

在歐洲大陸的德語地區，普魯士於 1837 年制定首部著作權法，但直到 1871 年普魯士統一德國各邦建立第二帝國後，才產生首部全帝國通用的著作權法[20]。第二帝國將適用於不同類別著作的多部保護著作權的法律，合併為 1901 年的保護文學與音樂著作權法（LUG）及 1907 年的保護造型藝術與攝影著作權法（KUG），此二部法律在第二次世界大戰後融入西德於 1965 年 9 月 9 日制定的「著作權與鄰接權法」（Gesetz über Urheberrecht und verwandte Schutzrechte）（簡稱著作權法 Urheberrectsgesetz, UrhG）[21]，1965 年著作權法至今已經歷許多次修正，並於 1990 年 10 月 3 日東、西德統一後適用於全德國。

德國著作權法向來採創作主義，因著作創作為一事實行為（Realakt），著作創作完成時，著作人即取得著作權，不需履行登記、註冊或其他任何形式（手續）[22]，因此德國著作權法上並無普遍的、適用於所有著作的全面的登記制度。唯一辦理的著作登記，是針對不具名著作與別名著作之登記，規定於德國著作權法第 66 條及第 138 條，以及主管機關對此所頒布的行政命令「不具名及別名著作登記簿管理規則」[23]。本節第二項即根據此等規定介紹

---

[20] 參見 Paul Goldstein, International Copyright: Principles, Law, and Practice, Oxford University Press, 2001, p. 9。

[21] 參見 Fromm/Nordemann, Urheberrecht, Kommentar, Verlag W. Kohlhammer, 10. Auflage, 2008, Einleitung, Rn. 26。

[22] 參見 Fromm/Nordemann, a.a.O., Einleitung, Rn. 17, 21。

[23] 德國著作權法第 138 條第 5 項規定：「聯邦司法及消費者保護部部長得以命令：1. 頒布有關（不具名著作及別名著作之著作人本名登記之）申請格式及登記簿管理之規定。2. 為支付行政成本，就登記、登記證書之核發、登記內容節錄之發給，以及此等事項之認證所需支付之費用予以規定，並就費用之債務人、到期日、預繳義務、費用之豁免、消滅時效、費用確定之程序及其救濟予以規定。」聯邦司法及消費者保護部乃依此授權頒布「不具名及別名著作登記簿管理規則」（1965 年 12 月 18 日制定，2001 年 12 月 13 日最新修正）。

德國之不具名著作與別名著作之登記。此外，德國著作權法上並無提供著作權之轉讓或授權行為之登記或存證機制，有關著作權之轉讓或授權行為相互間之衝突問題，僅在德國著作權法第 33 條加以簡要規範，並透過理論與實務之運作謀求解決，本節於第三項加以說明。

第二項　不具名著作與別名著作之登記

一、沿革簡介

不具名著作與別名著作之登記，首見於 1901 年的保護文學與音樂著作權法第 31 條。該條第 1 項規定，不具名與別名之文學著作與音樂著作於首次發行滿 50 年後成為公共財。同條第 2 項規定，不具名與別名之文學著作與音樂著作，其著作人之本名於 50 年之保護期間屆滿前經人指出，或者登記於「登記簿」者，視同一般的文學著作與音樂著作定其保護期間。著作人本名之登記事務由萊比錫市議會負責辦理。1907 年的保護造型藝術與攝影著作權法則無相似的規定，不具名與別名的造型藝術與攝影著作無法適用著作人本名之登記規定。1965 年以降的德國著作權法第 66 條承襲並取代了 1901 年的保護文學與音樂著作權法第 31 條規定，但將不具名著作與別名著作之保護期間延長為首次發行滿 70 年，並將著作人本名之登記機關改為德國專利局[24]。

二、登記機關

依德國著作權法第 138 條之規定，不具名著作及別名著作之登記業務係由德國專利局（Deutsches Patentamt）掌理。德國專利局係隸屬於德國司法與消費者保護部（Bundesministerium der Justiz und für Verbraucherschutz）之機關，專利局之職掌包括專利、新型、設計及商標之註冊業務，1998 年更名為

24　參見 Fromm/Nordemann, a.a.O., § 66, Rn. 3。

德國專利與商標局（Deutsches Patent-und Markenamt）[25]。由於德國著作權法並無設置主管機關，著作權法乃將唯一針對不具名著作與別名著作之登記業務交由德國專利與商標局一併承辦。

三、登記之要件

（一）登記之客體與主體

依德國著作權法第 64 條之規定，著作權於著作人死亡後 70 年消滅，亦即著作權之保護期間原則上為著作人終身及其死後 70 年。依德國著作權法第 65 條第 1 項之規定，共同著作之著作權保護期間至最後死亡之著作人死亡後 70 年。在不具名著作及別名著作之情形，由於著作人之身分不明，德國著作權法第 66 條第 1 項規定：「不具名著作及別名著作之著作權於公開發表後 70 年消滅。但創作完成後 70 年內未公開發表者，其著作權於創作完成後 70 年消滅。」亦即不具名著作及別名著作之著作權保護期間原則上以首次公開發表[26]之時間為計算依據，保護至公開發表後滿 70 年為止。

德國著作權法第 66 條第 2 項規定：「著作人於第 1 項第 1 句所定期間內公開其身分，或者著作人採用之別名為眾所周知者，依第 64 條及第 65 條計算著作權期間。著作人之本名於第 1 項第 1 句所定期間內登記於不具名及別名著作登記簿（第 138 條）者，亦同。」依此規定，在不具名著作及別名著作之保護期間內，亦即公開發表後未滿 70 年之期間內：

1. 若著作人主動公開其本名，由於著作人之身分明朗化，其保護期間之計算乃回歸一般著作之原則，即保護至著作人死後滿 70 年為止[27]。

---

25 參見 https://de.wikipedia.org/wiki/Deutsches_Patent-_und_Markenamt（最後瀏覽日：2022/12/27）。

26 所謂公開發表，依德國著作權法第 6 條第 1 項之定義，係指在權利人同意下使著作可供公眾接觸，故在街道上或公開活動中展示著作、在廣播或電視上播送著作、將著作上載於網路、將著作重製物向公眾散發等，不論無形或有形之發表方式均屬公開發表。參見 Fromm/Nordemann, a.a.O., § 6, Rn. 10。

27 若著作人未於此期間內公開其身分，其著作之保護期間仍將於原定之公開發表後 70 年屆滿，成為不受著作權保護之公共財。參見 Fromm/Nordemann, a.a.O., § 66, Rn. 8。

2. 著作人雖未主動公開其本名，但若其別名已成為眾所周知，亦即有關著作人之真實身分已揭露而不存在疑問，則其保護期間之計算亦回歸一般著作之原則，即保護至著作人死後滿 70 年為止[28]。

3. 若著作人之本名登記於「不具名及別名著作登記簿」（Register anonymer und pseudonymer Werke），由於此一登記具有公示作用，著作人之真實身分因而揭露，不存在疑問，故亦回歸一般著作之原則，即保護至著作人死後滿 70 年為止。

上述將著作人之本名登記於「不具名及別名著作登記簿」，係揭露不具名著作或別名著作之著作人真實身分的方法之一，乃德國著作權法上唯一可辦理的登記，其登記的客體為著作人之本名[29]。德國著作權法第 66 條第 3 項規定：「第 2 項所規定之行為由著作人為之。著作人死亡後，第 2 項所規定之行為由其著作權繼承人（第 30 條）或遺囑執行人（第 28 條第 2 項）為之。」由於第 66 條第 2 項中，不論著作人主動公開其本名，或者著作人之別名成為眾所周知，均不需由著作人本人親自為之，亦可透過他人實行，故第 66 條第 3 項所稱的「第 2 項所規定之行為」係專指第 66 條第 2 項第 2 句的「著作人之本名登記於不具名及別名著作登記簿」[30]。因此，著作人本名之登記，僅得由著作人為之；著作人死亡後，由其著作權繼承人或遺囑執行人為之。亦即著作人本名登記的主體（登記權利人）僅以著作人，或其著作權繼承人或遺囑執行人為限。

（二）登記之程序

依「不具名及別名著作登記簿管理規則」第 1 條之規定，依德國著作權法第 66 條第 2 項第 2 句申請於不具名及別名著作登記簿辦理登記者，應以書

---

[28] 著作人之別名究竟透過何人，或者藉由何種方式成為眾所周知而致揭露其真實身分，並非所問，例如因專業刊物之記載、媒體之報導皆無妨。參見 Fromm/Nordemann, a.a.O., § 66, Rn. 9。

[29] 登記之客體固為著作人之本名，惟實際辦理登記時，除載明著作人之本名外，尚須一併載明相關資訊，詳見後述之說明。

[30] 參見 Fromm/Nordemann, a.a.O., § 66, Rn. 11。

面向德國專利與商標局提出。申請書應述明下列事項：

1. 著作人之姓名、出生之年月日及地點，著作人如已死亡者，其死亡年份；著作如以筆名發表者，亦應述明該筆名。

2. 著作發表所使用之標題；著作發表時如未使用標題，應述明著作之其他名稱。著作如已出版者，亦應述明其出版社。

3. 著作首次發表之時間及形式。

依「不具名及別名著作登記簿管理規則」第 5 條之規定，申請人應繳納之費用如下：單一著作，收取 12 歐元。同時申請登記之多數著作者：第一件著作，收取 12 歐元；第二件至第十件著作，每件收取 5 歐元；自第十一件著作起，每件收取 2 歐元。

四、登記之審查及決定

德國著作權法第 138 條第 1 項規定：「專利局辦理登記時，對於登記申請人之權限或者登記事項之正確性，不做審查。」依此規定，德國專利與商標局對於登記之申請，除了審查其申請是否符合法令規定之形式要件，包括申請書是否載明應記載之事項、申請費用是否已繳納以外，僅審查其申請是否具備可推斷性（Schlüssigkeitsprüfung）[31]，亦即依申請人所提之資料而觀，「申請人擁有申請權且其申請登記之事項為真」是否前後一貫而在推理上可成立？若為是，專利與商標局即應予以登記。至於申請人是否確實擁有申請之權限？申請登記之事項是否確為真正？專利與商標局並不做審查。

專利與商標局就登記之申請進行審查後，如認為其申請符合法定之形式要件，且無前後矛盾或其他不一致之處，則准予登記，並依「不具名及別名著作登記簿管理規則」第 4 條規定，依申請人之請求，發給登記證書。專利

[31] 參見 Fromm/Nordemann, a.a.O., § 138, Rn. 4。

與商標局審查結果如認為登記之申請不符合法定之形式要件，或者有前後矛盾或其他不一致之處，則駁回其申請。

五、登記紀錄之查詢、閱覽及抄錄

依「不具名及別名著作登記簿管理規則」第 2 條規定，德國專利與商標局准予登記後，應將登記序號、專利與商標局收受申請之日期以及同規則第 1 條第 2 項所定之申請書應述明之事項，記載於「不具名及別名著作登記簿」。依德國著作權法第 138 條第 3 項規定，登記內容將公告於聯邦司法部公報，公告所需之費用應由申請人於申請時預繳。依「不具名及別名著作登記簿管理規則」第 3 條規定，「不具名及別名著作登記簿」內按字母順序排列已登記之著作人姓名，包括筆名，以及著作之標題或其他名稱。依德國著作權法第 138 條第 4 項規定，任何人均得閱覽「不具名及別名著作登記簿」，且得申請發給登記簿內容之節錄。

六、登記之效力

如前所述，依德國著作權法第 66 條第 1 項規定，不具名著作及別名著作之著作權保護期間，原則上以首次公開發表之時間為計算依據，保護至公開發表後滿 70 年為止。但依德國著作權法第 66 條第 2 項規定，在不具名著作及別名著作之保護期間內，亦即公開發表後未滿 70 年之期間內，若著作人主動公開其本名，或者其別名已成為眾所周知，由於著作人之身分明朗化而不存在疑問，其保護期間之計算乃回歸一般著作之原則，即保護至著作人死後滿 70 年為止。若著作人之本名登記於「不具名及別名著作登記簿」，由於此一登記具有公示作用，著作人之真實身分得到揭露，不存在疑問，亦回歸一般著作之原則，即保護至著作人死後滿 70 年為止。因此，將著作人之本名登記於「不具名及別名著作登記簿」，其法律效力即為揭露不具名著作或別名著作之著作人真實身分，同時使該著作之保護期間之計算回歸一般著作之原則，保護至著作人死後滿 70 年為止，而不再以首次公開發表之時間作為計算依據。

此外，德國著作權法第 10 條第 1 項規定：「在已發行之著作之重製物上或者在造型藝術著作之原件上，以通常之方法表示為著作人者，在有相反之證據以前，推定為該著作之著作人。本項規定於著作人眾所周知之別名或落款，準用之。」此係著作人之推定規定。著作人之別名如已為眾所周知，著作人之身分明朗化而不存在疑問，其別名具有推定著作人之效力。若著作係匿名發表或者以非眾所周知之別名發表，著作人真實身分不明，無以適用上述著作人推定之規定。惟一旦著作人之本名登記於「不具名及別名著作登記簿」，著作人之真實身分得到揭露，其效果類似於適用上述著作人推定之規定。雖然德國著作權法並無明文規定著作人本名之登記具有推定著作人之效力，學者認為「不具名及別名著作登記簿」中所載之著作人本名，與著作原件或重製物上表示之著作人名稱一樣具有推定效力，主張相反事實者則可舉反證加以推翻[32]。

七、登記爭議處理方式

依德國著作權法第 138 條第 (2) 項規定，登記之申請遭駁回者，申請人得聲請法院裁決。聲請應以書面向邦高等法院提出[33]。對於聲請之裁決，由專利與商標局所在地有管轄權之邦高等法院以附理由之裁定為之[34]。邦高等法院之裁定為終局裁決。邦高等法院之審理程序，準用家事事件及非訟事件審理法之規定。

---

32 參見 Fromm/Nordemann, a.a.O., § 66, Rn. 13。

33 依德國專利法第 65 條、商標法第 66 條之規定，德國專利與商標局就專利或商標申請案所為之行政裁決，申請人如有不服，得向聯邦專利法院（Bundespatentgericht）提出異議，由聯邦專利法院審理判決。惟有關著作人本名登記案件之不服與救濟，並非向聯邦專利法院提出，而係向審理一般民、刑事上訴案件的邦高等法院提出。

34 德國專利與商標局位於慕尼黑，故有關著作人本名登記之申請遭駁回之聲請裁決案件，係由慕尼黑之邦高等法院（Oberlandesgericht München）管轄。

八、登記數量統計

依德國專利與商標局官網公布之統計資料，截至2020年為止最近十年內之不具名著作與別名著作之登記申請及核准數量如表6-2[35]：

表6-2　不具名著作與別名著作登記統計表

年度	申請登記之著作數量	申請登記之人數	核准登記之著作數量	駁回申請之數量	年度末之未結案數量
2011	7	2	1	6	0
2012	8	6	2	2	4
2013	7	3	5	5	1
2014	8	8	2	5	2
2015	3	2	3	2	0
2016	3	3	1	2	0
2017	0	0	0	0	0
2018	3	2	2	1	0
2019	4	3	4	0	0
2020	5	2	0	0	5

截至2020年為止最近十年內申請登記之著作總數量為48件，核准登記之著作總數量為20件。

[35] 載於德國專利與商標局2016年及2020年之年報，https://www.dpma.de/docs/dpma/veroeffentlichungen/jahresberichte/dpma-jahresbericht2016_nichtbarrierefrei.pdf、https://www.dpma.de/digitaler_jahresbericht/2020/jb20_de/statistik.html#statistik_5（最後瀏覽日：2021/10/19）。

第三項 相衝突之著作權授權之優先順序

一、概說

德國著作權法制承襲歐陸的著作人法系（author's right tradition）[36]，並且採最嚴格的人格權與財產權一元化理論（monist theory），著作人格權與著作財產權均不得轉讓[37]，德國著作權法第 29 條第 1 項規定：「著作權不得轉讓。但因履行基於死亡所為之處分而轉讓，或者共同繼承人間因分配遺產而轉讓者，不在此限。」即明此旨。在著作財產權不得轉讓，從而不得買賣之原則下，著作人享受其著作之經濟價值的主要途徑，乃將著作之利用權授予他人行使，換取利用人支付報酬[38]。

利用權之授予（Einräumung von Nutzungsrechten）詳細規定在德國著作權法第 31 條，依該條規定，著作人得授予他人以個別或一切利用方式利用其著作之權利（利用權）。利用權得以非專屬或專屬權利之形式授予，並得在地域、期間或內容之限制下授予（第 1 項）；非專屬利用權之權利人得依許可之方式利用著作而不排除其他利用行為（第 2 項）；專屬利用權之權利人得在排除其他一切人之下依許可之方式利用著作，並得將利用權授予他人。惟當事人得約定著作人仍保有利用著作之權利（第 3 項）。

德國著作權法第 31 條所稱的著作權利用權之授予，並非僅為債之契約上之行為，而係著作人就其著作權利所為之處分行為（Verfügung über das Urheberrecht），亦即屬於具有對世效力之物權行為，被授予利用權之人可對任何人主張、行使其利用權[39]。雖然利用權之授予分成非專屬和專屬權利之

---

[36] 著作權法制分成兩大法系：版權法系（copyright tradition）與著作人法系，前者側重著作權之財產利益，以英國及美國為代表；後者強調著作權之人格色彩，以法國及德國為代表。透過多份著作權國際公約所建立的著作權保護之共通最低標準，版權法系與著作人法系兩者之差異已大為縮小。參見 Paul Goldstein, *ibid*., pp. 3-4。

[37] 參見 Paul Goldstein, *ibid*., pp. 9-10。

[38] 德國著作權法第 29 條第 2 項規定：「利用權之授予（第 31 條）、對於著作權利之債務法上同意與合意，以及第 39 條所規定有關著作人格權之法律行為，均得為之。」

[39] 參見 Fromm/Nordemann, a.a.O., § 29, Rn. 14, § 31, Rn. 8。

形式，非專屬利用權之權利人不得排除同一著作之其他利用行為，同一著作可存在平行之其他利用行為，但非專屬利用權之授予亦具有物權效力，故被授予非專屬利用權之人亦可對任何人行使其利用權[40]。

二、先授權優先原則

如前所述，在德國著作權法上，非專屬授權和專屬授權皆具有物權效力，被授權人可對任何人行使其利用權，而由於德國著作權法上並無提供著作利用權授予行為之登記或存證機制，當二以上授權發生競爭或衝突時，其解決係透過德國著作權法第 33 條之簡要規範以及理論與實務之解釋。德國著作權法第 33 條規定「利用權之持續效力」即：「專屬及非專屬之利用權，對於授予在後之利用權，仍有效力。授予利用權之權利人有變更或者拋棄其權利者，亦同。」此即「先授權優先原則」（Prioritätsgrundsatz）：就同一範圍之授權而言，發生在先之授權對於發生在後之授權，享有優先地位，先授權之被授權人得向後授權之被授權人主張其權利，後授權之被授權人則不得向先授權之被授權人主張其權利，反而須容忍先授權之被授權人之行使權利[41]。換言之，在「先授權優先原則」下，優先順序完全僅依客觀上授權成立時間之先後而決定，至於在後之被授權人對於在先之授權是否知悉？主觀上為善意或惡意？並非所問。非專屬授權和專屬授權均適用「先授權優先原則」，只要取得授權在先，即優先於取得在後之授權，不因取得在先之授權係非專屬授權而有差別待遇。

德國著作權法第 33 條之「利用權之持續效力」保護規定，係為解決相衝突之著作權授權之優先順序，但實際上僅在「發生在先之非專屬授權，與發生在後之專屬授權發生衝突」之情形有其適用之實益。蓋在後之專屬授權之被授權人，依本條規定不得向在先之非專屬授權之被授權人主張其權利，

40　參見 Fromm/Nordemann, a.a.O., § 31, Rn. 86-87。

41　參見 Fromm/Nordemann, a.a.O., § 33, Rn. 7。

反而須容忍在先之被授權人行使權利，在後之專屬授權實質上等於因在先之非專屬授權而受到額外之負擔，亦即其權利之專屬性受到限制[42]。在「發生在先之專屬授權，與發生在後之專屬授權發生衝突」或「發生在先之專屬授權，與發生在後之非專屬授權發生衝突」之情形，由於著作人授予專屬授權後，就同一授權範圍已無授權他人之權限，若仍授予另一人專屬授權或非專屬授權，在後之專屬授權或非專屬授權均自始無效，亦即在先之專屬授權當然優先於在後之專屬授權或非專屬授權，在先之專屬被授權人並無援引著作權法第 33 條規定之必要[43]。

在「發生在先之非專屬授權，與發生在後之專屬授權發生衝突」之情形，在後之專屬被授權人，依著作權法第 33 條規定不得向在先之非專屬被授權人主張其權利，反而須容忍在先之被授權人行使權利，著作人顯然違反其對於在後之專屬被授權人之「專屬」承諾，在後之專屬被授權人可向著作人主張違約責任[44]。

德國著作權法第 33 條之「利用權之持續效力」保護規定並非強制規定，故當事人間得以特約排除其適用。例如著作人授予甲非專屬授權時，得於授權合約中約定「本授權不適用德國著作權法第 33 條規定」或者「著作人日後仍得將本授權範圍之利用權授予第三人專屬授權，且甲同意不得對抗該專屬授權」[45]。

---

42 參見 Fromm/Nordemann, a.a.O., § 33, Rn. 8。

43 參見 Fromm/Nordemann, a.a.O., § 33, Rn. 9。至於「發生在先之非專屬授權，與發生在後之非專屬授權發生衝突」之情形，由於非專屬授權原本就不能排除其他被授權人行使權利，在先之非專屬授權本無優先效力可言，故並非著作權法第 33 條所欲規範之情形。

44 參見 Fromm/Nordemann, a.a.O., § 33, Rn. 10。

45 惟鑑於此種特約不利於被授權人，著作人如係透過其片面擬定的定型化契約條款偷渡或強加此種特約，依其具體情形有可能因違反德國民法第 305c 條第 1 項或第 307 條規定而不構成契約條款或者無效，參見 Fromm/Nordemann, a.a.O., § 33, Rn. 12。

三、爭議之處理方式

依德國著作權法第33條之「先授權優先原則」，就同一範圍之授權而言，發生在先之授權對於發生在後之授權，享有優先地位。而由於德國著作權法上並無提供著作利用權授予行為之登記或存證機制，當二以上授權發生競爭或衝突時，並無任何公示制度可協助判定二以上授權的優先順序以保障交易安全，僅能由各授權之被授權人自行向民事法院提出訴訟主張權利，並在訴訟中舉證證明其所取得之授權成立在先而享有優先效力。若經證明專屬授權發生在後，專屬被授權人因著作權法第33條規定而不得對抗在先之非專屬被授權人，專屬被授權人只能透過民事訴訟途徑追究著作人之違約責任。

第七章　我國建立著作權登記制度若干問題之討論

第一節　現行制度是否有缺失

第一項　關於著作權之一般登記沿革概要

我國有關著作權之取得，自民國 17 年之著作權法開始，即採「註冊保護主義」，經依法註冊後始享有著作權（但日治時期之台灣，因適用日本 1899 年著作權法而與日本同採創作保護主義，然該日本 1899 年著作權法仍設有自願登記制度）。

民國 74 年修法後，對於本國人著作始改採「創作保護主義」，本國著作人於著作完成時即依法自動享有著作權，但仍保留自願註冊制度。

民國 81 年修法時，將外國人著作與本國人著作同視，內外國人均採「創作保護主義」，創作完成不待著作權註冊或登記，即得享有著作權。為減低國民對著作權註冊之依賴，並將自願註冊制度修正為自願登記制度，取消著作權註冊執照，改發著作權登記簿謄本，且於著作權法第 74 條至第 78 條定有著作權登記一節。當時主管機關之著作權登記業務，不做實質審查，悉依申請人自行陳報事項，依著作權法暨其施行細則規定為登記之准駁。依民國 81 年著作權法第 74 條及第 75 條規定，而於施行細則第 3 條明定辦理之著作權登記種類，共有六種，即：一、著作人登記；二、著作財產權登記；三、著作首次公開發表日或首次發行日登記；四、著作財產權讓與登記；五、著作財產權專屬授權或處分之限制登記；六、以著作財產權為標的物之質權設定、讓與、變更、消滅或處分之限制登記。

直至民國87年之修法，則全面廢除著作權登記制度，有關著作權登記一節（第74條至第78條等條文）已全數刪除，僅保留製版權登記保護制度（第79條）。

第二項　關於著作權移轉設質等權利變動之登記沿革概要

有關著作權之移轉等權利變動，在台灣日治時期適用1899年日本著作權法，即在著作權繼承、讓與及設質部分，採登記對抗主義。而民國34年起，適用國民政府自民國17年起制定、民國33年修正之著作權法，採註冊對抗主義。即著作權之移轉等權利變動雖不以辦理註冊或登記為生效要件，但透過辦理註冊或登記之公示，將具有得對抗第三人之效力。民國17年著作權法第15條規定：「著作權之移轉及承繼，非經註冊，不得對抗第三人。」而此著作權轉讓等權利變動之「註冊對抗效力」原則，在後續數次修法均同。例如，民國33年、38年及53年之著作權法第14條規定：「著作權之移轉及繼承，非經註冊，不得對抗第三人。」

民國74年著作權法第16條，則除原有的轉讓、繼承外，再參酌日本法而增訂設定質權[1]一事由，該條規定：「著作權之轉讓、繼承或設定質權，非經註冊，不得對抗第三人。」其後民國79年著作權法第16條亦然。

民國81年著作權法修正，將著作權註冊，改為著作權登記，但對於著作權轉讓等權利變動，仍於著作權法第75條採「登記對抗主義」，並參考日本及南韓立法例，除刪除繼承[2]外，再擴大包括專屬授權等事由，該條規

[1] 民國74年著作權法第16條增訂「設定質權」事由之立法說明為：「民法第九百條規定『可讓與之債權及其他權利，均得為質權之標的物』，著作權為權利之一種，自可以之設定權利質權，但應經註冊，方得對抗第三人，爰參酌日本立法例予以增訂。」參見經濟部智慧財產局編印，歷年著作權法規彙編專輯，2010年5月，頁63。

[2] 民國81年著作權法第75條立法說明謂：「繼承係屬民法上之法律事實，與轉讓及設質為法律行為之性質不同，無須以登記為對抗要件，爰予刪除。」參見經濟部智慧財產局編印，歷年著作權法規彙編專輯，2010年5月，頁164。

定：「有左列情形之一者，非經登記，不得對抗第三人：一、著作財產權之讓與、專屬授權或處分之限制。二、以著作財產權為標的物之質權之設定、讓與、變更、消滅或處分之限制。但因混同、著作財產權或擔保債權之消滅而質權消滅者，不在此限。」此即上述民國 81 年施行細則第 3 條規定所辦理共六種著作權登記之後三種登記。

著作權轉讓之註冊或登記對抗主義，係為著作權轉讓之「公示」效力而設。我國不動產轉讓之公示方法，採「登記生效主義」，動產之轉讓公示方法，則採「交付主義」，而著作財產權之轉讓公示方法，在民國 87 年以前均採「登記對抗主義」，此有其一貫之立法依據。直至民國 87 年之修法，始因隨著作權登記制度之全面廢除，而使上述第 75 條之登記對抗效力規定，亦一併遭到刪除。

民國 87 年全面廢除著作權登記制度後，民國 92 年修法時對於製版權，增訂第 79 條第 4 項：「製版權之讓與或信託，非經登記，不得對抗第三人」之規定[3]。此外，有關以著作財產權為標的之設質、變更等，則於民國 99 年制定之「文化創意產業發展法」（下稱「文創法」）第 23 條規定，未經向著作權專責機關登記者，不得對抗善意第三人（詳如本章第三節所述）。

第三項　民國 87 年全面廢止著作權登記制度之理由

民國 87 年之修法，廢除我國向來即有之著作權登記制度，全面刪除登記一節，乃重大變革。著作權主管機關當時以不小之篇幅說明其修法刪除理由如下（第 74 條至第 78 條等條文之刪除理由均同）：

3　民國 92 年著作權法，針對製版權增訂第 78 條第 4 項之立法說明為：「按信託法第四條第一項規定『以應登記或註冊之財產權為信託者，非經信託登記，不得對抗第三人。』製版權應屬該項所定之範疇，爰配合信託法之規定，增訂製版權信託登記之相關規定。至於業經登記已獲得製版權之讓與，雖非以登記為要件，亦可善用登記公示制度。」參見經濟部智慧財產局編印，歷年著作權法規彙編專輯，2010 年 5 月，頁 357。

一、本條刪除。

二、按著作權法於民國 74 年 7 月 10 日修正時，刪除自民國 17 年著作權法公布施行以來採行之著作註冊保護原則，改採創作保護原則，即著作人自著作完成時起即享有著作權，不再以註冊為權利取得要件，惟仍保留自願註冊制度，嗣於民國 81 年 6 月修正舊法時，為減低國民對著作權註冊之依賴，將自願註冊制度修正為自願登記制度，取消著作權註冊執照，改發著作權登記簿謄本，施行迄今。

三、惟在 81 年舊法著作權登記制度下，仍存有若干缺失，亟待改善導正，詳析如下：

（一）普遍產生「有登記始有權利；未登記即無權利」之誤解，扭曲創作保護主義：

1. 在舊法採著作權自願登記制度之下，著作權法主管機關內政部辦理之著作權登記業務，不涉申請人有無創作行為、究有無權利等之實質審查，悉依申請人自行陳報事項，依舊著作權法暨其施行細則之規定為登記之准駁。惟國民暨司法機關多延續自民國 17 年以來舊法註冊保護原則之觀念，誤以為「有登記始有權利；未登記即無權利」。此一錯誤觀念因著作權登記制度之存在，根深蒂固，雖經內政部竭力宣導，仍無法有效導正。

2. 在著作權司法實務上產生弊端，影響國民訴訟權益：又司法機關由於受上述誤解之影響，處理具體著作權爭議訴訟事件時，多不就當事人是否有著作權為事實認定，概要求當事人提出著作權登記簿謄本或註冊執照以證明其權利。當事人為求勝訴，一方面，於訴訟前或訴訟中競相向內政部申請著作權登記（甚有為獲得勝訴，而為虛偽登記者）。他方面，更競相向內政部以相對人虛偽登記為由，檢舉撤銷相對人之著作權登記。而內政部於辦理著作權登記時原不涉任何實質審查；於處理檢舉撤銷登記案件時，更無任何事實調查權。如此訴訟案件與著作權登記及撤銷案件交互牽制之結果，實務上常發生就同一爭議事項，司法機關因依賴著作權登記，多要求當事人先向內政部撤銷相對人之著作權登記後再予審理；而內政部因無事實調查權，多採取俟司法機關偵查終結或判決確定後再處理撤銷案件之做法。民眾夾身其中，無所適從，造成民怨。簡而言之，著作權登記制度無助於司法機關著作權爭議案件之審理，反而使案件益形複雜，致憲法保障人民之訴訟權利無法落實，亦使著作權創作保護之原則遭到扭曲。

（二）耗損著作權法主管機關行政資源過鉅，影響其他著作權專業之發展：又目前著作權法主管機關內政部辦理之著作權登記工作，原不涉申請人究有無創作行為、究有無權利之實質審查，僅就申請登記之著作是否為著作權保護之標的加以認定後予以登記，基本上其性質為較例行性、事務性之業務。如前所述，目前國民仍相當依賴著作權登記，致每個月將近有 1,400 件登記申請案件，使內政部著作權委員會 39 名工作人員必須投注近 70% 之人力資源於此項例行性登記業務上，相對使其他非例行性、專業度更高之各項著作權政策研究、擬定工作，包括國際著作權法制研究、國際著作權互惠、兩岸著作權關係、對著作權仲介團體之輔導監督等，均受到排擠減縮。著作權業務在我國無地方主管機關，內政部著作權委員會為全國唯一辦理、負責單位，其人員絕大多數為大學法律系畢業優秀人才，從將政府資源、人力做最有效運用之觀點，應使此等優秀專業人員投注於層次較高之相關著作權政策研訂工作。

四、綜前所述，可知著作權登記制度確有其弊，應予根本廢止，於遇有著作權侵害時，則由權利人舉證證明享有權利及被侵害之事實，向司法機關請求救濟。我國既已於民國 74 年 7 月 10 日著作權法修正施行後改採創作保護原則，即應根本廢止著作權登記制度，真正回歸創作保護原則。

五、又著作權登記制度廢止後，著作權人應與其他一般私權之權利人相同，對其權利之存在自負舉證責任，故著作權人應保留其創作過程、發行及其他與權利有關事項之資料，作為證明自身權利之依據，日後發生私權爭執時，由法院依權利人提出之事證加以認定。此外，相關之法制亦已提供協助著作權人保存權利證明之機制，包括：

（一）著作權法中權利推定之規定：81 年舊著作權法（暨新法）為便利著作人或著作財產權人之舉證，特於相關條文明定凡於著作原件或已發行之著作重製物上或將著作公開發表時，以通常之方法表示著作人或著作財產權人之本名或眾所周知之別名，或著作之發行日期及地點者，該等表示即產生推定之效果。國民可善加適用此等規定，保護自身著作權益。

（二）著作權仲介團體可以民間團體之資源發揮登錄之功能：按著作權仲介團體條例已於 86 年 11 月 5 日由總統公布施行。未來著作權仲介團體健全運作後，即可參照外國著作權仲介團體之運作模式，辦理著作權登錄工作，凡其會員完成之著作，均可向團體登錄存證，而社會利用大眾也可透過向團體查閱，獲得所需著作相關資訊。在個案發生爭議時，團體之登錄資料亦可提供法院作為證據。

六、綜前所述，廢止著作權登記制度，回歸著作權創作保護原則，合理分配著作權法主管機關人力資源，導向著作權專業政策研訂工作，實屬需要[4]。

觀之以上民國 87 年刪除著作權法第 74 條至第 78 條有關登記一節規定之理由，主要不外二點：落實創作保護主義及減輕主管機關負擔。易言之，民國 74 年改採創作保護主義，著作人因創作完成之事實即自動取得著作權之保護，但縱在民國 81 年自願著作權登記制度下，民眾及司法機關仍有「有登

4 參見經濟部智慧財產局編印，歷年著作權法規彙編專輯，2010 年 5 月，頁 251-256。

記始有權利」之誤解，導致當事人競相申請著作權登記（甚或虛偽登記），也衍生相對主張虛偽登記而檢舉撤銷著作權登記事件。然主管機關因無事實調查權，多半只能等候法院判決確定後再處理撤銷事件。但有些法院卻反而要求當事人先向主管機關撤銷對方著作權登記後再予審理；造成彼此牽制及引起民怨，亦無法落實著作權創作保護之原則遭到扭曲。另方面，則因著作權主管機關為此須投注近 70% 人力資源於例行性登記相關業務，耗損行政資源過鉅，遂於 87 年之修法全面廢止著作權登記制度。

第四項　現行制度之主要缺失檢討

現行法在無著作權登記制度下，著作人或著作財產權人固可善用著作權法第 13 條規定：「在著作之原件或其已發行之重製物上，或將著作公開發表時，以通常之方法表示著作人之本名或眾所周知之別名者，推定為該著作之著作人（第 1 項）。前項規定，於著作發行日期、地點及著作財產權人之推定，準用之（第 2 項）。」透過在著作原件或已發行之著作重製物上，或將著作公開發表時，表示其本名或眾所周知之別名、著作之發行日期及地點，而依法產生法律推定之效果。而對該等著作人之表示有爭議者，則需舉出反證始能推翻。此規定，在創作保護主義下，對於著作人或著作財產權人之舉證甚為便利，亦為上述民國 87 年廢止著作權登記制度理由中所提及現行法制上所提供協助著作權人保存權利證明之機制。然而，參照日本、南韓及德國等國家之著作權登記制度，對於某些無著作權法第 13 條規定適用之情形，或者基於保障著作權交易安全之公示需求，我國目前尚有以下幾點缺失，有待檢討改進：

一、欠缺別名著作或不具名著作之本名登記，對該著作保護不周

依著作權法第 13 條規定，如以通常之方法表示著作人之本名或眾所周知之別名（例如：金庸為查良庸之筆名、柏楊為郭衣洞之筆名、鳳飛飛為林

秋鸞之藝名、幾米為廖福彬之別名等，已眾所周知）發行或公開發表著作者，可依法推定其為著作人。但是，如該著作是以不具名方式發表，或是用非眾所周知之別名發表，即無該條推定著作人規定之適用。

按我國一般著作之著作財產權保護期間，以著作人終身及其死後 50 年為原則（現行著作權法第 30 條規定）。而當某一著作係以不具名方式發表，或者以非眾所周知之別名發表，因無從得知著作人、其生存期間與死亡日期，故其著作財產權保護期間無法如一般著作以著作人終身加死後 50 年計算，只能以其公開發表後 50 年作為其著作財產權保護期間（現行著作權法第 32 條規定）。但著作財產權保護期間以公開發表起算者，通常保護期間較短，不利該著作財產權人。

為補足上述保護期間較短之缺憾，德國、日本及南韓著作權法對於別名著作或不具名著作均設有得辦理「本名登記」之規定，亦即透過於主管機關之著作人本名登記，而可與一般著作平等地享有著作人終身加 70 年之保護期間原則。而我國在民國 81 年舊著作權法原本亦有此一著作人本名登記制度，只是因民國 87 年全面廢止著作權登記制度而一併遭到刪除。目前依現行法，以不具名或非眾所周知之別名著作發表之著作，確定只能享有公開發表後 50 年計算之較短的保護期間。此情形，參照德國、日本及南韓等國外立法例，我國對於別名著作或不具名著作之保護期間，似有不足。

二、對於電腦程式著作是否有特別之登記需求

不同於其他提供讀者感官直接閱聽、欣賞等之一般語文、美術或視聽等著作，電腦程式著作通常係透過該程式之使用而達特定功能及目的。故電腦程式著作甚多係基於特定委託而創作，或在機關或企業內使用而不會對公眾公開發表。此外，電腦程式著作之具體內容通常無法從外觀得知且不易特定，提供時也不一定以實體產品形式對公眾散布發行。因此，未公開發表或未發行之電腦程式著作，亦可能無著作權法第 13 條推定效力規定之適用。然電腦程式著作具有高價值，且在數位及科技需求下研發速度快、創作量大。

參照日本立法例，日本唯獨對電腦程式著作提供創作登記，其他一般著作並無，可見日本電腦程式著作之創作於國家產業及競爭力之重要性。因此，對於電腦程式著作，是否應參照日本及南韓立法例，而訂定電腦程式特有的創作日期登記制度，有檢討必要。

三、欠缺著作財產權讓與等權利變動之公示登記，無法保障交易安全

依前所述，在民國 87 年全面廢除著作權登記制度後，現行法下，只有製版權之讓與或信託，非經登記不得對抗第三人（著作權法第 79 條第 4 項），以及以著作財產權為標的之設質等，未經登記者不得對抗善意第三人（文創法第 23 條）之登記公示制度規定。至於著作財產權之轉讓，則無公示制度。然針對著作財產權之轉讓變動等，日本及南韓著作權法均設有登記對抗效力之公示制度，美國著作權法亦有存證優先效力制度。我國現行法欠缺此著作財產權讓與等權利變動公示登記，可能產生著作財產權交易之不安全。

舉歷史小說家高陽之著作權爭議事件為例。高陽於民國 70 年與妻離婚，並與妻在離婚協議書約定，將現在及將來的著作權均贈與其女兒 A 所有。此離婚協議書曾辦理法院認證，文書真正無爭議。然而高陽於民國 70 年後，陸續將其胡雪巖等 20 種語文著作之著作財產權出售轉讓給聯經公司，由聯經公司出版發行。民國 81 年高陽過逝，其女兒 A 乃持父母離婚協議書至著作權主管機關，將高陽所有著作之著作財產權登記為自己所有，辦理限定繼承，並發函要求聯經公司停止發行且要求聯經公司損害賠償。聯經公司不得已乃訴請法院確定 A 就高陽著作之著作財產權不存在。本件最終經三審訴訟判決確定，高陽著作之著作財產權，非 A 所有，仍為聯經公司所有。其理由為，高陽當時與妻所訂之離婚協議書，其中約定將著作權贈與女兒 A，乃「第三人利益契約」，A 僅對高陽有債的請求權，在未為請求前，著作財產權仍為高陽所有。在高陽生前，並無證據證明其女 A 或前妻曾經向高陽為著作財產權轉讓之請求，因而判決 A 敗訴。

上述高陽著作權事件，如果當時高陽並非與妻以離婚協議書方式訂第三人利益契約，而係直接與女兒A訂約，約定過去、現在、未來之著作財產權均讓與A所有，則訴訟結果可能即有不同，聯經公司可能敗訴，不僅當時十多年來陸續支付高陽之高額著作轉讓價金遭受損失，且將因不能擁有著作財產權，不能發行高陽著作，還須支付A賠償金。然而，聯經公司向高陽購買著作財產權時，就該等高陽著作，是否前已轉讓給其女兒A或他人，因無著作財產權讓與登記之公示制度，對於是否雙重讓與，根本無從查證。

同樣地，當某首詞曲音樂著作對外發表時，外界很容易藉由作詞作曲者之標示得知其著作財產權人。然而當該首詞曲音樂著作著作財產權，後續發生轉讓、專屬授權等權利變動時，如無著作權登記之對外公示制度，外界無從查證其著作財產權變動狀態，容易發生雙重讓與之受害爭議，無法保障交易安全。

而我國民國81年舊著作權法第75條以及現行商標法、專利法規定，均有類似日本及南韓著作權法之權利讓與等變動之登記對抗效力公示制度。因此，我國須正視並檢討著作財產權轉讓之公示問題，以保障著作財產權之交易安全，並促進智慧財產之交易流通利用。

第二節　登記制度應全面採行或部分採行

第一項　2010年世界智慧財產權組織之各國著作權登記制度調查

緣依伯恩公約第5條第2項規定，著作權之享有及行使不得要求須履行一定形式要件，採非形式主義。依此國際著作權公約揭示之原則，著作權之保護不應以履行任何手續作為條件，故公約會員國如有著作權登記制度，亦屬自願登記性質，只是有些國家著作權法會透過辦理登記而對權利人提供額外便利誘因。例如，自願登記依法對於某登記事實具有推定效力，欲推翻需另有反證；又如，對於不具名著作或別名著作之進行本名登記，可使著作權存續期間回歸與一般著作之計算相同。再如，美國如依法辦理著作權登記，若著作權人在侵權訴訟中勝訴，法院可判給訴訟上的特別救濟，即法定賠償[5]及律師費，否則法院僅可依原告舉證判給實際損害和所失利益，但無權判給法定賠償和律師費等特別救濟。

世界智慧財產權組織（下稱「WIPO」）曾分別於西元2005年及2010年進行有關各國著作權登記制度之調查。2005年調查之國家數目較少（僅約12個國家回覆），故2010年再擴大調查範圍，收到80個國家對於WIPO調查問題之回應[6]，調查範圍並包括著作權登記及法定送存制度，而其中針對著作權登記之調查問題亦增加至共26個問題。

依WIPO所整理公布之2010年各國對於著作權登記制度問卷調查回覆摘要（此摘要部分問題翻譯，參見附錄五[7]），根據WIPO收到的各國答覆，大致上可歸納為以下幾點：

一、在所調查之80個會員國，其中有48個會員國設有著作權自願登記系統。且沒有國家是為了承認著作之目的而設立強制性的登記系統[8]。但阿根廷較特別，該國已發行之本國人著作如未辦理登記，將導致遭到罰款以及重製權被凍結[9]。

二、針對何種著作可以登記，多數國家對於所有種類著作，均可登記。但也有例外，像奧地利和德國唯有不具名著作或別名著作可以登記，白俄羅

---

[5] 依一般損害賠償原理，被害人本應證明其所受損害及所失利益始可請求賠償，而法定賠償規定則係為減輕原告對其損害額之舉證責任所設。我國著作權法第88條第3項規定：「依前項規定，如被害人不易證明其實際損害額，得請求法院依侵害情節，在新臺幣一萬元以上一百萬元以下酌定賠償額。如損害行為屬故意且情節重大者，賠償額得增至新臺幣五百萬元。」即係參考美國法所訂定之法定賠償制度。

[6] 參見https://www.wipo.int/copyright/en/registration/replies_survey_copyright_registration.html（最後瀏覽日：2021/12/24）。

[7] 參見附錄五，2010年WIPO對於各國所做有關著作權登記與寄存制度問卷調查回覆結果之摘要（關於著作權登記制度之翻譯）。原文網址：https://www.wipo.int/export/sites/www/copyright/en/registration/pdf/registration_summary_responses.pdf（最後瀏覽日：2021/12/24）。

[8] 參見附錄五，問題1及問題11 (a)。

[9] 參見附錄五，問題1及問題11 (d)。

斯共和國唯有電腦程式可以登記，俄羅斯只容許電腦程式和資料庫可以辦理登記，南非只有電影片可以辦理登記。另較特殊的是斯洛維尼亞，附有歌詞或不附歌詞的非供戲劇使用之音樂著作，反而是該國唯一例外不受理登記的著作[10]。

三、針對鄰接權標的（即表演、廣播、錄音）能否登記，各國則有各種不同之規定。有些國家可以登記，有些國家則無相關登記規定。在保加利亞及阿爾及利亞，則僅限定辦理特定交易或權利分配目的之登記[11]。

四、登記之程序，通常各種著作均類似。但基於電腦程式的特性，在某些國家，例如日本，對於電腦程式的登記另外建立了不同的程序[12]。

五、登記效力部分，一般是建立表面的、初步的證據以證明所登記的事實與行為係為真正，除非另有不同的反證。亦即大多數國家之自願登記提供了可舉反證推翻的、對於著作人身分或鄰接權歸屬的推定。例如在奧地利和德國，對於以不具名或別名形式發行的著作，辦理著作人本名登記，其效力是使著作權保護期間自著作人死亡時起算，而非自首次發行時起算。另外，美國則是著作發行前或發行後五年內辦理之登記得構成著作權證書所載事實之真正及著作權有效性的表面證據。當然，也有些國家之登記只是作為普通證據[13]。

六、關於權利移轉，在大多數國家中，權利移轉的存證是自願的，但也有某些國家設立了強制性權利移轉之存證（通常僅適用於本國人），以作為向第三人公示以及主張權利之條件[14]。例如美國，已登記著作之權利轉讓文件辦理存證後，該存證構成就該文件所載之事實之擬制通告，且對相衝突而未辦存證之轉讓或專屬授權享有優先效力。此外，有關著作權

[10] 參見附錄五，問題6。
[11] 參見附錄五，問題7。
[12] 參見附錄五，問題6。
[13] 參見附錄五，問題10。
[14] 參見附錄五，問題11 (b)。

或鄰接權之設質存證（登記），則大多數國家無此制度，但也有一些國家有辦理質權之存證登記，然各有其不同之規定及運作[15]。

七、有關司法程序之啟動，除極少數國家（馬利、蒙古和模里西斯）必須登記才能啟動司法程序外，一般而言，各國並未規定以登記作為啟動司法程序之前提要件或義務。但在美國及尼泊爾，則有內外國人著作之區別，即啟動外國著作的司法程序，不以登記為要件，但欲提起本國著作的訴訟則必須要有登記[16]。

八、有關著作權登記是否必須提出著作樣本寄存，除了少數例外，大多數國家，寄存一份著作的已固著之樣本，連同登記表格一併提出，是必須的。但寄存之形式，為實體樣本或數位形式或兩種皆可，各國間不同。一般而言，寄存之主要目的，除提供該登記著作標的等存在之證據外，亦有助於建立文化創作之典藏，對文化遺產保存以及本國各領域文創作品之統計，均有其價值[17]。

整體而言，基於著作權保護係採創作保護主義（非形式主義）之國際公約要求，各國即使存有著作權登記制度，亦均屬自願辦理性質，且各自依其國內傳統及需求而有其不同之制度選擇，設立不同之登記要件及程序等，呈現多樣性。雖然上述 WIPO 調查報告係較早之 2010 年間所做，然應仍可反映各國大部分之運作情形。但事實上，如從該 2010 年 WIPO 報告摘要最後所統計各國提供的最近五年（2005 年至 2009 年）登記數量觀之[18]，以各國人口數所產生之大量著作而言，在自願登記制度下，有辦理著作權登記之案件量似乎不算多。

---

[15] 參見附錄五，問題 9。

[16] 參見附錄五，問題 11 (c)。

[17] 參見附錄五，問題 13 (c)。

[18] 參見附錄五，問題 26 之統計表格。

第二項　在現行制度下，應無恢復全面性著作權登記之必要

在我國著作權登記制度廢止前之民國81年舊著作權法時期，當時主管機關依該81年著作權法第74條及第75條規定，共辦理六種著作權登記，即：一、著作人登記；二、著作財產權登記；三、著作首次公開發表日或首次發行日登記；四、著作財產權讓與登記；五、著作財產權專屬授權或處分之限制登記；六、以著作財產權為標的物之質權設定、讓與、變更、消滅或處分之限制登記。

從上述我國民國81年舊法所辦理之登記種類觀之，當時幾乎已是辦理著作權之全面性自願登記。然而，基於以下理由，本文認為我國目前除部分項目可考慮恢復登記（此部分，詳本章第三節所述）外，並無恢復採行民國81年舊法時期全面性自願著作權登記制度之必要：

一、伯恩公約等著作權國際公約，對著作權之保護均採行創作自動保護及非形式主義，即著作權係於著作完成時享有，係因著作創作之事實而取得，著作權之享有及行使不得要求須履行登記或其他形式要件。在此著作權係因著作完成而自動保護且不能以登記作為條件下，著作權人本無辦理著作權登記之義務。根據上述WIPO於2010年之調查報告顯示，在WIPO所調查之80個會員國中，也僅有六成即48個國家設有著作權自願登記系統，且各國所採行之登記制度不一、具有多樣性。

二、現行著作權法第13條規定，乃民國81年著作權法修法時，為使著作人身分易於認定、使權利之歸屬與行使有所依循，參考日本及南韓立法例所訂定[19]。依據本條規定，著作人及著作財產權人向來在著作原件或著作發行之重製物上，或於著作公開發表時，均會按照各該類著作相關業界之通常慣例，例如：在書籍封面或版權頁、在CD唱片之封底或曲目

---

[19] 現行著作權法第13條條文，係民國81年修法時參考日本及南韓立法例所定，當時係分別規定於第10條、第14條。其後，民國87年修法時，再將該第10條、第14條兩條文合併並移列於第13條，沿用至今。

說明單、在電影或影片之片頭或片尾，或以畫作或雕刻之落款等方式，依法表示其姓名（自然人之本名或眾所周知之別名）或公司名稱、發行日期等，以便享有該條所定之法律推定效力。近 30 年下來，無論在法院實務見解或行業遵循上，多數運作並無問題。易言之，著作人如欲享有受法律推定其為著作人之效力、著作財產權人如欲享有受法律推定其為著作財產權人之效力，或者其等欲享有受法律推定之著作發行日期效力，可依著作權法第 13 條規定進行標示，既無需依賴機關所辦理之登記，且於機關之自願登記亦無著作權法第 13 條之推定效力。因此，對於可適用該條規定享有法律推定效力的著作人及著作財產權人，實無辦理一般著作權登記之必要。

三、尤其，民國 87 年我國已全面廢止著作權登記制度，20 多年來已無辦理著作權登記。如今倘擬修法全面性恢復至民國 81 年當時之一般著作權登記，不僅需考慮主管機關行政資源及人員之負荷，且包括集體管理團體在內之多數音樂唱片影視著作權人團體等多持反對意見[20]。全面性恢復著作權登記，各界不易達成共識，修法難度極高。

事實上，著作權主管機關經濟部智慧財產局曾於民國 103 年 4 月公布之著作權法修正草案（第一稿）總說明第 11 點中，詳述了各界此一爭議：「是否恢復著作權登記制度，有待進一步討論：目前除了文化創意產業發展法第 23 條規定之設質登記制度外，我國並無其他著作權登記制度，本次修正為促進著作流通利用及保障交易安全，增訂著作權財產權之讓與、專屬授權及設質登記之公示制度，惟外界迭有全面恢復著作權登記之呼聲，依伯恩公約第五條及 TRIPS 規定，不得以著作權登記作為取得著作權之要件，故國際上採著作權登記制度者均屬自願登記制，

[20] 參見主管機關智慧財產局網站 105/9/21 所公布之「第 1 次至第 5 次著作權法修正草案公聽會後各界意見回應說明」，頁 43-44；MUST、RIT、MPA、台北市保護智慧財產權交流協會及瑞影公司等，均反對恢復著作權登記，file:///C:/Users/owner/Downloads/692114173871.pdf（最後瀏覽日：2022/1/3）。

根據 WIPO 對其會員國所做著作權登記制度的調查，先進國家中無登記制度及採自願登記制度的國家比例相當，無登記制度的國家包括以色列、荷蘭、瑞士、瑞典、英國、德國、丹麥、俄羅斯、南非及澳洲等，採自願登記制度的國家包括美國、加拿大、法國、印度、日本、西班牙等。本議題經徵詢各界之意見，有正反不同意見，贊成者主張自願登記可以便利查詢權利人資訊，降低著作利用之交易成本，促進著作流通利用，不同意見者表示恢復著作權登記容易產生『有登記使有權利，未登記即無權利』之誤解，且因著作權登記無強制性，著作權人初次登記後因連絡方式、讓與及授權等異動如未辦理變更登記，或為不實登記，反易提供利用人錯誤資訊，遇有爭議將耗費相當行政、司法成本進行釐清，對真正權利人之保護形成額外負擔，缺乏鼓勵權利人登記之誘因，恐權利人登記之意願不高。因此，全面恢復著作權登記具高度爭議性，仍須進一步討論以凝聚共識。（修正條文第八十四條）」[21]。

可見，對於是否全面恢復著作權登記，各界爭議甚大，至今無法達成修法共識。況且，縱使修法全面恢復著作權登記制度，一方面，基於自願登記性質，如國內多數之音樂、錄音、影視等著作權人均無辦理登記意願，則耗費行政資源而實施該自願登記制度效益亦不大。另方面，在行政機關對於一般申請登記案件，無法進行實質審查之前提下，依我國廢止前實施登記狀況，恐無法避免虛偽登記情形，則真正之著作權人可能會擔心其著作是否被虛偽申請登記，導致自己反而需要以訴訟或相關救濟程序才能撤銷他人不實登記之困擾。

---

[21] 參見智慧財產局 103 年 4 月 3 日公布，著作權法修正草案第一稿，https://topic.tipo.gov.tw/copyright-tw/cp-877-856502-fdecc-301.html（最後瀏覽日：2022/1/3）。在此草案第一稿中，雖原擬將著作權讓與、專屬授權與設質登記之公示制度一併恢復，但於後續幾次之修正草案，直至 110 年 4 月目前立法院審議中之行政院通過版修法草案，仍僅將文化創意產業發展法第 23 條之質權登記移回著作權法而已，而無著作權讓與、專屬授權公示制度。詳本章第三節所述。

四、在外國立法例方面，依本文第四章至第六章所示，茲說明如下：

（一）美國雖係採全面著作權登記制度，然美國著作權登記制度畢竟有其 200 多年來持續運作之傳統，且系統較為複雜。其為鼓勵登記所提供之登記效力誘因，除登記具有表面證據（即須以反證加以推翻）外，尚有須辦理著作權登記才能提起著作權侵害訴訟（限本國人）以及請求法定賠償與律師費。但此等將登記作為前述提起侵權訴訟以及請求法定賠償等之要件規定，如現階段在我國實施，反而是對著作權人權利之限縮，而非誘因。因為即使在我國著作權登記制度未廢止前之舊法時期，亦未有此類似立法。現今如欲修法規定未經登記不得提出侵權訴訟等，實質上將等於限縮著作權人目前既有訴訟及求償權利，易引起反彈。此外，鑑於伯恩公約第 5 條第 2 項已規定著作權之享有及行使均不得要求須履行一定形式要件，依此公約原則，因行使著作權而提起侵權訴訟如需以辦理著作權登記為要件，實有違公約精神，並不可行。

（二）日本並無全面辦理著作權登記。其就著作僅辦理部分項目之登記，即：（不具名著作或別名著作之）本名登記、首次發行或公開發表日期登記、電腦程式著作創作日期登記、著作財產權讓與及質權設定等登記。權利人依法辦理前三種登記，得享有推定該登記事實即著作人本名、首次發行或公開發表日期、電腦程式創作日期等效力。而基於權利變動之公示，辦理著作財產權等權利之讓與、設質等變動登記，則依法具有得對抗第三人之效力。

（三）德國只辦理不具名著作或別名著作之著作人本名登記一種，目的僅為使該等著作可以回復適用一般著作終身加死後 70 年之著作財產權保護期間。

（四）南韓除亦有本名登記及首次發行（公開發表）日期登記外，可辦理登記之項目較日本多，主要是在創作日期登記部分，日本僅有電腦程式著作可辦理，但南韓則是每種著作之著作人均可為創作日期登記[22]，惟如著作創作日一年後才登記者，所登記之創作日期不具法律推定效力。另針對具有登記對抗效力之權利變動登記部分，除著作權轉讓外，南韓尚比日本多出有關專屬發行權之設定及變更等登記。有關登記效力部分，除了可享有推定該登記事實即著作人本名、首次公開發表日期及創作日期等效力外，尚有：1. 須辦理登記才能請求法定賠償；2. 侵害已登記之著作，推定其侵害行為係過失等二效力。其中前者的效力，應係參考自美國法，但其在我國現行制度下並非辦理登記之誘因，已如前述。至於後者的效力，辦理登記之著作如遭人侵害，可推定其侵害行為係過失，此對於登記之著作人請求侵權損害賠償時固有其舉證上之便利。但我國現階段如欲採行，恐須審慎。按一般民法侵權行為之損害賠償請求須以行為人具有故意或過失為原則，商標法、專利法及著作權法就此亦同。然在我國商標權及專利權之取得，係採實質審查之註冊保護主義下，縱使對於已註冊公告之商標權或專利權遭侵害之損害賠償請求權，亦無以註冊即先推定被告為過失之規定。則如創作完成自動保護之著作權，僅因鼓勵自願辦理登記即可推定被告為過失，實有失衡之嫌。如考慮採行，應進行整體智慧財產權法制之檢討。再者，會推定行為人具有過失之情形，並非多數，通常是少數因為原告較為弱勢或者對被告具有該過失之主觀歸責要件不易舉證之情形。然在著作權或商標權等產品侵害情形，大部分無此類似情形。即如針對前端之擅自重製者，權利人通常不難證明其具有侵權之故意或過失；但對於較末端之銷售商或零售者，面對各式各樣千百萬種流通產品，不宜僅憑自願登記即遽然推定其具有侵權過失，否則可能動輒得咎而不利整體產業發展。有關著作權等侵權行為人之過失注意義務，理

---

22 從此角度觀之，南韓僅無辦理「著作財產權人」登記。但實際上因為每個「著作人」都可以辦理其著作之「創作日期」登記，故實際上已接近全面性之登記制度。

應按具體事件及涉案程度之不同而有高低之別，應視實際個案事實及情狀加以判斷較為合理。故本文認為藉辦理登記以推定行為人具有過失，現階段法制難以採行。

五、或有意見認為，如能全面恢復著作權登記制度，對於一些未加入集體管理團體之獨立音樂創作人，較易於透過官方登記查詢管道而被找到，數位音樂平台之經營者也因此較容易取得其音樂利用之授權。然而，前述問題之解決，無法依賴官方之著作權登記制度。此乃因：

（一）依國際著作權公約之創作保護主義，無法強制要求辦理著作權登記。多數會自願申請登記著作權者，無非是想藉由機關存檔的公信力，證明於某個時間點其已在機關留存一份著作資料，此於未來可能發生的侵權訴訟中，可為其該存證時點之創作日期及著作內容提供證明。

如以著作權登記數量觀之，即使採全面著作權登記且必須登記才能提出侵權訴訟的美國，其於2020年當年核准登記量約為44萬件，自1790年至2020年（共230年）累積總登記量則是39,305,045件[23]。平均起來，每年約登記17萬件；以美國3億人口計算，尚不及人口的千分之一。即使以2020年當年的44萬件計算，亦不及美國人口的千分之一點五。況且前述統計為各種類著作之登記案件數，會辦理登記的著作權人，同一公司就可能登記數十或數百件，故如以辦理登記之著作權人數量來看，一定更低。而我國在民國87年前全面註冊或自願登記下，整體註冊及登記數量亦不多，且依據前述87年著作權法廢止登記制度之理由觀之，其中還有不少是訴訟前或訴訟中為求勝訴而搶登記，此種反而容易涉及虛偽登記糾紛，導致真正之著作權人及法院訴訟進行之困擾，也耗費不少行政程序及資源。

---

23 參見美國著作權局2020年報第10頁及第37頁附錄，https://www.copyright.gov/reports/annual/2020/ar2020.pdf（最後瀏覽日：2022/3/10）。

此外，機關辦理登記需收費及進行一定程序之不便，使著作權人不可能隨時前去申請更新其資訊，導致機關登記的資料也不見得即時正確。因此，欲完全仰賴機關的著作權登記制度找到著作權人，恐非實際。現在自主媒體多元，獨立音樂創作人有各種形式之網路平台可以發表作品，並透過作品發表的資訊找到該創作者、經紀人或發行公司，不須依賴無法隨時更新之機關著作權登記制度提供聯繫資訊。

（二）除了現行著作權法明定之教科書法定授權（即著作權法第 47 條）、合理使用（即著作權法第 44 條至第 65 條規定）或音樂著作錄製錄音著作之強制授權（即著作權法第 69 條規定）之外，欲利用他人著作者，原則上應事先取得著作權人之授權，著作權人有權拒絕他人利用其著作。著作權人如願授權，則由雙方自行約定授權利用地區、時間、內容、利用方法、權利金或其他事項等。

因此，即使全面恢復機關之著作權登記制度，數位音樂平台透過登記資料也找到音樂著作權人，然著作權人是否願意授權該平台利用仍有其決定權。換言之，在現行法制下，著作權人是否願意授權、數位音樂平台是否能利用該作品，仍須循一般授權機制由雙方協商處理。建立著作權登記制度，對於數位音樂平台取得授權利用並無直接助益。

除非立法上，考慮仿美國 2018 年之音樂現代化法案（Music Modernization Act，下稱「MMA 法案」）中有關音樂著作現代化法案[24]。該法案，對於數位音樂平台之機械重製，賦予強制的概括授權（Blanket License），使 Spotify 等互動式之串流數位音樂平台不需要一首首逐一向著作財產權人洽談授權及通知付費。美

---

[24] 參見美國著作權局網站，MMA 簡介，https://www.copyright.gov/music-modernization/115/（最後瀏覽日：2022/3/10）。

國著作權局已依法指定一非營利之獨立實體 Mechanical Licensing Collective （下稱 MLC [25]）負責收取及分配 MMA 法案之機械重製使用報酬。MLC 須負責建置和維護一個包含音樂著作（及其應有部分）相關資訊，以及（在已知範圍內的）音樂著作等著作權人之身分和所在的資料庫，供公眾查詢。從 2021 年 1 月 1 日起，詞曲作者與音樂發行人必須向 MLC 的線上入口登記，以領取在概括授權新制下的使用報酬。而依據美國著作權局網站之說明，音樂著作權人必須於 MLC 辦理登記，但此與其是否曾於著作權局登記無關。亦即，音樂著作權人向 MLC 登記並請領上述強制授權使用報酬，不以在著作權局辦理登記為要件；反之，縱使音樂著作權人曾在著作權局辦理著作權登記，仍須向 MLC 登記才能收取使用報酬 [26]。

（三）我國如欲引進美國此一 MMA 法案，須透過著作權法修法。因涉及對音樂著作權人之強制（法定）授權、使用報酬費率之決定、收取及分配使用報酬之團體運作，勢必需事先進行法制研究，協調整合權利人及利用人雙方意見，以利修法通過及未來順利施行。鑑於著作權法修法不易，在現階段如要為有意願的獨立音樂著作人提供公開資訊，也讓利用人有聯繫該音樂著作人尋求洽談授權之管道，即使不依靠官方著作權登記制度，亦能透過由主管機關、相關機構或業界團體建置相關資料庫入口，鼓勵音樂著作權人自行登記相關資料，提供接觸管道，協助著作權人及利用人雙方聯繫及促成授權利用。例如，依文化部日前預告之「文化創意產業發展法」修正草案第 19 條即規定：「為強化文化創意產品或服務之權利保護與流通利用，中央主管機關得以委託或指定

25　參見 MLC 官網，https://www.themlc.com（最後瀏覽日：2022/3/10）。

26　參見 https://www.copyright.gov/music-modernization/faq.html#mlma（最後瀏覽日：2022/3/10）。

專責法人或專業機構之方式，推動文化內容及創意之智慧財產收錄、查閱等有助於發揮文化創意加值利用之機制。前項加值利用機制之適用範圍、申請流程、作業規範、鼓勵措施等相關事項之辦法，由中央主管機關會商相關機關定之[27]。」此機制如能在符合著作權法規範下，協助或促進有意願合作之著作權人及利用人雙方達成授權協議，即無須為此全面恢復著作權登記制度。

六、依上所述，現今如欲恢復著作權登記，在自願登記制度下，無須恢復全面性之一般著作權登記，可參酌上述日本、南韓及德國立法例，而考慮辦理其中部分項目之登記。例如，透過登記，是否能對於無法或不易依我國現行著作權法第 13 條享有推定效力之情形，予以補足？又對於雙重讓與等相衝突之權利，是否能提供登記優先之實質法律效力等誘因？否則，如已具有法律推定效力之著作權法第 13 條規定足資適用之情形，或者無實質誘因，或著作權人有其他可提供資訊替代方式（例如，音樂著作、錄音著作等著作權人透過加入相關著作權集體管理團體，其著作權人相關資訊即可供查詢等），相對於辦理登記所耗費之各項程序成本負擔，權利人登記意願應該不高，全面著作權登記制度恐將形成虛設。且僅辦理部分自願登記，對於主管機關業務負擔較輕，也不至於發生因大量不實登記而疲於應付之情形。至於現階段具有可行性、應考慮辦理之部分登記項目，將於第三節續予分析說明。

第三節 何種登記有採行必要性

綜上所述，本文認為如欲恢復部分著作權登記，應優先考慮辦理：一、著作財產權讓與及設質等變動之對抗效力登記；二、別名著作或不具名著作之本名登記；三、電腦程式著作創作日期登記等，共三種登記。茲將認為應考慮採行前述三種登記之理由，分述如下：

---

[27] 參見 https://www.moc.gov.tw/information_253_110669.html（最後瀏覽日：2022/3/10）。

第一項　有關著作財產權讓與及設質等變動之對抗效力登記

（一）民國 81 年舊著作權法第 75 條之登記對抗效力規定

按民國 87 年廢止著作權登記制度前，我國歷年來對於著作財產權轉讓等權利變動，向採「註冊／登記對抗主義」。民國 81 年舊著作權法第 75 條規定：「有左列情形之一者，非經登記，不得對抗第三人：一、著作財產權之讓與、專屬授權或處分之限制。二、以著作財產權為標的物之質權之設定、讓與、變更、消滅或處分之限制。但因混同、著作財產權或擔保債權之消滅而質權消滅者，不在此限。」依此，當時主管機關針對著作財產權相關權利變動部分，有辦理：1. 著作財產權讓與登記；2. 著作財產權專屬授權或處分之限制登記；3. 以著作財產權為標的物之質權設定、讓與、變更、消滅或處分之限制登記等三種登記。且依該舊著作權法第 75 條規定，前述情形，「非經登記，不得對抗第三人」。依據當時立法說明，此乃參考自日本及南韓立法例；本條所謂「第三人」，限於對主張未經登記有正當利益之第三人，例如雙重讓與之受讓人、雙重設定質權之質權人或債權人等，並非泛指任何第三人，且不包括不法侵害著作財產權之人[28]。

觀之日本立法例，此著作財產權變動、以著作財產權為標的之質權得喪變更等之登記對抗效力規定，主要係為保障財產權交易安全所設之公示制度。例如，在著作財產權雙重讓與情形，假設甲創作歌曲一批，A 先自甲受讓該批歌曲之著作財產權並辦妥讓與登記，其後的 B，就能從透過查閱登記而得知該等歌曲著作財產權已讓與給 A 之事實，而不會重複向甲購買同一著作財產權。又假設 A 受讓了卻未辦理讓與登記，B 即使受讓在後，但先辦理了讓與登記，B 就可以對抗 A，即主張 B 因自甲受讓而擁有該等歌曲之著作財產權，A 只能回頭向甲主張損害賠償。此將著作財產權讓與之法律關係加以登記公示，係為確保智慧財產之交易安全。另觀之南韓著作權法第 54 條，亦同樣有類似之登記對抗效力規定。

---

[28] 民國 81 年著作權法第 75 條修法草案說明（行政院送立法院審議條文對照及說明），參見經濟部智慧財產局編印，歷年著作權法規彙編專輯，2010 年 5 月，頁 164。

（二）民國 99 年文創法第 23 條及 110 年 4 月行政院通過版著作權法修正草案第 78 條之 1 之設質登記對抗效力規定

我國在民國 87 年廢止著作權登記制度後，上述 81 年舊法之三種登記項目均一併廢除，不再辦理。然而，其中第三種有關質權相關登記部分，於民國 99 年文創法制定時，即以「為促進以文化創意產業產生之著作財產權之設質融資，並保障交易安全」為立法理由，而於該法第 23 條第 1 項規定：「以文化創意產業產生之著作財產權為標的之質權，其設定、讓與、變更、消滅或處分之限制，得向著作權專責機關登記；未經登記者，不得對抗善意第三人。但因混同、著作財產權或擔保債權之消滅而質權消滅者，不在此限。」依此文創法第 23 條第 1 項規定，實質上係將原民國 81 年舊著作權法第 75 條第 2 款原定之質權相關登記予以增訂回來，並由著作權法主管機關經濟部智慧財產局依此於民國 99 年 9 月 24 日訂定發布「著作財產權質權登記及查閱辦法」，以辦理質權相關登記及查閱。

而目前依民國 110 年 4 月 8 日行政院第 3746 次院會審查通過、正於立法院審議中之著作權法修正草案，則已將該文創法第 23 條規定又移回至著作權法修正草案第 78 條之 1。依其修法說明乃：「為滿足文化創意產業外之一般民眾申辦質權登記之需求，爰於本法建立著作財產權質權公示制度，俾利著作流通交易、保障交易安全，促進融資及文創產業發展[29]。」

此外，依現行著作權法第 79 條所登記保護之製版權，其讓與或信託，亦有非經登記不得對抗第三人之規定（該條第 4 項）。按以著作財產權為標的之質權人融資債權、製版權等，其法律關係設定及變動固應予公示並賦予對抗效力，以保障交易安全。但最重要之著作財產權本身，其讓與、專屬授權或處分之限制，如反而無類似之登記公示之對抗效力規定，民眾無法透過查閱得知該著作之著作財產權讓與、專屬授權等歸屬狀態，實無足保障著作財產權之交易安全。

---

[29] 參見民國 110 年 4 月行政院通過之最新著作權法修正草案，https://www.ey.gov.tw/Page/AE106A22FAE592FD/19260f4f-5271-46be-b432-f7b87b540340（最後瀏覽日：2022/1/3）。

（三）專利法及商標法之登記對抗效力規定

舉我國同屬智慧財產權之專利權及商標權為例，其權利之讓與及授權均有登記對抗效力規定。即專利法第 62 條第 1 項、第 2 項規定：「發明專利權人以其發明專利權讓與、信託、授權他人實施或設定質權，非經向專利專責機關登記，不得對抗第三人。前項授權，得為專屬授權或非專屬授權。」依經濟部智慧財產局於所編印之《專利法逐條釋義》中對該條規定之闡釋，即謂：「本條所稱之非經登記不得對抗第三人，係當事人間就有關專利權之讓與、信託、授權或設定質權事項之法律關係有所爭執時適用之。蓋專利權為無體財產權，具有準物權性，無法依動產物權交付，乃依不動產物權採登記之公示方法，並採登記對抗主義，而所謂對抗，係指各種不同權利間，因權利具體行使時發生衝突、矛盾或相互抗衡之現象，以『登記』為判斷權利歸屬之標準。故本條規定旨在保護交易行為之第三人，而非侵權行為人。例如專利權人甲以其專利權移轉予乙，如於完成讓與登記前，復以其專利權移轉予丙，並先完成登記，第一受讓人乙因未經登記而受有不利益，不得以其先受讓事實對抗丙，丙在後取得之專利權應具有優先效力，得否認在先取得專利權之乙的權利。」[30]

此外，基於同一法理，商標法第 42 條亦規定：「商標權之移轉，非經商標專責機關登記者，不得對抗第三人。」同法第 39 條第 1 項、第 2 項規定：「商標權人得就其註冊商標指定使用商品或服務之全部或一部指定地區為專屬或非專屬授權。前項授權，非經商標專責機關登記者，不得對抗第三人。」而在經濟部智慧財產局於所編印之《商標法逐條釋義》中，對該商標移轉及授權之登記對抗效力條文，其所闡釋之法理亦與上述專利法第 62 條第 1 項、第 2 項相同[31]。

---

[30] 參見經濟部智慧財產局編印，專利法逐條釋義，2021 年 6 月，頁 218，https://www.tipo.gov.tw/tw/cp-85-893221-0131c-1.html（最後瀏覽日：2022/1/3）。

[31] 參見經濟部智慧財產局編印，商標法逐條釋義，2021 年 9 月，頁 168、175-176，https://www.tipo.gov.tw/tw/cp-86-896912-49c0e-1.html（最後瀏覽日：2022/1/3）。

由上述現行商標法、專利法規定以及民國81年舊著作權法第75條，有關權利讓與等變動之登記對抗效力規定可知，與有形之動產不同，無論是商標權、專利權或著作權，因均為無體財產權，其權利移轉等異動並無交付之外觀，外界不易得知，故將權利異動之法律關係透過於主管機關之登記加以公示，不但可減少商業上交易資訊蒐集的成本，減少交易阻力，且於該法律關係對第三人可能發生效力時，即需透過登記及查閱使第三人知悉，避免第三人受到不測之損害，進而保障無體財產之交易安全。商標法及專利法均設有前述為保障交易安全之轉讓等權利變動登記公示制度，同理，著作權法亦應有之。

（四）103年4月3日著作權法修正草案第一稿第84條之規定

事實上，在此次著作權法修正過程，著作權主管機關於103年4月3日公布之著作權法修正草案第一稿[32]中，曾擬將著作財產權讓與、專屬授權、信託與設質登記等之公示制度一併恢復。該103年草案第一稿第84條規定：「有下列情形之一者，非經登記，不得對抗第三人：一、著作財產權之讓與、專屬授權或信託。二、以著作財產權為標的物之質權之設定、讓與、變更、消滅或處分之限制。但因混同、著作財產權或擔保債權之消滅而質權消滅者，不在此限。前項登記內容，任何人均得申請閱覽、抄錄、攝影或影印。第一項登記及前項查閱之辦法，由主管機關定之。第一項業務得委託民間機構或團體辦理。」

依據當時上述草案第一稿第84條之修法說明，本條乃為：「一、建立著作財產權讓與、專屬授權、信託及質權公示制度，俾利著作流通交易、保障交易安全，促進融資及文創產業發展，增設由著作權專責機關辦理相關之登記事項，爰於第一項明定。本項制度之建立係解決雙重權利讓與、專屬授權或設定質權所產生之問題，登記悉依申請人自行申報其登記事項之事實，著作權專責機關並不作實質審查，有關登記是否真實、是否屬著作、是否侵

[32] 參見103年4月3日公布之著作權法修正草案第一稿，https://topic.tipo.gov.tw/copyright-tw/cp-877-856502-fdecc-301.html（最後瀏覽日：2022/1/3）。

權等，仍須循司法途徑釐清，與著作權之爭議途徑相同。又本項所稱第三人係指善意之第三人，如係非法取得權利之第三人，權利人縱未登記，仍得加以對抗。二、為達公示、周知之目的，爰於第二項規定任何人均得申請查閱登記內容。三、為符法制，有關第一項之登記及第二項之查閱辦法，授權著作權法主管機關定之，爰於第三項明定之。為減省行政成本，有關第一項之登記及第二項之查閱得委託民間機構或團體辦理，爰於第四項明定之。」

然而，上述草案第一稿第 84 條第 1 項第 1 款之「著作財產權之讓與、專屬授權或信託」，其後即遭刪除。亦即，在後續幾次之著作權法修正草案版本，直至 110 年 4 月行政院通過版、目前正於立法院審議中之最新草案版本，仍僅將文創法第 23 條之質權登記移回著作權法，而未增訂有關著作權讓與、專屬授權等登記對抗公示制度規定，甚為可惜。依據上述理由，本文認為著作權法主管機關原擬將著作財產權讓與、專屬授權、信託與設質登記等具登記對抗效力之公示制度一併恢復之 103 年草案第一稿第 84 條規定，於保護交易安全上較為周全，實有加以修法增訂之必要。

第二項　有關別名著作或不具名著作之本名登記

按一般著作之著作財產權保護期間，依現行著作權法第 30 條規定，係以保護著作人終身及其死後 50 年為原則。但特殊情形，如同法第 32 條規定：「別名著作或不具名著作之著作財產權，存續至著作公開發表後五十年。但可證明其著作人死亡已逾五十年者，其著作財產權消滅（第 1 項）。前項規定，於著作人之別名為眾所周知者，不適用之（第 2 項）。」此第 32 條之所以如此規定，乃係因若為不具名之匿名著作，或者非以眾所周知的筆名發表之著作，因外界不易查明真正著作人是誰，無法得知其生存期間與死亡日期，難以適用第 30 條所定終身加死後 50 年之保護期間原則，故法律只好以其公開發表後起算 50 年，作為其著作財產權之保護期間。

惟比起一般著作人終身加死後 50 年之保護期間計算原則，若著作係以公開發表後 50 年計算者，通常其保護期間較短。而著作人於著作公開發表時有表示其本名、別名或不具名之權利，乃著作權法第16條所明文賦予著作人之著作人格權之一（姓名表示權）。既然著作人就其著作公開發表時，有權決定以不具名方式發表，亦有權決定使用其本名或別名發表，此為其法定著作人格權之行使，則似不應因其行使此法律賦予之著作人格權，即決定以不具名發表著作或以別名發表著作，而剝奪其依一般原則所應享有之通常著作財產權保護期間，宜有適當之補救機制。

查舊法有關別名著作或不具名著作之著作財產權保護期間，民國81年著作權法第32條原規定：「別名著作或不具名著作之著作財產權，存續至著作公開發表後五十年。但可證明其著作人死亡已逾五十年者，其著作財產權消滅（第1項）。有左列情形之一者，不適用前項規定：一、著作人之別名為眾所周知者。二、於前項期間內，依第七十四條規定為著作人本名之登記者（第2項）。」第74條第1項則規定：「著作人或第八十六條規定之人，得向主管機關申請著作人登記。」依此，在舊法時期，如著作人或其遺族（著作人死亡時則為依第86條所定之人）向主管機關辦理著作人「本名登記」者，即使是以非眾所周知之別名著作或不具名發表之著作，仍可排除第32條之適用，而回復第30條所定通常享有著作人終身加50年之保護期間原則。此對於決定以不具名或別名發表著作之著作人，得透過至主管機關辦理本名登記之方式，而回復適用一般著作財產權保護期間原則，制度設計上較為周延。然而，民國87年全面廢止著作權登記制度後，前述81年著作權法第32條第2項第2款之「本名登記」，已隨著第74條登記條文之刪除而一併刪除，使得以非眾所周知之別名著作或不具名發表之著作，依現行法只能享有公開發表後起算50年之較短的保護期間。

按上述民國81年著作權法第32條第2項第2款有關著作人本名登記之立法，依當時立法理由即表明係參考自德國、日本及南韓著作權法之立法例[33]。而德國無一般著作權登記，唯一有辦理的著作登記項目，即別名著作或不具名著作之著作人「本名登記」，用以確保該等著作仍能適用通常著作人終身

[33] 參見經濟部智慧財產局編印，歷年著作權法規彙編專輯，2010年5月，頁130。

加死後 70 年之著作財產權保護期間[34]。本名登記之重要性，由此可見。至於日本及南韓，對於別名著作或不具名著作，亦均設有著作人「本名登記」項目，且為本名登記者，法律即賦予推定為該登記著作之著作人效力，使辦理本名登記者之著作財產權保護期間回復與一般有表示本名之著作相同，即保護期間為原則之著作人終身加死後 70 年，而非以公開發表後 70 年。因此，我國對於別名著作或不具名著作，應參考德國、日本及南韓立法例，回復辦理如民國 81 年舊法之著作人「本名登記」，以確保該別名著作或不具名著作可平等享有通常著作人終身加 50 年之著作財產權保護期間。

第三項　有關電腦程式著作之創作日期登記

按著作人、著作財產權人依著作權法第 13 條規定，於著作原件或其已發行之重製物上，或將著作公開發表時，以通常之方法表示其本名或眾所周知之別名、著作發行日期等，依法具有推定效力。本條規定，對於一般有發行或公開發表著作，就其著作人、著作財產權人及著作發行日期等之舉證，確實甚為便利。

惟與一般如繪畫或書籍等常有實體稿件存在之著作不同，電腦程式著作之原件不容易確立，即使有原件，程式碼可能也不會有著作人姓名之落款。此外，由於雲端服務、數位化傳輸技術，現今之電腦程式著作，甚多係以網路傳輸方式提供，而非以傳統實體產品重製物形式對公眾散布發行。特別是電腦程式著作常係基於委託而創作，或供機關、機構或企業內部使用，此不會對一般公眾公開發表。因此，未對公眾散布發行或未公開發表之電腦程式著作，恐無上述著作權法第 13 條推定效力之適用。

然而，電腦程式著作之研發成本高，具有高價值，因應不斷更新升級，可能在短時間內即產生不同版本之程式，此在數位及科技時代尤然。且與一

---

[34] 此可參考附錄五，問題 6。

般語文、美術、視聽等著作不同，電腦程式著作之內容外觀上無法直接辨識及特定。因此，為透過登記賦予電腦程式創作日期之推定，以及將不同時間創作產生之電腦程式（特別是未公開發表、未散布發行之電腦程式）著作內容加以特定並存證，以利相關訴訟之舉證以及作為轉讓等交易標的之明確化，確有參考日本著作權法第 76 條之 2 訂定電腦程式特有的創作日期登記制度，並賦予推定創作日效力之必要。此外，由於電腦程式著作由公司企業創作居多，如屬未公開發表之法人著作，依據著作權法第 33 條但書規定，其著作財產權保護期間即可依此登記之創作日期起算 50 年，亦有保護期間計算明確之優點。

查日本著作權法第 76 條之 2 規定：「電腦程式著作之著作人，得就該著作為創作年月日之登記。但該著作創作後已逾六個月者，不適用之（第 1 項）。為前項登記之著作，以該登記之年月日推定為其創作之日（第 2 項）。」本條之規定，有登記期限之限制，亦即必須於電腦程式著作創作後六個月內辦理登記。此乃因該登記具有以登記之創作日期「推定」為創作日期之效力，有爭執者需提出反證始可推翻之，故將登記期限縮短，創作日期真實性較高，產生爭議時欲進行創作事實之舉證亦較無困難。此日本法有關登記期限之限制，我國亦宜併採之。

第四節　辦理登記之配套措施建議

在民國 87 年著作權登記制度廢止前，有關著作權登記一節，係規定於民國 81 年著作權法第 74 條至第 78 條。包括：於第 74 條及第 75 條規定辦理前述共六種著作權登記[35]，於第 76 條規定主管機關應將登記事項記載於登

---

[35] 民國 81 年著作權法第 74 條規定：「著作人或第八十六條規定之人，得向主管機關申請著作人登記。著作財產權人，得向主管機關申請登記其著作財產權、著作之首次公開發表日或首次發行日。」第 75 條規定：「有左列情形之一者，非經登記，不得對抗第三人：一、著作財產權之讓與、專屬授權或處分之限制。二、以著作財產權為標的物之質權之設定、讓與、變更、消滅或處分之限制。但因混同、著作財產權或擔保債權之消滅而質權消滅者，不在此限。」

記簿、刊登政府公報且任何人均得申請查閱或請求發給謄本[36]，於第77條規定主管機關不受理登記之事由[37]，於第78條則規定主管機關應撤銷登記之事由[38]。此外，製版權部分則規定於著作權法第79條至第80條。依此母法，著作權法主管機關則將有關申請及辦理著作權及製版權相關登記程序事項，規定於民國81年6月10日發布施行之著作權法施行細則[39]。此部分相關內容，本文已於第三章第八節詳述。

而上述民國81年6月10日發布施行之著作權法施行細則，則於民國87年1月21日因刪除著作權法第74條至第78條登記一節，而隨之廢止。其後，針對著作權法第79條所定之製版權相關登記，著作權法主管機關則另訂定「製版權登記辦法」[40]辦理之。此外，有關規定於文創法第23條之著作財產權設質等登記部分，則由著作權法主管機關另訂定「著作財產權質權登記及查閱辦法」[41]辦理之。

因此，如日後欲對著作權法修法，辦理上述建議之一、著作財產權讓與及設質等變動之對抗效力登記；二、本名登記；及三、電腦程式著作創作日期登記等共三種登記，可於著作權法第74條至第78條恢復登記一節。除明定辦理前三種著作權登記外，原民國81年著作權法第76條有關主管機關應將登記事項記載於登記簿、刊登政府公報或以網路公告，且任何人均得申請

---

36 民國81年著作權法第76條規定：「主管機關應備置登記簿，記載前二條所為之登記事項，並刊登政府公報公告之。前項登記簿，任何人均得申請查閱或請求發給謄本。」

37 民國81年著作權法第77條規定：「有左列情形之一者，主管機關不受理登記：一、申請登記之標的不屬本法規定之著作者。二、依第七十四條第二項規定申請登記著作財產權，而其著作財產權已消滅者。三、著作依法應受審查，而未經該管機關審查核准者。四、著作經依法禁止出售或散布者。五、申請登記之事項虛偽者。」

38 民國81年著作權法第78條規定：「有左列情形之一者，主管機關應撤銷其登記：一、登記後發現有前條各款情形之一者。二、原申請人申請撤銷者。」

39 參見民國81年6月10日修正發布施行、87年1月21日廢止之著作權法施行細則，https://law.moj.gov.tw/LawClass/LawAll.aspx?pcode=J0070018（最後瀏覽日：2022/1/14）。

40 參見民國87年2月23日發布之製版權登記辦法，https://law.moj.gov.tw/LawClass/LawAll.aspx?pcode=J0070024（最後瀏覽日：2022/1/14）。

41 參見民國99年9月24日發布之著作財產權質權登記及查閱辦法，https://law.moj.gov.tw/LawClass/LawAll.aspx?pcode=J0070043（最後瀏覽日：2022/1/14）。

查閱或請求發給謄本之規定，應修正後恢復。另有關原第77條主管機關不受理登記之事由規定，除其中第3款「著作依法應受審查，而未經該管機關審查核准者」及第4款「著作經依法禁止出售或散布者」，因不合時宜，不建議維持外，其他三款不受理事由，即：申請登記之標的不屬本法保護之著作者、申請登記著作之著作財產權已經消滅者，及申請登記之事項虛偽者，應可修正後恢復之。至有關原第78條所定主管機關於登記後發現有第77條各款應不受理情形之一者或原申請人申請撤銷等職權撤銷登記事由，亦建議修正後恢復，以維護主管機關登記之正確性。且一方面因並非全面性恢復辦理著作權登記，僅辦理前述三種必要之登記，登記案件數量不會過多，主管或登記機關理應不至於無法負荷。另方面，因多年來之著作權宣導，並透過智慧財產及商業法院之專業訴訟審理，於發生著作權爭議訴訟時，當事人將於訴訟上舉證足以推翻登記推定效力之反證，應不至於發生昔日法院要求當事人先向主管機關撤銷相對人著作權登記之情事。

另有關申請登記程序及應備文件資料部分，因現已無著作權法施行細則，本文建議，應於修法時另授權主管機關訂定「著作權與製版權登記及查閱辦法」，辦理前述三種著作權登記及製版權相關登記。而此配套之新辦法，由於應包括前述三種著作權登記及製版權相關登記，故其內容除將現行「製版權登記辦法」及「著作財產權質權登記及查閱辦法」等二辦法所定事項加以整併外，亦可參考體系較完整且行之有年之民國81年6月10日舊著作權法施行細則內容，並按新辦法僅辦理上述三種著作權登記之實際需求加以檢視及修改調整之。同時，亦可考慮於前述登記辦法中，參考德國著作權法第138條第1項規定，明定主管機關於受理登記時，僅有形式審查，對於登記申請人之權限或者登記事項之正確性等實質事項，不做審查。

此外，虛偽登記者，除應由主管機關撤銷其登記外，是否有仿南韓著作權法第136條第2項第2款[42]訂定不實登記處以刑罰之必要？本文認為，虛

---

[42] 南韓著作權法第136條第2項第2款（罰則）規定：「符合下列任一款者，處三年以下有期徒刑，或科韓幣3,000萬元以下罰金，得併之。……2. 對第53條暨第54條（包括第90條暨第98條準用之情形）規定之登記，以不實方式為之者。」參見附錄三。

偽登記在我國應可適用刑法第 214 條之使公務員登載不實罪[43]，故無特別於著作權法增訂虛偽登記刑罰之必要。按主管機關對於著作權登記事項本僅做形式審查，不做實質審查，在日本相同情形即以刑法使公務員登載不實之罪處理[44]。我國在民國 53 年舊著作權法第 37 條，對於註冊時呈報不實原亦有科予 500 元以下罰金之刑罰，但民國 74 年著作權法修訂時刪除此刑罰，修法理由即為：「明知為不實之事項，而使公務員登載於職務上所掌之公文書，刑法已定有處罰條文，爰將罰金部分刪除[45]。」故於修法後，對此虛偽註冊之刑責，司法實務意見亦多肯認行為人應負刑法第 214 條之使公務員登載不實罪[46]。

43 刑法第 214 條規定：「明知為不實之事項，而使公務員登載於職務上所掌之公文書，足以生損害於公眾或他人者，處三年以下有期徒刑、拘役或一萬五千元以下罰金。」

44 參見本文第五章第三節。

45 參見經濟部智慧財產局編印，歷年著作權法規彙編專輯，2010 年 5 月，頁 72。

46 參見本文第三章第七節第六項。

第八章　著作權法之主管機關與登記機關

第一節　著作權主管機關與登記機關是否一致

第一項　著作權主管機關之意義及辦理事項

著作權之主管機關，簡言之，係指國家辦理著作權相關事務之行政機關。現行著作權法第2條規定：「本法主管機關為經濟部（第1項）。」「著作權業務，由經濟部指定專責機關辦理（第2項）。」依現行著作權法規定，著作權之主管機關，至少辦理下列事項：

一、訂定著作之例示內容（第5條第2項）。

二、訂定教科書法定授權之使用報酬率（第47條第3項）。

三、廣播或電視為播送之目的，所為錄音錄影之錄製物，其保存處所之指定（第56條第2項）。

四、許可音樂著作強制授權之申請（第69條第1項）。

五、制定音樂強制授權及使用報酬申請及許可辦法（第69條第2項）。

六、撤銷、廢止音樂強制授權之許可（第71條）。

七、辦理製版權之登記（第79條第1項）。

八、製版權登記等辦法之制定（第79條第5項）。

九、訂定防盜拷措施之例外情形（第80條之2第3項第9款、第4項）。

十、許可著作權仲介團體之組成（第81條第1項）。

十一、設置著作權審議及調解委員會（第 82 條第 1 項）。

十二、訂定著作權審議及調解委員會組織規程及爭議調解辦法（第 83 條）。

十三、訂定本法第 87 條之 1 第 1 項第 2 款及第 3 款之一定數量（第 87 條之 1 第 2 項）。

十四、制定申請海關查扣著作物及製版物辦法（第 90 條之 2）。

十五、核可著作權人為提供保護著作權之通用辨識措施（第 90 條之 4 第 3 項）。

十六、訂定網路服務提供者民事免責事由實施辦法（第 90 條之 12）。

十七、訂定行政機關處理著作權相關案件申請規費標準（第 105 條第 2 項）。

十八、提供民眾閱覽抄錄本法修正施行前著作權或製版權之註冊簿或登記簿（第 115 條之 1）。

十九、收受法院有關著作權訴訟之判決書（第 115 條之 2 第 2 項）。

此外，依文化創意產業發展法，尚有下列二項業務，屬於著作權主管機關掌管：

一、辦理以文化創意產業產生之著作財產權為標的之質權之設定、讓與、變更、消滅或處分之限制之登記及查閱（文化創意產業發展法第 23 條）。

二、孤兒著作之強制授權（文化創意產業發展法第 24 條）。

第二項　著作權主管機關與登記機關是否一致

一、我國著作權主管機關與登記機關一向相同

台灣著作權法無論從日治時期適用日本 1899 年著作權法，抑或民國 34 年以後，適用從前清著作權律開始發展的著作權法，著作權法主管機關與著作權登記或註冊機關，均屬一致。亦即著作權主管機關，即著作權登記機

關，即使文化創意產業發展法之以著作財產權為標的之質權的設定，其登記機關，亦均為著作權之主管機關。

二、外國的著作權主管機關與登記機關

多數國家著作權主管機關，即著作權登記機關。然而某些國家，例如西班牙和中國大陸，設立的是分散式的系統，除了一個中央的登記單位外，地方政府機關也享有他們自己的職權。

另某些國家，例如亞美尼亞、馬利、納米比亞、斯洛維尼亞，該國的著作權登記職權是由集體管理團體（CMOs）或私人機構行使。

義大利的情況稍有不同，該國的全國性著作人權利集體管理團體僅僅負責電腦程式及視聽著作之登記，在文化部監督下的公共總登記處則辦理其他著作權標的之登記。日本的情況亦類似，除著作權主管機關辦理登記外，該國的電腦程式著作，另委託民間團體財團法人軟體資訊中心（SOFTIC）辦理登記[1]。

第二節　我國著作權主管（登記）機關的沿革

第一項　日治時期之著作權主管（登記）機關

在台灣日治時期，當時適用日本明治 32 年（1899 年）之著作權法，已如前述。依日本 1899 年著作權法第 16 條規定，登記由行政機關為之。登記有關規定，以命令定之。而其命令即內務省令第 18 號的「著作權法施行規則」[2]。亦即當時之主管機關為內務省，著作權登記，須向內務大臣申請（著

1　詳見附錄五，問題 1，及本文第五章第二節第三項。

2　參見榛村專一，着作権法概論，巖松堂，昭和 8 年，頁 156 以下。

作權施行規則第 1 條）。然而，有關台灣著作的著作權登記，實務上卻由總督府辦理登記。

第二項　大清著作權律至現行著作權法之著作權主管（登記）機關

自民國 34 年以後，台灣施行之著作權法，係自前清著作權律以降之著作權法。有關著作權之主管機關，前清宣統 2 年著作權律之主管機關為「民政部」[3]。民國 4 年北洋政府著作權法之主管機關為「內務部」[4]。民國 17 年國民政府公布之著作權法之主管機關為「內政部」[5]，以後歷次修正，均無變更。

民國 74 年舊著作權法第 2 條規定：「本法主管機關為內政部。」民國 81 年舊著作權法第 2 條修正為：「本法所稱主管機關為內政部（第 1 項）。」「內政部得設著作權局，執行著作權行政事務；其組織，另以法律定之（第 2 項）。」其第 1 項之理由為：「著作權屬私權性質，惟兼須受行政主管機關之輔導、監督及其他機關，如目的事業主管機關之輔導及司法機關之救濟及處罰等，牽涉範圍極為廣泛。為避免產生因現行法之規定，致認凡著作權法規定事項，概屬內政部職掌之誤會，貽誤救濟時機或其他機關之協助或輔導，爰將本法條文中稱主管機關時，究何所指，予以明確規定為內政部[6]。」

上述著作權法第 2 條第 2 項主要係受業者團體建議修正而成[7]。其理由為[8]：

---

3 前清宣統 2 年（1910 年）著作權律第 2 條規定：「凡著作物，歸民政部註冊給照。」

4 民國 4 年北洋軍閥公布之著作權法第 2 條規定：「著作權之註冊，由內務部行之。」

5 民國 17 年著作權法第 2 條規定：「著作物之註冊由國民政府內政部掌管之。內政部對於依法令應受大學院審查之教科圖書，於未經大學院審查前，不予註冊。」

6 參見民國 81 年著作權法第 2 條修正時行政院立法理由。立法院議案關係文書，80 年 12 月 28 日印發，院總 533 號，政府提案第 3963 號之 1，頁 15。

7 參見台北律師公會、中國比較法學會、亞洲專利代理人協會中華民國總會著作權法修正草案相對建議修正條文，以及台北市圖書出版公會之建議條文。

8 參見立法院內政委員會編，著作權法修正草案參考資料 —— 學者專家意見，1991 年 5 月，頁 25-30。

一、內政部送行政院草案原有第 2 條第 2 項「內政部設著作權局，執行著作權行政事務；其組織以法律定之。」其後在行政院會商討論時刪除。著作權法修正草案將對著作權法全面修正，將來各種著作強制授權、法定授權、著作權登記、著作權談判、爭議調解、法令宣導，對著作團體之監督與輔導等有關著作權行政業務，十分繁雜、龐大，非成立著作權局不足以服務業者及有效執行著作權法，爰建議增設第 2 項。

二、台灣地狹人稠，人口密度居世界之冠，又缺乏礦產資源。發展農業條件不如地廣人稀之南美、非洲；發展人力密集之工業，條件不如勞力低廉之中共。台灣未來將如日本一般，得輸出而賴以生存者，惟人民之心智及技術而已，故發展智慧財產為現今政府必須全力重視之方向。因之，成立著作權局，除有文化意義外，尚有經濟意義。

三、中共著作權行政機構為國家版權局，相當於目前我國行政院新聞局之地位。為因應未來兩岸文化及著作權交流，我國亟須成立著作權局[9]。

民國 81 年舊著作權法第 2 項規定：「內政部得設著作權局，執行著作權行政事務；其組織，另以法律定之。」惟自民國 81 年迄民國 87 年 11 月 4 日「經濟部智慧財產局組織條例」通過，內政部執行著作權行政事務，並未設著作權局，其組織仍以民國 80 年 3 月 15 日內政部發布之「內政部著作權委員會組織規程」為依據，辦理著作權之行政事務。因此，民國 87 年 1 月著作權法修正，乃將民國 81 年舊著作權法第 2 條第 2 項刪除。其理由為：

一、按著作權事務所涉及者，若非基於著作係文學、藝術創作，而與文化發展關係密切，即係基於著作權標的之利用具龐大經濟利益，而與經濟事務息息相關。因此世界主要國家之著作權主管機關主要分二大類，一為歸主管文化業務部會主管，如法國、日本、韓國等皆由文化部主管；另一類則歸主管工商貿易業務部會主管，如英國係由商業部主管，新加坡由貿易工業部主管，澳洲亦由外貿部主管。

---

[9] 參見蕭雄淋，著作權法漫談（一），1995 年 4 月，頁 61-62 及頁 211-213。

二、我國著作權法自民國17年制定以來，即由內政部主管著作權業務，此在世界上並不多見，惟著作權業務與其他以社會行政、地方自治為主之內政業務性質差異甚大，性質上本即不宜由內政部主管。此外，近年來，智慧財產權已成為國際貿易之重要內涵議題，此即為何原為規範關稅減讓及國際貿易事項之世界貿易組織，亦達成與貿易有關之智慧財產權協定，對於智慧財產權事項加以規範。面對此一智慧財產權保護與國際貿易越來越密不可分之趨勢，將著作權業務與經濟部主管之專利、商標業務劃歸同一個部會主管，俾統一事權，以利國際貿易推展之呼聲迭起。有鑑於此，行政院82年6月25日第2337次院會乃決定於經濟部下設置智慧財產權專責機構，將商標、專利及著作權事項合併管理，目前正研擬「經濟部智慧財產局組織條例（草案）」中，故本條現階段雖維持由內政部主管，未來相關組織條例完成立法後，仍將再配合修正之[10]。

民國90年11月著作權法修正，第2條改為：「本法主管機關為經濟部（第1項）。」「前項業務，由經濟部設專責機關辦理（第2項）。」其理由為：「經濟部智慧財產局組織條例第2條規定，有關著作權之相關業務為其職掌，經濟部智慧財產局業於88年1月26日成立，原內政部主管之著作權相關業務已移撥該局主政，爰參考專利法第3條修正[11]。」

民國92年7月著作權法修正，將第2項之「前項業務，由經濟部設專責機關辦理」，改為：「著作權業務，由經濟部指定專責機關辦理。」此即現行法。上述「經濟部指定專責機關」，依「經濟部智慧財產局組織條例」第2條規定，即指經濟部智慧財產權局。

10　參見經濟部智慧財產局，歷年著作權法規彙編專輯，2010年5月，頁218-219。

11　參見經濟部智慧財產局，前揭書，頁296。

第三節　世界各國的著作權主管機關之歸屬

有關著作權主管機關，茲依世界智慧財產組織公布的資料[12]，茲分屬於文化部及非屬文化部二類。分述如下：

第一項　屬於文化部管轄的著作權主管機關

序	國名	主管機關
1	阿富汗	資訊與文化部 Ministry of Information and Culture (MoIC)
2	阿爾巴尼亞	文化部 著作權局 Copyright Directorate Ministry of Culture
3	阿爾及利亞	文化部 國家著作權與相關權利局 National Office of Copyrights and Related Rights Ministry of Culture (ONDA)
4	安哥拉	文化、觀光與環境部 著作權與相關權利局 National Service for Copyrights and Related Rights Ministry of Culture, Tourism and Environment
5	孟加拉	文化部 孟加拉著作權局 Copyright Office Bangladesh Ministry of Cultural Affairs
6	貝南	觀光、文化與藝術部 貝南著作權局 Beninese Copyright Office (BUBEDRA) Ministry of Tourism, Culture and Arts
7	保加利亞	文化部 著作權與鄰接權署 Copyright and Neighbouring Rights Directorate Ministry of Culture
8	布吉納法索	文化、藝術與觀光部 布吉納法索著作權局 Burkinabé Copyright Office (BBDA) Ministry of Culture, Arts and Tourism

[12] 參見 Directory of Intellectual Property Offices National IP offices, WIPO, https://www.wipo.int/directory/en/urls.jsp（最後瀏覽日：2022/1/6）。

序	國名	主管機關
9	蒲隆地	青年、體育與文化部 蒲隆地著作權與鄰接權局 Burundian Office of Copyright and Neighboring Rights Ministry of Youth, Sports and Culture (OBDA)
10	柬埔寨	文化與藝術部 著作權與相關權利局 Department of Copyright and Related Rights Ministry of Culture and Fine Arts
11	喀麥隆	藝術與文化部 Ministry of Arts and Culture
12	中非共和國	藝術、觀光、文化與法語部 中非著作權局 Central African Copyright Office (BUCADA) Ministry of Arts, Tourism, Culture and Francophonie Culture
13	查德	觀光、文化與手工藝部 查德著作權局 Chadian Copyright Office (BUTDRA) Ministry of Tourism Development, Culture and Handicrafts
14	葛摩聯盟	青年、就業、人力發展、文化與體育部 Ministry of Youth, Employment, of the Workforce Development, Culture, and Sport
15	剛果	文化與藝術部 剛果著作權局 Congolese Copyright Office (BCDA) Ministry of Culture and the Arts
16	庫克群島	文化發展部 部長 The Secretary Ministry of Cultural Development
17	象牙海岸	法國語言與文化部 著作權局 Ivorian Copyright Office Ministry of French Language and Culture (BURIDA)
18	古巴	文化部 國家著作權中心 National Copyright Center (CENDA) Ministry of Culture
19	捷克	文化部 著作權法司 Copyright Law Department Ministry of Culture
20	剛果民主共和國	文化與藝術部 文化與藝術總署 General Secretariat for Culture and the Arts Ministry of Culture and Arts

序	國名	主管機關
21	丹麥	文化部 著作權司 Copyright Department Ministry of Culture
22	吉布地	穆斯林事務、文化與財產部 著作權與相關權利署 吉布地著作權與相關權利著作權局 Djibouti Office of Copyright and Related Rights Department of Copyright and Related Rights Ministry of Muslim Affairs, Culture and Property
23	埃及	文化部 最高文化委員會 埃及智慧財產局 Intellectual Property Office in Egypt Supreme Council of Culture Ministry of Culture
24	厄利垂亞	資訊與文化部 文化司 Department of Culture Ministry of Information and Culture
25	芬蘭	教育與文化部 著作權政策與視聽文化司 Division for Copyright Policy and Audiovisual Culture Ministry of Education and Culture
26	法國	文化與法語事務部 總務處 法律事務司 文學與藝術資產辦公室 Office of Literacy and Artistic Property Under-Directorate of Legal Affairs Directorate of General Administration Ministry of Culture and Francophone Affairs
27	甘比亞	文化部 國家藝術與文化中心 National Centre for Arts and Culture Ministry of Culture (NCAC)
28	希臘	文化部 希臘著作權組織 Hellenic Copyright Organization Ministry of Culture (HCO)
29	幾內亞	文化與歷史遺產部 幾內亞著作權局 Guinean Copyright Office (BGDA) Ministry of Culture and Historical Heritage
30	幾內亞比索	教育、文化、科學、青年與體育部 幾內亞比索著作權協會 Guinean Copyright Society Ministry of Education, Culture, Science, Youth and Sports

序	國名	主管機關
31	海地	文化與通訊部 海地著作權局 Haitian Copyright Office (BHDA) Ministry of Culture and Communication
32	冰島	文化與媒體部 法律事務司 Office of Legal Affairs Department of Culture and Media
33	伊朗	文化與伊斯蘭指導部 著作權登記處 文化研究中心 Center for Cultural Studies and Research (CCSR) Registrar of Copyright Ministry of Culture and Islamic Guidance
34	伊拉克	文化部 Ministry of Culture
35	義大利	文化遺產、活動與觀光部 圖書館與著作權總署 第二科 —— 著作權 Service II - Copyright General Direction for Libraries and Copyright Ministry for Cultural Heritage and Activities and Tourism
36	日本	文部科學省 文化廳 日本著作權局 Japan Copyright Office (JCO) Agency for Cultural Affairs Ministry of Education, Culture, Sports, Science and Technology (MEXT)
37	約旦	文化部 國家圖書館署 Department of the National Library Ministry of Culture
38	拉脫維亞	文化部 著作權司 Copyright Unit Ministry of Culture of the Republic of Latvia
39	立陶宛	文化部 著作權司 Copyright Division Ministry of Culture of the Republic of Lithuania
40	馬達加斯加	通訊與文化部 馬達加斯加著作權局 Malagasy Copyright Office Ministry of Communication and Culture (OMDA)
41	馬拉威	觀光、文化與野生生物部 馬拉威著作權協會 Copyright Society of Malawi Ministry of Tourism, Culture and Wildlife (COSOMA)

序	國名	主管機關
42	馬利	文化部 馬利著作權局 Malian Copyright Office Ministry of Culture (BUMDA)
43	馬紹爾群島	文化與內政部 Ministry of Culture and Internal Affairs
44	茅利塔尼亞	文化、青年與體育部 文化與藝術署 文化合作與智慧財產科 Cultural Cooperation and Intellectual Property Department Directorate of Culture and Arts Ministry of Culture, Youth and Sports
45	模里西斯	藝術與文化資產部 模里西斯著作人協會 Mauritius Society of Authors (MASA) Ministry of Arts and Cultural Heritage
46	莫三比克	文化與觀光部 國家文化與創意產業協會 National Institute of Culture and Creative Industries Ministry of Culture and Tourism
47	尼泊爾	文化、觀光與民航部 尼泊爾著作權登記署 Nepal Copyright Registrar’s Office Ministry of Culture, Tourism and Civil Aviation
48	尼日	文化復興、藝術與社會現代化部 尼日著作權局 Niger Copyright Office (BNDA) Ministry of Cultural Revival, Arts and Social Modernization (BNDA)
49	奈及利亞	資訊與文化部 奈及利亞著作權委員會 Nigerian Copyright Commission (NCC) Federal Ministry of Information and Culture
50	北馬其頓	文化部 標準、行政事務、著作權與相關權利署 Normative and Administrative Affairs, Copyright and Related Rights Ministry of Culture (MoC)
51	挪威	文化部 媒體與藝術司 MA2 科 Section MA2 Department of Media and Arts Ministry of Culture
52	巴拿馬	文化部 國家著作權與相關權利署 National Directorate of Copyright and Related Rights Ministry of Culture

序	國名	主管機關
53	波蘭	文化與國家遺產部 智慧財產與媒體司 Department of Intellectual Property and Media Ministry of Culture and National Heritage
54	葡萄牙	文化策略、規劃與評估署 Bureau for Cultural Strategy, Planning and Assessment (GEPAC)
55	韓國	文化、體育與觀光部 著作權局 Copyright Bureau Ministry of Culture, Sports and Tourism
56	聖多美普林西比	觀光、文化、貿易與工業部 國家智慧財產與品保局 National Intellectual Property and Quality Service Secretary of State, Trade and Industry Ministry of Tourism, Culture, Commerce and Industry (SENAPIQ-STP)
57	塞內加爾	文化部 Ministry of Culture
58	斯洛伐克	文化部 媒體、影視與著作權司 Media, Audiovisual and Copyright Department Ministry of Culture
59	索馬利亞	文化與高等教育部 著作權局 Copyright Office Ministry of Culture and Higher Education
60	西班牙	文化與體育部 文化產業、著作權與合作總署 智慧財產處 Deputy Directorate General for Intellectual Property Directorate General of Cultural Industries, Copyright and Cooperation Ministry of Culture and Sports
61	敘利亞	文化部 著作權局 Copyright Office Ministry of Culture
62	塔吉克共和國	文化部 著作權與相關權利局 Agency of Copyright and Related Rights Ministry of Culture
63	多哥	文化與觀光部 多哥著作權與鄰接權局 Togolese Office of Copyright and Neighboring Rights Ministry of Culture and Tourism (BUTODRA)

序	國名	主管機關
64	土耳其	文化與觀光部 著作權總署 Directorate General for Copyright Ministry of Culture and Tourism
65	烏拉圭	教育與文化部 著作權委員會 Copyright Council Ministry of Education and Culture
66	越南	文化、體育與觀光部 越南著作權局 Copyright Office of Viet Nam Ministry of Culture, Sports and Tourism (COV)
67	葉門	文化部 Ministry of Culture

第二項　非屬文化部管轄的著作權主管機關

依據WIPO資料，著作權主管機關非歸文化部管轄之國家清單如下：

序	國名	主管機關
1	安道爾公國	觀光與貿易部 觀光與貿易部部長 安道爾公國商標局 Trademarks Office of the Principality of Andorra Secretary of State of Tourism and Trade Ministry of Tourism and Trade
2	安提瓜及巴布達	法務部 安提瓜及巴布達智慧財產與貿易局 Antigua and Barbuda Intellectual Property & Commerce Office (ABIPCO) Ministry of Legal Affairs
3	阿根廷	司法與人權部 國家著作人權總署 National Directorate of Author's Right Office Ministry of Justice and Human Rights
4	亞美尼亞	經濟部 智慧財產局 Intellectual Property Office Ministry of Economy of the Republic of Armenia

序	國名	主管機關
5	澳洲	基礎建設、運輸、區域發展及通訊部 內容與著作權司 Content & Copyright Branch Department of Infrastructure, Transport, Regional Development and Communications
6	奧地利	聯邦司法部 Federal Ministry of Justice
7	亞塞拜然	亞塞拜然共和國智慧財產局 Intellectual Property Agency of the Republic of Azerbaijan
8	巴哈馬	總登記部 Registrar General's Department
9	巴林	資訊事務部 媒體管理署 Directorate of Media Administration Ministry of Information Affairs
10	巴貝多	國際商業與工業部 公司事務與智慧財產局 Corporate Affairs and Intellectual Property Office Ministry of International Business and Industry (CAIPO)
11	白俄羅斯	國家智慧財產中心 National Center of Intellectual Property (NCIP)
12	比利時	聯邦經濟、中小企業、自雇者與能源部 比利時智慧財產局 Belgium Intellectual Property Office Federal Public Service Economy, SMEs, Self-employed and Energy (OPRI)
13	貝里斯	貝里斯智慧財產局 Belize Intellectual Property Office (BELIPO)
14	不丹	經濟事務部 智慧財產司 Department of Intellectual Property Ministry of Economic Affairs
15	玻利維亞	產業發展與多元經濟部 國家智慧財產局 National Intellectual Property Service Ministry of Productive Development and Plural Economy (SENAPI)
16	波士尼亞與赫塞哥維納	波士尼亞與赫塞哥維納智慧財產協會 Institute for Intellectual Property of Bosnia and Herzegovina

序	國名	主管機關
17	波札那共和國	投資、貿易與工業部 公司與智慧財產局 Companies and Intellectual Property Authority (CIPA) Ministry of Investment, Trade and Industry
18	巴西	觀光部 著作權與智慧財產司 Secretariat of Copyright and Intellectual Property Ministry of Tourism
19	汶萊	檢察總長署 智慧財產局 Brunei Darussalam Intellectual Property Office (BruIPO) Attorney General's Chambers
20	維德角共和國	品質管理與智慧財產協會 Institute for Quality Management and Intellectual Property (IGQPI)
21	加拿大	加拿大智慧財產局 Canadian Intellectual Property Office (CIPO)
22	智利	教育部 智慧權司 圖書館、檔案館與博物館科 Directorate of Libraries, Archives and Museums Intellectual Rights Department (DDI) Ministry of Education
23	中國	國家版權局 National Copyright Administration of China (NCAC)
24	哥倫比亞	國家著作權總署 National Directorate of Copyright
25	哥斯大黎加	智慧財產登記局 Registry of Intellectual Property
26	克羅埃西亞	國家智慧財產局 State Intellectual Property Office of the Republic of Croatia (SIPO)
27	賽普勒斯	原源、商業與工業部 公司登記與破產管理司 Department of Registrar of Companies and Official Receiver Ministry of Energy, Commerce and Industry
28	朝鮮民主主義人民共和國（北韓）	著作權局 Copyright Office of the Democratic People's Republic of Korea
29	多明尼克	觀光與司法部 公司與智慧財產局 Companies and Intellectual Property Office Ministry of Tourism and Legal Affairs (CIPO)

序	國名	主管機關
30	多明尼加共和國	工業與商業部 國家著作權局 National Copyright Office Ministry of Industry, Commerce and Mypimes (ONDA)
31	厄瓜多	國家智慧權總署 National Service of Intellectual Rights (SENADI)
32	薩爾瓦多	國家登記中心 National Center of Registries (CNR)
33	赤道幾內亞	科技研發委員會 Scientific and Technological Research Council (CICTE)
34	愛沙尼亞	司法部 Estonian Ministry of Justice
35	史瓦帝尼	工業與貿易部 智慧財產局 Intellectual Property Office Ministry of Industry and Trade
36	衣索比亞	智慧財產局 Ethiopian Intellectual Property Office (EIPO)
37	斐濟	司法部 檢察總長室 Office of the Attorney-General Ministry of Justice
38	加彭	著作權與鄰接權局 Bureau gabonais du droit d’auteur et des droits voisins (BUGADA)
39	喬治亞	國家智慧財產中心 National Intellectual Property Center (SAKPATENTI)
40	德國	聯邦司法與消費者保護部 貿易與經濟法第三總署 著作權與出版司 Unit Copyright and Publishing Law Directorate IIIB Directorate-General III: Commercial and Economic Law Federal Ministry of Justice and Consumer Protection
41	迦納	司法部 著作權司 Copyright Department Ministry of Justice
42	格瑞那達	公司與智慧財產局 Corporate Affairs and Intellectual Property Office (CAIPO)

序	國名	主管機關
43	瓜地馬拉	經濟部 智慧財產登記局 Registry of Intellectual Property of Guatemala Ministry of Economic Affairs
44	蓋亞那	法律事務部 文書與商業登記處 Deeds and Commercial Registries Ministry of Legal Affairs
45	教廷	梵蒂岡政府 Governorate of the Vatican City State
46	宏都拉斯	智慧財產總署 Directorate General of Intellectual Property (DIGEPIH)
47	匈牙利	著作權部 智慧財產局 Hungarian Intellectual Property Office (HIPO) Copyright Department
48	印度	商業與工業部 工業與本國貿易促進司 專利、設計與商標科 著作權組 Copyright Office Office of the Controller General of Patents, Designs and Trade Marks Department for Promotion of Industry and Internal Trade Ministry of Commerce and Industry
49	印尼	法律與人權部 智慧財產總署 Directorate General of Intellectual Property (DGIP) Ministry of Law and Human Rights
50	愛爾蘭	愛爾蘭智慧財產局 Intellectual Property Office of Ireland (IPOI)
51	以色列	司法部 部長 Director General Ministry of Justice
52	牙買加	牙買加智慧財產局 Jamaica Intellectual Property Office (JIPO)
53	哈薩克	司法部 國家智慧財產協會 National Institute of Intellectual Property, Ministry of Justice of the Republic of Kazakhstan
54	肯亞	司法部檢察總長辦公室 著作權委員會 Kenya Copyright Board Office of the Attorney General and Department of Justice

序	國名	主管機關
55	吉里巴斯	商業、工業與合作社部 Ministry of Commerce, Industry and Cooperatives
56	科威特	科威特國家圖書館 National Library of Kuwait
57	吉爾吉斯	內閣 智慧財產與創新局 State Agency of Intellectual Property and Innovation Cabinet of Ministers of the Kyrgyz Republic (Kyrgyzpatent)
58	寮國	工業與商業部 智慧財產司 Department of Intellectual Property, Ministry of Industry and Commerce
59	黎巴嫩	經濟與商業部 經濟與商業部總署 智慧財產司 智慧財產辦公室 Office of Intellectual Property Department of Intellectual Property Directorate General of Economy and Trade Ministry of Economy and Trade
60	賴索托	司法部 登記總署 Registrar General's Office (RGO) Ministry of Justice and Law
61	賴比瑞亞	賴比瑞亞智慧財產局 Liberia Intellectual Property Office (LIPO)
62	利比亞	高等教育與科學研發部 國家科研局 National Authority for Scientific Research (NASR) Ministry of Higher Education and Scientific Research
63	列支敦斯登	經濟事務署 智慧財產局 Bureau of Intellectual Property Office of Economic Affairs
64	盧森堡	經濟部 智慧財產局 Intellectual Property Office Ministry of the Economy
65	馬來西亞	馬來西亞智慧財產股份有限公司 Intellectual Property Corporation of Malaysia (MyIPO)
66	馬爾地夫	經濟發展部 智慧財產司 Intellectual Property Unit Ministry of Economic Development

序	國名	主管機關
67	馬爾他	經濟與工業部 商業司 工業財產登記局 Industrial Property Registrations Directorate Commerce Department Ministry for the Economy and Industry
68	墨西哥	國家著作權協會 National Institute of Copyright (INDAUTOR)
69	摩納哥	經濟發展部 智慧財產司 Intellectual Property Division Department of Economic Expansion
70	蒙古	蒙古政府執行署 智慧財產局 Intellectual Property Office Implementing Agency of the Government of Mongolia (IPOM)
71	蒙特內哥羅	經濟部 國內市場與競爭署 Directorate for Internal Market and Competition Ministry of Economy
72	摩洛哥	摩洛哥著作權局 Copyright Office of Morocco
73	緬甸	商業部　智慧財產司 Department of Intellectual Property (DIP) Ministry of Commerce
74	納米比亞	工業與貿易部 商業與智慧財產局 Business and Intellectual Property Authority (BIPA) Ministry of Industrialization and Trade (MIT)
75	諾魯	司法與邊境管制部 著作權、商標與專利登記署 Secretary for Justice and Border Control Registrar of Copyright, Trademarks and Patents, Department of Justice and Border Control
76	荷蘭	司法與安全部 立法與法律事務署 Directorate of Legislation and Legal Affairs Ministry of Justice and Security
77	紐西蘭	商業、創新與就業部　中小企業、競爭與消費者保護司　公司治理與智慧財產政策組 Corporate Governance and Intellectual Property Policy Team Small Business, Competition and Consumer Branch Ministry of Business, Innovation and Employment

序	國名	主管機關
78	尼加拉瓜	發展、工業與貿易部　智慧財產登記署 國家著作權與鄰接權辦公室 National Office of Copyright and Related Rights Intellectual Property Registry (RPI) Ministry of Development, Industry and Trade (MIFIC)
79	紐埃	法務局 Crown Law Office
80	阿曼	商業、工業與投資促進部 智慧財產司 Intellectual Property Department Ministry of Commerce, Industry and Investment Promotion
81	巴基斯坦	巴基斯坦智慧財產組織 Intellectual Property Organization of Pakistan (IPO-Pakistan)
82	帛琉	資源與發展部 Ministry of Resources and Development
83	巴勒斯坦	納賈赫大學 商業創新與科技中心 Business Innovation and Technology Hub at An-Najah National University
84	巴布亞紐幾內亞	智慧財產局 Intellectual Property Office of Papua New Guinea (IPOPNG)
85	巴拉圭	國家智慧財產署 National Directorate of Intellectual Property (DINAPI)
86	秘魯	內閣總理辦公室 國家競爭維護與智慧財產保護總會 National Institute for the Defense of Competition and Protection of Intellectual Property (INDECOPI) Presidency of the Council of Ministers (PCM)
87	菲律賓	菲律賓智慧財產局 Intellectual Property Office of the Philippines (IPOPHL)
88	卡達	商業與工業部 智慧財產司 Intellectual Property Department Ministry of Commerce and Industry
89	摩爾多瓦	國家智慧財產署 State Agency on Intellectual Property (AGEPI)
90	羅馬尼亞	羅馬尼亞著作權局 Romanian Copyright Office (ORDA)

序	國名	主管機關
91	俄羅斯	聯邦智慧財產局 Federal Service for Intellectual Property (ROSPATENT)
92	盧安達	盧安達發展委員會 登記總署 Office of the Registrar General Rwanda Development Board (RDB)
93	聖克里斯多福及尼維斯	司法與通訊部 智慧財產局 Intellectual Property Office Ministry of Justice, Legal Affairs and Communications
94	聖露西亞	公司與智慧財產登記署 Registry of Companies and Intellectual Property
95	聖文森及格瑞那丁	商業與智慧財產局 Commerce and Intellectual Property Office
96	薩摩亞	商業、工業與勞動部 公司與智慧財產登記司 Registries of Companies and Intellectual Property Division (RCIP) Ministry of Commerce, Industry and Labour (MCIL)
97	聖馬利諾	外交部 Department of External Affairs
98	沙烏地阿拉伯	沙烏地智慧財產局 Saudi Authority for Intellectual Property (SAIP)
99	塞爾維亞	塞爾維亞共和國智慧財產局 Intellectual Property Office of the Republic of Serbia
100	塞席爾	總統府 法律事務部 登記署 智慧財產局 Intellectual Property Office Registration Division Department of Legal Affairs President's Office
101	獅子山共和國	管理與登記總署 國家工業財產與著作權登記處 National Registry for Industrial Property and Copyright Office of the Administrator and Registrar General (OARG)
102	新加坡	新加坡智慧財產局 Intellectual Property Office of Singapore (IPOS)
103	斯洛維尼亞	經濟發展與科技部 智慧財產局 Slovenian Intellectual Property Office (SIPO) Ministry of Economic Development and Technology

序	國名	主管機關
104	索羅門群島	司法部 登記總署 Registrar-General's Office Ministry of Justice and Legal Affairs
105	南非	商業與工業部 公司與智慧財產委員會 Companies and Intellectual Property Commission Department of Trade and Industry (CIPC)
106	斯里蘭卡	國家智慧財產局 National Intellectual Property Office of Sri Lanka
107	蘇丹	著作權與鄰接權保護委員會 Council for the Protection of Copyright and Related Rights
108	蘇利南	經濟、企業與科技創新部 智慧財產局 Intellectual Property Office of Suriname Ministry of Economic Affairs, Entrepreneurship and Technological Innovation
109	瑞典	瑞典智慧財產局 Swedish Intellectual Property Office (PRV)
110	瑞士	聯邦智慧財產局 Swiss Federal Institute of Intellectual Property
111	泰國	商業部 智慧財產司 Department of Intellectual Property (DIP) Ministry of Commerce
112	東帝汶民主共和國	東帝汶民主共和國駐聯合國日內瓦辦公室代表處 Permanent Mission of the Democratic Republic of Timor-Leste to the United Nations Office at Geneva
113	東加	商業與經濟發展部 智慧財產局 Intellectual Property Office Ministry of Trade & Economic Development
114	千里達及托巴哥	法務部 檢察總長署 智慧財產局 Intellectual Property Office Office of the Attorney General Ministry of Legal Affairs
115	突尼西亞	著作權與鄰接權保護署 Tunisian Organism for the Protection of Copyrights and Related Rights (OTDAV)

序	國名	主管機關
116	土庫曼	財政與經濟部 國家智慧財產局 State Service for Intellectual Property Ministry of Finance and Economy of Turkmenistan
117	吐瓦魯	司法、通訊與外交部　檢察總長辦公室 Office of the Attorney General Ministry of Justice, Communications and Foreign Affairs
118	烏干達	司法與憲法事務部 烏干達登記總署 Uganda Registration Services Bureau Ministry of Justice and Constitutional Affairs (URSB)
119	烏克蘭	經濟部 智慧財產司 Department for Intellectual Property Ministry of Economy
120	阿拉伯聯合大公國	經濟部 著作權司 Copyright Department Ministry of Economy
121	英國	智慧財產局 Intellectual Property Office
122	坦尚尼亞 聯合共和國	工業與商業部 坦尚尼亞著作權協會 The Copyright Society of Tanzania Ministry of Industry and Trade (COSOTA)
123	美國	國會圖書館 著作權局 Copyright Office Library of Congress
124	烏茲別克	司法部 智慧財產局 Intellectual Property Agency Ministry of Justice of the Republic of Uzbekistan
125	萬那杜	觀光、商業與工業部 智慧財產局 Vanuatu Intellectual Property Office Ministry of Tourism, Trade, Industry, Commerce, and Ni-Vanuatu Business
126	委內瑞拉	商業部 智慧財產局 Autonomous Service of Intellectual Property (SAPI) Ministry of Popular Power for National Commerce

序	國名	主管機關
127	尚比亞	商業、貿易與工業部 專利與公司登記局 Patents and Companies Registration Agency Ministry of Commerce, Trade and Industry (PACRA)
128	辛巴威	司法與國會事務部 智慧財產局 Zimbabwe Intellectual Property Office (ZIPO) Ministry of Justice, Legal and Parliamentary Affairs

第四節　我國著作權主管及登記機關之討論

第一項　我國是否仍應維持著作權主管機關即著作權登記機關

在外國立法例，有些著作權登記機關為私人團體或集體管理團體，有些國家的登記機關，並委由地方政府為之。本文認為，我國應維持過去一貫的立法，即著作權主管機關與著作權登記機關應一致，而且應由政府機關為之，不宜委由民間團體或集體管理團體為之。理由如下：

一、自前清著作權律以來，著作權登記均由著作權主管機關為之，此行之有年，並無窒礙之處，似無變更之堅強理由。

二、著作權包含著作人格權與著作財產權。著作係因著作人之創作而生。我國法現無論是身分（如戶籍登記）或財產登記（如不動產、礦業權、漁業權、專利權、商標權），其登記均由政府機關為之，而非委由民間辦理。尤其任何智慧財產權，無論是商標、專利、積體電路布局、植物種苗，皆由政府機關作為登記機關。著作權之登記，無由例外。

三、本文建議得為著作權登記之種類，僅有關於著作財產權轉讓、設質登記、本名登記及電腦程式登記三者，其種類及數量均比商標、專利少。對行政機關負荷不大，宜由著作權主管機關為之即可，無須委由民間團體辦理。

四、著作權登記具有長期存證性質，政府機關理論上永久存續，且登記人員皆為公務員。如果呈報不實登記，有刑法第214條使公務員登載不實罪之適用，對權利人較有保障，且對利用人較有公信力。再者，公務機關辦理登記，有一定的檔案管理程序，較具制度化，不似民間團體，因團體之更迭而影響制度之運作及檔案的存續。

五、外國雖有委由地方辦理著作權登記者，然而此大多係國家土地遼闊、人口眾多，如中國大陸。然而如美國這樣龐大的國家，其著作權登記，亦僅國會圖書館的著作權局一個機關而已，而不委由州辦理。故我國著作權登記，亦不宜委由地方政府辦理。

六、至於是否得委由著作權集體管理團體辦理？由於目前我國各種著作權集體管理團體不限一個，且集體管理團體並非永續，若被廢止者，並非無有。再者，目前台灣的集體管理團體運作並未健全，而且若干著作，並無著作權管理團體，著作權登記似不宜委由集體管理團體為之。

七、外國有關電腦程式，有委由民間辦理者。本文認為，在民國87年以前，我國電腦程式著作，亦由著作權主管機關辦理登記，並無窒礙之處。如果僅有電腦程式著作委由民間辦理，則電腦程式之登記、救濟、效力、查閱、檔案管理，皆與其他著作不相同，形成法律效力和管理的分裂與混亂，似乎不甚妥當。況如前所述，本文建議辦理之登記，僅著作財產權轉讓、設質登記、本名登記及電腦程式登記三者，登記項目不多，行政機關負荷不大，實無在電腦程式部分另委由民間辦理之必要。

第二項　我國著作權主管機關是否應改隸文化部

我國著作權之登記機關，即著作權之主管機關，已如前述。而目前著作權主管機關為經濟部，著作權與商標專用權、專利權，均由經濟部之智慧財產局掌管。本文認為，著作權主管機關，應由文化部掌管，較為適宜，其理由如下：

一、由國際立法例言之

分三點言之：

（一）由本章第三節之各國著作權主管機關的列舉，得以觀之：凡文明古國或曾經文明發達的國家，著作權主管機關類多為文化部或文化單位。例如埃及、希臘、義大利、法國、西班牙等。

（二）亞洲與我國國情最近之南韓及日本，其著作權主管機關均屬於文化部或文化單位。南韓之著作權主管機關為文化體育觀光部，日本之著作權主管機關為文部科學省之文化廳。南韓及日本之著作權法之運作，常為我國所借鏡，而其著作權主管機關歸文化部或文化單位，有其獨到之處。尤其我國著作權法與日本、南韓極其近似，著作權主管機關如歸文化部，在運作上應更順暢。

（三）全世界一百多個國家向世界智慧財產組織（WIPO）申報著作權主管機關[13]，而其中即有 67 個國家著作權主管機關屬於文化部或文化單位者。足見著作權主管機關屬於文化部，有其國際立法例之依據。而屬於經濟部智慧財產局或類似智慧財產權統一於一個機關之國家，雖亦不少，但不如屬於文化機關多。較著名者為英國與加拿大，此類國家多英美法系不重視著作人格權之國家，與大陸法系國家，如法國、西班牙、日本、南韓等國家不同。我國屬於大陸法系國家，著作權屬於「著作人權利法系」，其法制及著作權主管機關，自應仿效法國、西班牙、日本及南韓的制度。

二、我國著作權主管機關歸經濟部智慧財產局的原因已不存在

我國著作權主管機關，之所以由內政部改為經濟部，其理由有二：其一是為了加入世界貿易組織（WTO），而與美國及其他國家為智慧財產權談

[13] 參見本章第三節。

判；其二為整個智慧財產權統一事權[14]。但上述理由，於今並不存在，茲說明如下：

（一）就第一個理由而言，台灣於 2002 年 1 月 1 日加入 WTO，為加入 WTO 而成立經濟部智慧財產局，以應付對美國及其他國家的談判，其階段性任務已經完成。

（二）至於所由統一智慧財產權事權，因而使專利、商標及著作權均在同一機關之中，其理由亦不存在。分述如下：

1. **就國內法而言**：專利法第 1 條規定：「為鼓勵、保護、利用發明、新型及設計之創作，以促進產業發展，特制定本法。」商標法第 1 條規定：「為保障商標權、證明標章權、團體標章權、團體商標權及消費者利益，維護市場公平競爭，促進工商企業正常發展，特制定本法。」著作權法第 1 條規定：「為保障著作人著作權益，調和社會公共利益，促進國家文化發展，特制定本法。本法未規定者，適用其他法律之規定。」專利法目的在促進產業發展，商標法目的在促進工商企業發展。專利權及商標權，係屬「工業財產權」，屬於經濟性質的法律。有關商標、專利事務歸經濟部管轄，甚為合理。然而著作權目的在促進國家文化的發展，屬於文化性質的法律。商標、專利與著作權，兩者性質完全不同，不適宜在同一機關。

2. **就國際公約而言**：專利權與商標權的國際保護，適用「保護工業產權巴黎公約」（Paris Convention for The Protection of Industrial Property，簡稱「巴黎公約」），而著作權的國際保護，則適用「關於文學及藝術著作物保護之伯恩公約」（Berne Convention for the Protection of Literary and Artistic Works，簡稱「伯恩公約」）。兩

---

14 參見本章第二節。

者在國際上適用不同的公約。前者是有關經濟方面的公約，後者是有關文化方面的公約。

3. **就性質不同而言**：專利與商標權利之取得，係採註冊審查主義，與著作權之取得，採創作主義不同。另著作權具有相當的人格成分，保護期間長達終身加 50 年，與專利、商標的期間保護不同；再者，專利與商標不重視集體管理團體，而著作權重視集體管理團體，而集體管理團體，多屬於文化團體，例如音樂、錄音、視聽等。

基此，商標、專利與著作權性質不同，完全沒有事權統一管理的問題。文化性質的法律主管機關，自然應歸文化部較為合理，與具有經濟性質的商標與專利，應歸經濟部管轄自應不同。

三、我國著作權主管機關歸經濟部智慧財產局的流弊

目前著作權主管機關歸經濟部智慧財產局掌管，有下列流弊：

（一）著作權業務在經濟部，不受重視

目前著作權業務在經濟部，由於其具文化性質，與具經濟性質的商標與專利，顯然格格不入，甚至被歧視與孤立。舉例言之，智慧局曾邀集著作權法專家啟動一系列修正諮詢會議，其間開會七十餘次，每次兩個半小時，直至 2017 年完成著作權法全面修正送立法院審議。

然而，立法委員以該法比起其他的經濟法，屬於不重要的法律。因此在立法院擱置了三年，直至該會期結束，不予審理。依立法院職權行使法第 13 條規定，每屆立法委員任期屆滿時，除預（決）算案及人民請願案外，尚未議決之議案，下屆不予繼續審議。因此，該法案於 2020 年撤回重送。因擔心全面修正，重蹈 2016 年的覆轍，智慧財產局只好弄一個修正較少的版本，再送行政院。由此可見，將著作權法之主管機關納於經濟部中，備受歧視之例。

（二）著作權法相關對象，均與文化部有關，而與經濟部無關

著作權法第 5 條第 1 項規定：「本法所稱著作，例示如下：一、語文著作。二、音樂著作。三、戲劇、舞蹈著作。四、美術著作。五、攝影著作。六、圖形著作。七、視聽著作。八、錄音著作。九、建築著作。十、電腦程式著作。」上述著作權法第 5 條第 1 項有關著作權之例示，其中除電腦程式與經濟部業務較為有關外，其他業務均與經濟部無關。反而上述著作，均與文化部業務有關。

四、我國著作權主管機關歸文化部的利益之處

（一）著作權業務在經濟部最不重要，但在文化部最重要

著作權法在經濟部，是最不重要的法律，但在文化部中，卻是最重要的法律。比文化創意產業發展法、文化資產保護法、文化藝術獎助及促進條例都還要重要。蓋文化的發展、獎助及促進，都是被動的。只有創作者，透過著作權保護的機制和運作，才是自主的、全面的、永恆的、生生不息的發展。而著作權法的研究、制定、修改、國際談判、宣導，都與文化部的業務有關。只有著作權業務歸屬文化部，彼此才能相互配合，互相發展。

（二）文化部的業務，多數與著作權法有關

依文化部組織法第 2 條規定：「本部掌理下列事項：一、文化政策與相關法規之研擬、規劃及推動。二、文化設施與機構之興辦、督導、管理、輔導、獎勵及推動。三、文化資產、博物館、社區營造之規劃、輔導、獎勵及推動。四、文化創意產業之規劃、輔導、獎勵及推動。五、電影、廣播、電視、流行音樂等產業之規劃、輔導、獎勵及推動。六、文學、多元文化、出版產業、政府出版品之規劃、輔導、獎勵及推動。七、視覺藝術、公共藝術、表演藝術、生活美學之規劃、輔導、獎勵及推動。八、國際及兩岸文化交流事務之規劃、輔導、獎勵及推動。九、文化人才培育之規劃、輔導、獎勵及推動。十、其他有關文化事項。」上述文化部業務中，除了第 2 款、第

3款外，其他幾乎都與著作權法有關。而且推動此與著作權法有關之八項業務，如果欠缺著作權法的配合，都只是治標，而不是治本；只是局部，而不是全面；只是一時，而不是永久。因此，著作權業務，是文化部最靈魂的業務。

（三）著作權集體管理團體均與文化有關

世界各國著作權法欲有效施行，與集體管理團體是否有效運作有關。而目前著作權集體管理團體，多與文化有關，例如音樂、錄音、視聽，甚至攝影、文字等集體管理團體，均屬文化團體，而非經濟團體，由經濟部管轄著作權業務，誠屬不倫不類。

（四）文化創意產業發展法須與著作權法配合

依文化創意產業發展法（下稱「文創法」）第5條規定：「本法所稱主管機關：在中央為文化部。」而文創法第3條規定：「本法所稱文化創意產業，指源自創意或文化積累，透過智慧財產之形成及運用，具有創造財富與就業機會之潛力，並促進全民美學素養，使國民生活環境提升之下列產業：一、視覺藝術產業。二、音樂及表演藝術產業。三、文化資產應用及展演設施產業。四、工藝產業。五、電影產業。六、廣播電視產業。七、出版產業。八、廣告產業。九、產品設計產業。十、視覺傳達設計產業。十一、設計品牌時尚產業。十二、建築設計產業。十三、數位內容產業。十四、創意生活產業。十五、流行音樂及文化內容產業。十六、其他經中央主管機關指定之產業（第1項）。」「前項各款產業內容及範圍，由中央主管機關會商中央目的事業主管機關定之（第2項）。」上述文創法第3條的文創產業，幾乎都是著作權法第5條著作例示的產業。文化部的功能，既是統一事權，協調各種文化事務，將著作權法納入經濟部管轄，不僅是著作權法的損失，也是文化部的損失。目前文創法與著作權法，性質相同，卻分屬不同主管機關，甚為怪異。

綜上所述，本文主張，著作權業務應歸文化部管轄，而著作權登記，亦應歸文化部所屬著作權主管機關執行。

第九章　結論 —— 我國建立著作權登記制度之建議

基於著作權之保護係採創作保護主義（非形式主義）之國際公約要求，著作權之享有及行使不應以履行任何形式要件為條件，故有些國家並無辦理著作權登記，各國即使存有著作權登記制度，亦多屬自願辦理性質。而依據本文所觀察 WIPO 在 2010 年所進行之各國著作權登記制度調查報告顯示，在 WIPO 所調查之 80 個會員國中，僅有六成即 48 個國家設有著作權自願登記系統，且各自依其國內傳統及需求而規定了不同之登記要件及程序等，各國之著作權登記制度不一，呈現多樣性。

我國著作權登記制度於民國 87 年著作權法修法時已全面廢止，僅保留製版權登記制度。在廢止前之民國 81 年舊著作權法時期，當時著作權主管機關依該 81 年著作權法第 74 條及第 75 條規定，曾辦理六種著作權登記，即：一、著作人登記；二、著作財產權登記；三、著作首次公開發表日或首次發行日登記；四、著作財產權讓與登記；五、著作財產權專屬授權或處分之限制登記；六、以著作財產權為標的物之質權設定、讓與、變更、消滅或處分之限制登記。此幾乎已屬著作權之全面性自願登記。

然而，上述民國 81 年之著作權登記制度，於 87 年全面廢止後，在 20 多年來已無著作權登記制度下，基於上述國際公約原則及各國不一之著作權登記制度、我國各圖書 / 唱片 / 電影等行業多年來已慣於依著作權法第 13 條規定為具有推定效力之標示運作情形、各界對於是否全面恢復著作權登記爭議甚大且無法達成修法共識，並考量主管機關業務負荷等理由。現今如擬恢復著作權登記，本文認為，並無必要全面性恢復民國 81 年舊法所辦理之著作權登記，應可參酌與我國同為大陸法系國家且法制較相近之日本、南韓及德國立法例，為保障著作權交易安全之公示需求，以及針對可能無著作權法第 13 條規定適用之情形，考慮恢復辦理：一、著作財產權讓與及設質等變動之對抗效力登記；二、別名著作或不具名著作之本名登記；三、電腦程式著作創作日期登記等，共三種項目之登記。

有關恢復辦理著作權登記之法規及配套措施部分，本文建議可於著作權法第 74 條至第 78 條恢復登記一節。除明定辦理上述三種著作權登記外，原民國 81 年舊法第 76 條關於主管機關應將登記事項記載於登記簿、刊登公報公告，且任何人均得申請查閱或請求發給謄本之規定，舊法第 77 條主管機關不受理登記之規定（即申請登記之標的不屬本法保護之著作者、申請登記著作之著作財產權已經消滅者，及申請登記之事項虛偽者），舊法第 78 條所定主管機關得職權撤銷之規定（即登記後發現有第 77 條各款應不受理情形之一者或原申請人申請撤銷者），均可於檢視修正後恢復之。另有關申請登記程序及應備文件資料部分，因現已無著作權法施行細則，本文建議，可整併現行「製版權登記辦法」及「著作財產權質權登記及查閱辦法」等二辦法，並參考民國 81 年舊著作權法施行細則內容，授權主管機關另行訂定「著作權與製版權登記及查閱辦法」，辦理前述三種著作權登記及製版權相關登記。此外，對於明知而為虛偽登記者，除應由主管機關撤銷其登記外，參考南韓、日本相關刑責規定以及我國 74 年著作權法修法理由及實務見解，應認為在我國行為人應負刑法第 214 條使公務員登載不實罪。

有關著作權法之主管機關與登記機關是否應一致部分，本於過去一貫之立法，本文認為，我國著作權主管機關仍應與登記機關一致。且因目前我國商標、專利、積體電路布局、植物種苗等智慧財產權皆由政府登記，本文僅建議恢復辦理上述三種登記項目，登記機關負荷不大。基於著作權登記資料之永續保存、如向公務員呈報不實登記應負刑法第 214 條使公務員登載不實罪之公信力擔保、著作權集體管理團體並非永續且運作尚未健全等理由。本文認為，上述建議之三種著作權登記仍應由著作權法主管機關統一辦理，不宜委由民間團體或集體管理團體為之。

至於我國著作權法主管機關之檢討部分，我國目前著作權主管機關為經濟部，著作權與商標專用權、專利權，均由經濟部之智慧財產局掌管。但在國際立法例上，特別是文明發達國家，著作權主管機關屬於文化部門占最多數。尤其與我國同屬大陸法系之法國、西班牙、日本、南韓等國家，著作權主管機關均歸文化部門。過去我國以經濟部為著作權主管機關，固有為加入 WTO 進行經貿談判之統一智慧財產權事權需求，惟在我國加入 WTO 後，此階段性任務已完成。而著作權法最終立法目的，在促進國家文化的發展，屬於文化性質的法律，與商標、專利屬工業財產權且為經濟性質的法律不同。著作權法保護之著作及所涉及各產業，均與文化部業務有關，而與經濟部無關。目前音樂、錄音及視聽之著作權集體管理團體，均屬與文化有關之團體，而非經濟團體。文化部業務幾乎都與著作權相關業界有關，且文化創意產業發展法第 3 條所定的文創產業，幾乎都是著作權法第 5 條著作例示的產業，但文化部為文化創意產業發展法之中央主管機關，卻非著作權法主管機關，實甚為奇怪。故本文認為，為統一事權，並發揮文化部推動文化政策及協調全國文化事務之功能，著作權法之主管機關，應改由文化部掌管；著作權登記，亦歸隸屬於文化部下之著作權主管機關執行。

附錄一：美國著作權法有關著作權登記條文（摘錄）

美國　憲法

第 1 條第 8 項

第 1 款

國會有權……

第 8 款

藉由確保作者與發明者對其著作與發明在有限期間內享有專屬權利，以促進科學與有益之藝術之發展。

第 18 款

為執行上述權力以及本憲法所賦予美國聯邦政府或其任何部門或官員的其他權力，制定一切必要且適當的法律。

美國　著作權法

（2020 年 12 月 27 日最新修正）

第 101 條　定義

「著作權人」，就著作權所包含之任一排他權利而言，係指各該排他權利之所有人。

著作之「最佳版本」，係指在寄存前之任何時間於美國發行，並經國會圖書館認定為最適合其目的之版本。

「集合著作」係指期刊、文選、百科全書等，由若干分離且獨立之個別著作所組合而成一整體之著作。

「編輯著作」係指蒐集、組合既存之素材或資料，加以選擇、協調或安排而使完成後之整體構成原創性之著作。「編輯著作」一詞包含集合著作。

「衍生著作」係指基於單一或二以上之既存著作並加以重塑、轉化或改編而成之著作，例如翻譯、音樂編曲、戲劇化、小說化、電影化、錄音、美術複製、節略、濃縮或其他任何形式。由編輯修正、註解、闡釋或其他修改所構成而整體上具備原創性之著作，亦為衍生著作。

著作之「固著」於有形表達媒介，係指由著作人或經其授權，將著作永久或足夠穩定地具體化於重製物或錄音製品，可供非短暫之存續期間內加以感知、重製或以其他方式傳達。由聲音、影像或其二者組成之著作，若於其播送之同時予以固著，就本法之目的而言即為「固著」。

「登記」（Registration），就第 205 條 (c) 項第 (2) 款、第 405 條、第 406 條、第 410 條 (d) 項、第 411 條、第 412 條及第 506 條 (e) 項之適用而言，係指對於著作權之原始保護期間或更新、延展之保護期間內之權利主張（claim）所為之註冊。

「著作權歸屬之移轉」（transfer of copyright ownership），係指著作權或其所含之任何排他性權利之轉讓（assignment）、抵押（mortgage）、專屬授權或其他讓與、出讓或設質，而不論其在時間上或地域上之效力是否有所限制，但不包括非專屬授權。

第 102 條　著作權之標的：通則

(a) 固著於現在已知或將來發展之任何有形表達媒介之原創性著作（original works of authorship），不論直接或者藉助機械或裝置得以感知、重製或傳達，均享有本法之著作權保護。原創性著作包括下列各類：

(1) 文學著作。

(2) 音樂著作，包括任何附隨之歌詞。

(3) 戲劇著作，包括任何附隨之音樂。

(4) 默劇及舞蹈著作。

(5) 圖畫、圖形及雕塑著作。

(6) 電影及其他視聽著作。

(7) 錄音著作，及

(8) 建築著作。

(b) 原創性著作之著作權保護，不及於任何觀念、程序、過程、系統、操作方法、概念、原理或發現，不論其於該著作中被描述、闡釋、圖示或具體化之形式。

第 103 條　著作權之標的：編輯著作及衍生著作

(a) 第 102 條所列之著作權之標的包括編輯著作及衍生著作，但對於利用有著作權之既存素材之著作之保護，不及於該著作非法利用該等既存素材之部分。

(b) 編輯著作或衍生著作之著作權，僅及於著作人所貢獻之部分而有別於該著作所利用之既存素材，且不包含對該既存素材之任何排他權利。該著作之著作權獨立於該既存素材之著作權保護，且不影響或擴張該既存素材著作權之範圍、期間、歸屬或存續。

第 105 條　著作權之標的：美國政府著作

(a) 通則：本法所定著作權之保護，不適用於美國政府之任何著作。但美國政府因轉讓、遺贈或其他方式受讓取得並擁有著作權者，不在此限。

第 106A 條　特定著作人之姓名表示權及著作完整性保持權

(a) 姓名表示權及著作完整性保持權：除第 107 條另有規定，並且獨立於第 106 條所定之排他性權利以外，視覺藝術著作之著作人：

(1) 享有權利：

(A) 主張為該著作之創作者。

(B) 防止其姓名遭他人使用作為任何非其所創作之視覺藝術著作之著作人。

(2) 在視覺藝術著作遭到曲解、割裂或其他變更而將損害其名譽或聲譽時，享有權利防止其姓名遭他人使用作為該視覺藝術著作之著作人。

(3) 除第 113 條 (d) 項所定之限制外，享有以下權利：

(A) 防止對其著作所為而將損害其名譽或聲譽之任何故意之曲解、割裂或其他變更，且對其著作之任何故意之曲解、割裂或變更，皆構成對該權利之侵害。以及

(B) 防止對公認卓越之著作加以毀損，且任何出於故意或重大過失而對該著作加以毀損，皆構成對該權利之侵害。

第 201 條　著作權之歸屬

(a) 原始歸屬：本法所保護之著作之著作權，自始歸屬於該著作之著作人。共同著作之二以上著作人，為該著作之共同著作權人。

(b) 聘僱著作（Works Made for Hire）：於受聘僱所完成之著作之情形，其雇用人或該著作係為其而創作之人，就本法適用之目的而言，視為著作人，並且除當事人簽署之書面文件另有不同之明示約定外，擁有該著作權所包含之全部權利。

(c) 構成集合著作之個別著作：構成集合著作之每一個別著作之著作權，均有別於整體集合著作之著作權而存在，並由各該個別著作之著作人自始擁有。若無各該個別著作之著作權或其所含任何權利之明示移轉，推定

集合著作之著作權人僅取得將各該個別著作作為該集合著作、該集合著作之修正版及其後同系列之集合著作之一部分而為重製、散布之權利。

(d) 著作權歸屬之移轉

(1) 著作權得經由任何讓與行為或依法律之規定而為全部或一部之移轉，並得以遺囑為遺贈，或依無遺囑繼承之相關法律規定移轉為個人財產。

(2) 著作權所含之任何排他（專屬）權利，包括第 106 條所定各種權利之分支權利，均得依本條第 (1) 款規定予以移轉，並得分別擁有。任何特定排他（專屬）權利之權利人，於該權利範圍內，得享有本法賦予著作權人之所有保護及救濟。

第 204 條　著作權移轉之實行

(a) 著作權之移轉，除依法律規定而移轉外，非經所移轉權利之權利人或其合法授權之代理人於讓與文件、移轉通知或備忘錄之書面上簽署，不生效力。

(b) 著作權移轉證書（certificate of acknowledgement）非著作權移轉之生效要件，但於下列情形之一時為著作權移轉之表面證據：

(1) 著作權移轉於美國實施者，如該證書係由美國境內有權監誓之人所頒發；或

(2) 著作權移轉於外國實施者，如該證書係由美國外交或領事官員頒發，或由美國外交或領事官員以證書證明其有權監誓之人所頒發。

第 205 條　著作權移轉及其他文件之存證

(a) 存證之要件：著作權之任何移轉或其他與著作權有關之文件，如附有從事該移轉或其他著作權行為之人之真正簽名，或檢附官方或經宣誓之認證書證明其為與經簽名之原始文件相符之影本，得提出向著作權局存證。

(b) 存證證書：著作權局局長收到 (a) 項規定之申請存證文件及依本法第 708 條規定之規費後，應將該文件記錄於檔案，並將該文件檢附存證證書發還申請人。

(c) 存證作為擬制通告：著作權文件已於著作權局存證者，僅於符合下列情形下，視為向公眾通告該文件所記載之事實：

(1) 存證文件或其附件具體指明所涉及之著作，經著作權局編入索引後，得依著作名稱或登記號碼進行合理查詢而揭露該文件；且

(2) 該著作已完成登記。

(d) 相衝突之著作權移轉之優先順序：於二相衝突之著作權移轉行為間，實施在先之移轉行為，如於美國實施移轉後一個月內；或者於美國以外實施移轉後二個月內；或者於實施在後之移轉行為（以符合本條 (c) 項規定之擬制通告效力之方式）存證前，以符合本條 (c) 項規定之擬制通告效力之方式存證，則其效力優於實施在後之移轉行為。但實施在後之移轉行為係出於善意而換取相當之對價或給付權利金之有效承諾，並以符合本條 (c) 項規定之擬制通告效力之方式存證在先，且就實施在先之移轉行為未受任何通知，則實施在後之移轉行為之效力優於實施在先之移轉行為。

(e) 相衝突之著作權移轉與非專屬授權之優先順序：著作權之非專屬授權，無論是否已存證，如有該被授予權利之權利人或其合法授權之代理人簽署之書面文件可資證明，並符合以下情形之一者，其效力優於相衝突之著作權移轉行為：

(1) 該授權行為係於著作權移轉行為實施之前所為；或

(2) 該授權行為係於著作權移轉行為存證之前出於善意所為，且就該著作權移轉行為未受任何通知。

第 407 條　重製物或錄音製品之寄存於國會圖書館

(a) 除 (c) 項另有規定外，並且於不違反 (e) 項之下，已於美國發行之著作之著作權人或擁有排他（專屬）發行權之人，應於該著作發行之日起三個

月內，寄存：

(1) 該著作之最佳版本之完整重製物二份；或

(2) 該著作如為錄音著作時，其最佳版本之完整錄音製品二份，以及與該錄音製品一併發行之任何印刷品或其他可由視覺感知之物。

本項所規定之寄存及本條 (e) 項有關收藏取得之規定，均非著作權保護之要件。

(b) 前項所要求之重製物或錄音製品，應存放於著作權局以供國會圖書館使用或處置。當寄存人提出請求並繳納第 708 條規定之費用後，著作權局局長應發給寄存收據。

(c) 著作權局局長得以行政命令規定任一著作類別豁免於本條所規定之寄存義務，或者要求任一著作類別僅須寄存一份重製物或錄音製品。當圖畫、圖形或雕塑著作之個別著作人係著作權人，且 (i) 該著作已發行之重製物數量少於五份，或 (ii) 該著作僅以由標註序號之重製物之限量版本形式發行，其價格將使強制寄存二份最佳版本之重製物成為過重負擔、不公平或不合理時，上述行政命令應規定本條所定著作寄存義務之完全豁免，或者規定替代形式之寄存以滿足檔案紀錄之需求而不至於導致寄存義務人實際上或財務上之困難。

(d) 在本條 (a) 項規定之著作發行後之任何時點，著作權局局長得以書面向依 (a) 項規定有義務寄存之人要求寄存。被要求寄存之人如未在收到要求後三個月內完成寄存，得依下列規定處罰：

(1) 每一著作科處 250 美元以下之罰鍰；以及

(2) 按所要求寄存之重製物或錄音製品之零售價格總金額，如無零售價格，則按國會圖書館取得該等重製物或錄音製品所須支出之合理費用，向國會圖書館之下特別指定之基金繳納；以及

(3) 如寄存義務人故意或反覆未遵守或拒絕遵守上述寄存之要求，除依第 (1) 及 (2) 款處罰或繳費外，另科處 2,500 美元之罰鍰。

第408條 著作權登記——通則

(a) 登記之許可性——就1978年1月1日前已取得著作權之任何已發行或未發行之著作，於其著作權之第一期保護期間（first term）之任何時點，或者就1978年1月1日之後（含該日）取得著作權之任何著作，於其著作權期間之任何時點，該著作之著作權人或任何排他（專屬）權之權利人，得將本條規定之寄存物連同第409條及第708條規定之申請書及規費，呈送著作權局以辦理著作權登記。著作權登記並非著作權保護之要件。

(b) 著作權登記之寄存物——除本條(c)項另有規定外，為著作權登記所寄存之資料應包含：

(1) 著作未發行者，其完整之重製物或錄音製品一份；

(2) 著作已發行者，其最佳版本之完整重製物或錄音製品二份；

(3) 著作物於美國以外地區首次發行者，其已發行之完整重製物或錄音製品一份；

(4) 涉及構成集合著作之個別著作者，該集合著作之最佳版本之完整重製物或錄音製品一份。

依第407條寄存於國會圖書館之重製物或錄音製品，如有檢附前述之申請書、規費以及著作權局局長依行政命令所要求之其他辨識資料，得認為符合本條之寄存規定。著作權局局長亦應以行政命令明定在符合何等要件下，依第407條(e)項由國會圖書館以寄存以外之方式所取得之重製物或錄音製品得認為符合本條之寄存規定。

(c) 著作之行政分類及自願寄存——

(1) 著作權局局長得為寄存及登記之目的，以行政命令指定著作之行政分類，以及依各特定分類寄存之重製物或錄音製品所應具備之性質。該行政命令並得就特定類別要求或允許以辨識資料之寄存替代重製物或錄音製品之寄存、以僅需寄存一份重製物或錄音製品替代通常所要求之二份，或就一群相關著作申請單一登記。上述對著作之行政分類，對本法所規定之著作權或排他（專屬）權之標的，不生影響。

(2) 在不妨礙第 (1) 款所規定之原則性授權下，著作權局局長應制定行政命令特別許可同一個別著作人，在符合下列條件下，就構成期刊（包括新聞紙）之個別著作而首次發行之一群著作，於發行後 12 個月內，以單一份寄存、申請書及登記規費申請單一登記 ——

(A) 如寄存物包含每一個別著作首次發行所載之期刊全冊或新聞紙全版之重製物一份者；且

(B) 如申請書分別標明每一著作，包括其原載期刊及首次發行日期者。

(3) 作為第 304 條 (a) 項各別延展登記之替代方式，同一個別著作人，就構成期刊（包括新聞紙）之個別著作而首次發行之一群著作，在符合下列所有條件下，得以單一份申請書及登記規費申請單一延展登記：

(A) 所涉及之每一著作之延展權利人，以及依第 304 條 (a) 項規定申請延展之根據，均為相同；且

(B) 所涉及之所有著作均已於首次發行時受到著作權保護，無論係因各別之著作權標示及登記，或因原載之期刊整體附有概括性之著作權標示；且

(C) 延展申請書及規費係於所有著作首次發行當年 12 月 31 日之後起算，不少於 27 年、不超過 28 年之期間內提繳；且

(D) 延展申請書分別標明每一著作，包括其原載期刊及首次發行日期。

(d) 更正與補充 —— 著作權局局長亦得以行政命令明定申請補充登記，以更正著作權登記之錯誤或補充登記資料之正式程序。上述申請應檢附第 708 條所規定之規費，並應指明所欲更正或補充之登記內容。補充登記所含之資料，擴充、但不取代原先登記之內容。

(e) 已登記著作之發行版本 —— 先前以未發行之形式辦理登記之著作，其首次發行之版本縱令與其未發行版本大體上相同，亦得申請登記。

(f) 擬供商業目的散布之著作之預先登記：

(1) 行政命令之頒布 —— 著作權局局長應於本項制定後 180 日內，頒布擬供商業目的散布而尚未發行著作之預先登記所適用之程序規定。

(2) 著作類別（class of works）—— 依第 (1) 款所頒布之行政命令，應允許任何屬於經著作權局局長認定在授權商業發行前曾發生侵權歷史之著作類別之個別著作申請預先登記。

(3) 登記之申請 —— 申請人應於依本項規定預先登記之著作首次發行後三個月內向著作權局呈送：

(A) 著作登記申請書；

(B) 寄存物；及

(C) 申請規費。

(4) 逾時申請之效力 —— 依本項預先登記之著作，若未於下列期限內（以較早者為準）按規定形式呈送第 (3) 款所定之項目予著作權局，則依本章規定對該著作首次發行後二個月內發生之侵權所提起之訴訟應予駁回 ——

(A) 該著作首次發行後三個月內；或

(B) 著作權人知悉該侵權後一個月內。

第 409 條　著作權登記之申請

申請著作權登記應依著作權局局長所定之格式為之，並應包含：

(1) 著作權利人之姓名及住址；

(2) 除屬於不具名或別名著作者外，其著作人之姓名及國籍或住所，如著作人中一人或多人已死亡者，其死亡日期；

(3) 如為不具名或別名著作，其著作人之國籍或住所；

(4) 如為職務著作，表達此意旨之聲明；

(5) 如著作權利人非著作人，著作權利人如何取得著作權之簡要說明；

(6) 著作名稱，以及可供辨識該著作之任何先前名稱或替代名稱；

(7) 著作創作完成之年份；

(8) 如為已發行之著作，其首次發行之日期及國家；

(9) 如為編輯著作或衍生著作，應指明其所根據或收編之既存著作，並就擬申請登記之著作權利所涵蓋之其他資料提出簡要之說明；以及

(10) 其他經著作權局局長認定與該著作之創作或辨識，或與其著作權之存在、權利歸屬或存續期間相關之資料。

如著作未取得首次著作權期間之登記，而申請第 304 條 (A) 目所規定之著作權延展期間之登記，著作權局局長得要求申請人提供關於該著作權之存在、權利歸屬或其首次存續期間之資料。

第 410 條　登記之核准及證書之核發

(a) 著作權局局長於審查後認定，依本法之規定，寄存之物件構成著作權標的，且本法所定其他法律上及形式上之要件均已符合，應核准登記著作權利，並核發蓋有著作權局官章之登記證書予申請人。登記證書應包含申請書中提供之資料、登記號數及登記生效日期。

(b) 如著作權局局長認定，依本法之規定，寄存物件不構成著作權標的，或者登記之請求因其他原因而無效者，應駁回著作權登記之申請，並以書面載明駁回之理由通知申請人。

(c) 於著作首次發行前或首次發行後五年內取得著作權登記證書者，該證書於任何訴訟程序上均構成該著作權之有效性及該證書所載事實之表面證據。如登記證書係於上述期間之後取得者，該證書之證明力由法院裁量之。

(d) 著作權之登記，如經著作權局局長或有管轄權法院認定符合登記規定，自申請書、寄存物件及規費均由著作權局收到之日起生效。

第 411 條　著作權登記與民事侵權訴訟

(a) 除因侵害著作人依第 106A 條 (a) 項所定之權利而提起之訴訟外，未依本法取得著作權利之登記或預先登記且該登記無 (b) 項所排除之情形，不得

就任何美國之著作所受之著作權侵害提起民事訴訟。惟寄存物件、申請書及規費已依規定形式向著作權局提出，而登記之申請遭到駁回者，申請人如檢附起訴狀影本以通知送達著作權局局長，仍有權就著作權之侵害提起民事訴訟。著作權局局長收到上述通知後 60 日內，得選擇是否就該著作權利之可登記性之爭點，出庭參加該訴訟成為當事人。但著作權局局長縱未參加該訴訟，不影響法院對該爭點之裁判權。

(b) (1) 著作權登記證書不論是否含有不正確之資訊，除非有以下情形，否則即屬符合本條及第 412 條之規定：

(A) 著作權登記申請書中含有不正確之資訊且為申請人所明知者；且

(B) 著作權局局長若知悉該不正確之資訊，將駁回登記之申請。

(2) 任何案件如有人主張第 (1) 款所述之不正確資訊，法院應要求著作權局局長說明其若知悉該不正確之資訊是否將駁回登記之申請。

(3) 除了依本條及第 412 條規定提起侵權訴訟及請求損害賠償之情形外，本項規定不影響與著作權登記證書中所載資訊相關之人之任何權利、義務或要求。

(c) 著作係由聲音、影像或二者所構成，而其首次固定係與其播送同時為之者，著作權人如依據著作權局局長以行政命令所定之規定，並符合下列要件，得於首次固定前或固定後依第 501 條規定提起著作權侵害之訴訟，並得完全適用第 502 條至第 505 條及第 510 條所規定之救濟：

(1) 於該著作首次固定至少 48 小時以前，將標明著作、首次播送之確切時間、來源，以及聲明欲維護該著作權之通知送達侵權人；且

(2) 如該著作依本條 (a) 項應為登記者，著作權人於該著作首次播送後三個月內已辦理登記者。

第 412 條　登記作為著作權侵害之特定救濟之前提要件

依本法提起之訴訟，除因侵害著作人受第 106A 條 (a) 項保護之權利，或因侵害在侵害發生前已依第 408 條 (f) 項預先登記，且登記生效日不晚於首

次發行後三個月內或權利人知悉侵害後一個月內（以較早者為準）之著作之著作權，或依第 411 條 (c) 項之規定而提起外，如有下列情形之一者，不得依第 504 條、第 505 條之規定判給法定賠償或律師費：

(1) 對未發行著作之著作權侵害係開始於該著作登記生效日之前；或
(2) 除於著作首次發行後三個月內取得著作權登記者外，對著作權之侵害係開始於該著作首次發行後、登記生效日之前。

第 501 條　著作權之侵害

(a) 任何人如侵害著作權人依本法第 106 條至第 122 條所享有之排他性權利，或侵害著作人依本法第 106A 條 (a) 項所享有之排他性權利，或違反第 602 條規定將重製物或錄音製品輸入美國者，即為侵害著作權或著作人權利之侵權人。就本章（第 506 條規定除外）之適用而言，凡指稱著作權者，應視為包含第 106A 條 (a) 項賦予之權利。本項所稱「任何人」包括任何政府、政府機關以及政府或政府機關之行使職務之公務員或受僱人。任何政府及其機關、公務員或受僱人，與非政府實體在相同方式與程度上受本法之規範。
(b) 著作權所含任何排他性權利之所有人或受益人，於其享有該權利之期間內，在符合第 411 條規定之要件下，有權對任何侵害該權利之行為提起訴訟。法院得命該權利人以書面檢附起訴狀副本，通知任何依據著作權局之紀錄或其他情形顯示對該著作權享有權益或主張權益之人，並應命其將此一通知送達任何可能因該案判決而權益受影響之人。法院得命任何對該著作權享有權益或主張權益之人合併訴訟，並應許其參加訴訟。

第 504 條　侵害之救濟：損害賠償與利益

(a) 通則：除本法另有規定外，著作權侵權人應負責賠償：
    (1) 依本條 (b) 項所定著作權人之實際損害及侵權人之任何額外利益；或者

(2) 依本條 (c) 項所定之法定損害賠償。

(b) 實際損害及利益：著作權人有權請求賠償其因侵權行為所受之實際損害，以及侵權人因侵權行為所得且未列入實際損害計算之利益。於認定侵權人所得之利益時，著作權人僅須舉證證明侵權人所得之總收入，侵權人則應證明其得扣除之費用以及由被侵權著作以外之因素所生之利益。

(c) 法定賠償：

(1) 除本項第 (2) 款之規定外，著作權人於終局判決前之任何時間，得就訴訟所涉之所有侵權，按每一件著作，無論其為任何一位侵權人應個別負責，或任何兩位以上之侵權人應連帶負責，選擇法定損害賠償及利益，請求法院在總額 750 美元以上 30,000 美元以下之範圍內裁決適當之賠償金額，以代替實際損害賠償與利益。就本款之適用而言，編輯著作或衍生著作之所有組成部分構成一件著作。

(2) 在著作權人成功舉證，並經法院認定侵權行為係屬故意之情形下，法院得依其裁量提高法定損害賠償至總額 150,000 美元以下；在侵權人成功舉證，並經法院認定侵權人係不知情，且無理由確信其行為構成侵害著作權之情形下，法院得依其裁量降低法定損害賠償至總額 200 美元以上。如侵權人相信，並且有充分理由相信其利用著作之行為係第 107 條規定之合理使用，且侵權人有下列情形之一者，法院應免除其法定損害賠償：(i) 侵權人係非營利教育機構、圖書館或檔案保存館之受僱人或代理人，在其職務範圍內，或其所屬機構本身將著作重製為重製物或錄音製品；或者 (ii) 侵權人係公共廣播機構或個人，因（如第 118 條 (f) 項所定義之）公共廣播機構之經常性非營利活動而演出已發行之非戲劇之文學著作，或重製含有該著作之表演之播送節目，以致侵害著作權。

(3) (A) 如侵權行為人或與其協同行為之人在登記、維護或更新與侵權相關之網域名稱時，故意提供或使他人提供實質錯誤之聯絡資訊給網域名稱登記員、網域名稱登記機關或其他網域名稱登記機構，推定為故意侵權行為。

(B) 本項所稱故意侵權之認定並不受本款規定所限制。

(C) 就本款之適用而言，「網域名稱」一詞之意義，同 1946 年 7 月 5 日通過之「規範商業使用之商標之登記與保護以實現國際公約之規定，以及其他目的之法案」（通稱 1946 年商標法；美國聯邦法典第 15 編第 1127 條）第 45 條所定之意義。

(d) 額外損害賠償：如被告之營業主抗辯其活動依第 110 條第 (5) 項規定不構成侵權，但法院認為被告並無理由相信其對於著作之使用符合該條項之豁免規定，原告除得依本條規定請求損害賠償外，並得請求該營業主支付其在最近三年以內之期間本應支付原告之著作利用授權費之二倍。

第 505 條　侵害之救濟：訴訟費與律師費

依本法提起之民事訴訟，法院得依其裁量判決除美國政府或其官員以外之原告或被告一方負擔全部訴訟費用。除本法另有規定外，法院亦得判決將勝訴一方之合理律師費作為訴訟費用之一部，由敗訴一方負擔。

第 701 條　著作權局：一般職責與組織

(a) 本法所定之一切行政職務與權責，除另有特別規定外，由國會圖書館之著作權局局長承擔。著作權局局長及著作權局之官員與雇員由國會圖書館館長任命並受其指揮與監督。

(b) 除本章其他條文規定之職務與權責外，著作權局局長另負有以下職責：

(1) 就全國性及國際上有關著作權之議題、本法所生之其他事項以及相關事務，向國會提出建議。

(2) 就全國性及國際上有關著作權之議題、本法所生之其他事項以及相關事務，向聯邦政府部門、局處以及司法機關提供資訊及協助。

(3) 就有關著作權、本法所生之其他事項以及相關事務，參與國際組織之會議以及與外國政府官員之會議，包括在適當之行政部門授權下以美國國家代表團之成員身分參與該等會議。

(4) 就有關著作權、本法所生之其他事項以及相關事務、著作權局之行政事務或法律賦予著作權局之任何職責，包括與外國智慧財產權主管機關及國際組織合作之教育計畫，進行研究及規劃。

(5) 履行國會指定之其他職責，或適於促進本法所定職責之履行所需之其他職能。

第 702 條　著作權局行政命令

著作權局局長於不牴觸法律之範圍內，有權訂定為執行其依本法所負之職權及責任所需之行政命令。著作權局局長依本法所訂定之行政命令均應送請國會圖書館館長核准。

美國　聯邦法規彙編　第 37 篇專利、商標與著作權

第一章　著作權局及相關程序

第 201 條　通則

201.2　著作權局提供之資訊

(a) 通則

(1) 與著作權局運作相關之資訊係免費提供。著作權局將會於申請人提出申請及繳納法定規費時，在紀錄、索引及寄存樣本中搜尋與著作權利相關之資訊。然而，著作權局不負責對寄存樣本進行比較以認定著作之間之相似性。

(2) 著作權局不提供著作權律師、出版商、代理人之姓名或其他類似訊息。

(3) 著作權局於其執行著作權法之一般業務上，對著作權法予以解釋，但對於個人之權利事項，無論涉及著作之特定使用、國內外之侵害著作

權訴訟、作者與出版商之契約，或其他類似情形，均不提供具體之法律意見。

(b) 紀錄之閱覽及抄錄

(1) 對於已完成之著作權登記與文件存證之相關紀錄與索引進行閱覽及抄錄，以及對於已完成之著作權登記所寄存之重製物或辨識資料進行閱覽，可向「紀錄檢索與認證組」辦理。此等資料中有部分並非存放於著作權局內，欲閱覽或抄錄之人宜向「紀錄檢索與認證組」洽詢以確認製作其所申請之資料所必需之時間。

(2) 依著作權局之一般政策，不允許公眾接觸、取得仍在處理中之案件資料，或者進入存放此等案件資料之辦公（或其他）處所。但公眾可於每周一至周五，繳納規定之費用後，至著作權局之紀錄保管組（Records Management Section, LM B-14）使用其指定之電腦終端機以取存上述案件資料之部分自動化內容。

(6) 公眾不得直接接觸、取存任何財務或會計紀錄，包括繳費帳戶之紀錄。

(d) 申請發給複本

(1) 申請發給紀錄之複本時，應提供以下資訊：

(i) 指明所申請之紀錄類型（例如：另外發給之登記證書、通訊之複本、寄存樣本之複本）。

(ii) 註明複本是否需要認證（certified）或者無需認證。

(iii) 指明欲申請複本之特定紀錄。在可能範圍內應提供以下具體資訊：

(A) 著作類型（例如小說、歌詞、照片）；

(B) 登記號碼；

(C) 登記之確實年份日期或概略年份日期；

(D) 著作之完整標題；

(E) 著作人，包含著作人使用之假名；

(F) 主張著作權利之人；

(G) 如係請求抄錄著作權移轉或授權文件、契約或其他已存證之文件，應註明請求抄錄之冊別及頁次。

(iv) 如請求發給之複本為一份另外發給之登記證書，應繳納費用。「紀錄檢索與認證組」將檢視有關抄錄其他紀錄之申請，並告知應繳之費用。

(v) 請求人之電話號碼及地址。

201.4　移轉及其他著作權相關文件之存證

(a) 通則：本條係規定美國聯邦法典第 17 篇第 205 條上之著作權移轉及其他著作權相關文件之存證所應符合之要件。除本條 (h) 項另有規定外，文件如符合本條 (d) 項之要求，依本條 (e) 項所定之程序提出，並檢附第 201.3 條 (c) 項所定之費用，可依本條辦理存證。存證所必需之所有項目，包括適格之文件、費用及其他必要資訊均由著作權局收到之日，即為存證之日期。存證完成之後，存證之文件將連同存證證書返還申請人。文件不符合美國聯邦法典第 17 篇第 205 條規定、本條規定之要件或者著作權局之相關指示者，著作權局就該文件得拒絕存證。

第 202 條　著作權利之登記及預先登記

202.1　不受著作權保護之資料

以下為不受著作權保護之著作之例示，該等著作之登記申請不得提出：

(a) 文字及短句，例如姓名、稱號及標語；習見之符號或設計；純屬排版裝飾、刻字或著色之變化；純屬成分或內容之羅列；

(b) 觀念、計畫、方法、系統或設計，而有別於將其以書面表達或描述之特定方式；

(c) 用於記錄資訊而本身不傳達資訊之空白表格，例如記時卡片、方格紙、帳簿、日誌、銀行支票、計分卡、通訊錄、報表、訂單及類此物件；

(d) 內容全屬公共財產而不具原創性之資料之著作，例如標準年曆、身高體重表、捲尺及直尺、運動場次時間表，及取自公開文件或其他公共來源之清單及表格；

(e) 字型本身。

202.3 著作權之登記

(a) 通則

(2) 就本條之適用而言，視聽著作、編輯著作、重製物、衍生著作、裝置、固定、文學著作、電影、錄音製品、圖畫、圖形及雕塑著作、程序、錄音著作等用語及其變異用詞，其意義規定於美國聯邦法典第 17 篇第 101 條。著作人一詞包括第 17 篇第 101 條所稱之雇用人或其他委託完成職務著作之人。

(3) 就本條之適用而言，著作權利人係指：

(i) 著作之著作人；或

(ii) 已取得原屬於著作人之著作權所包含之所有權利之個人或組織。

上述 (ii) 包括從著作人或已取得原屬著作人之所有著作權利之實體處，取得契約上權利可在著作權登記申請上就著作權主張法律權利之個人或組織。

(b) 行政分類及申請表格：

(1) 著作權局局長為著作權登記之目的，已指定可主張著作權之著作類別。各類別及其所含之著作例示如下：

(i) TX 類：非戲劇之文學著作。本類別包括所有已發行及未發行之非戲劇形式之文學著作。例示：小說；非小說；詩；教科書；參考書；名錄；目錄；廣告製作物；資訊之編輯。

(ii) PA 類：表演藝術著作。本類別包括所有已發行及未發行、為直接在觀眾面前或間接透過裝置或流程進行表演而創作之著作。例示：音樂著作，包括任何附隨之歌詞；戲劇著作，包括任何附隨之音樂；默劇及舞蹈著作；電影及其他視聽著作。

(iii) VA 類：視覺藝術著作。本類別包括所有已發行及未發行之圖畫、圖形及雕塑著作。例示：平面及立體之美術、圖形及應用美術著作；攝影；版畫及美術複製品；地圖、地球儀及圖表；工程圖、示意圖及模型；圖畫或圖形標籤及廣告作品。本類別亦包括已發行及未發行之建築著作。

(iv) SR 類：錄音著作。本類別包括所有於西元 1972 年 2 月 15 日及其後固定之已發行及未發行之錄音著作。就收錄於錄音製品中之文學、戲劇及音樂著作主張著作權利，如符合下列要件，亦得依本條 (b) 項第 (4) 款登記於本類別：

(A) 於同一申請中就錄音著作及其收錄之文學、戲劇或音樂著作一併申請登記；

(B) 錄音著作及其收錄之文學、戲劇或音樂著作係固著於同一錄音製品中；且

(C) 錄音著作及其收錄之文學、戲劇或音樂著作係由同一申請人申請登記。

(v) SE 類：定期刊物，指連續發行、載有編號或年份，並預定無限期繼續發行之著作。本類別包括期刊（含新聞紙）；年報；及各種團體之會刊、議事錄、公報等。

(2) 登記申請之提出：申請人為個別著作及一群著作申請登記，得上著作權局之網站以電子方式提出，或者使用著作權局局長指定之申請書表提出。

(i) 線上申請：申請人得透過著作權局之電子登記系統，使用「標準申請」、「簡易申請」或第 202.4 條規定之申請方式提出其申請。

(A) 「標準申請」可用於登記美國聯邦法典第 17 篇第 408 條 (a) 項及第 409 條所定之著作，包括單一著作人之著作、共同著作、聘僱著作、衍生著作、集合著作、編輯著作。「標準申請」亦可用於登記本條 (b) 項第 (4) 款所指之出版品單元、

錄音著作及本條 (b) 項第 (1) 款第 (iv) 目 (A) 至 (C) 所指之文學、戲劇及音樂著作。

(B) (1)「簡易申請」僅可用於登記單一著作人之單一著作，該著作之所有內容須為同一著作人所創作，該著作須由創作之著作人擁有，並且著作人及著作權利人須為同一人。

(3)「簡易申請」不得用於登記下列著作：集合著作、資料庫、網站網頁、建築著作、舞蹈著作、聘僱著作、共同著作、共有著作權之著作、得依第 202.4 條或本條 (b) 項第 (4) 款或第 (5) 款登記之著作。

(D) 線上申請登記所需之寄存樣本，得連同申請書及費用以電子數位形式（如有適用）提出，或者申請人亦得將符合最佳版本要求之實體重製物或錄音製品，利用線上登記程序所產生之運送單（shipping slip）以郵件寄至著作權局。

(ii) 紙本申請：

(A) 申請人得使用著作權局局長指定之申請表格提出申請，每一種表格對應於本條 (b) 項第 (1) 款所定之其中一種行政分類。此等表格分別稱為表格 TX、表格 PA、表格 VA、表格 SR、表格 SE。此等表格得用於登記美國聯邦法典第 17 篇第 408 條 (a) 項及第 409 條所定之著作，包括單一著作人之著作、共同著作、聘僱著作、衍生著作、集合著作、編輯著作。

(iii) 申請類別：申請應以最符合（主張著作權之）創作性質之著作類別提出。就構成集合著作之個別著作申請登記者，應以符合該個別著作之創作性質之著作類別提出。就衍生著作申請登記者，應以最符合改造、轉化、改作或以他法變更原著作之創作性質之著作類別提出。就含有兩種以上著作類別之創作元素之著作申請登記者，應以最符合該著作整體上居於主導之創作元素之著作類別提出。但就含有錄音著作，或者由錄音著作構成之著作申請登記者，應以 SR 類提出。

(4) 以單一著作登記：就單一次申請及單一筆規費之繳納而言，以下應視為單一著作：於已發行著作之情形，若所有原本得認為係獨立著作之著作權元素，含納於同一出版品單元內，且其著作權利人相同。

(11) 一著作一登記：原則上，任一特定著作之同一版本僅得為單一著作權登記。但：

(i) 已為未發行登記之著作，其首次發行版本得為另一登記，縱令其非新版本。

(ii) 如先前之著作權登記將著作人以外之人指定為著作權利人，著作人得就同一版本以自己之名義主張著作權利而另為登記。

本款所稱著作人，包括美國聯邦法典第 17 篇第 101 條所稱之雇用人或其他委託完成職務著作之人。本款不容許受僱人或其他受委託完成職務著作之人以其自己之名義另為著作權登記。於共同著作之情形，如著作人之一在先前之著作權登記中未被指明為著作人，本款容許其得以自己之名義另為著作權登記。

(iii) 如登記申請人主張同一版本之先前登記係未經授權且依法無效，該申請人得另為登記。

(c) 登記之申請

(1) 著作權登記之申請，原則上得由著作之任一著作人或其他著作權利人，或著作之任何排他（專屬）權之權利人，或著作人、其他著作權利人合法授權之代理人提出。如使用「簡易申請」提出申請者，僅得由著作人、其他著作權利人或其合法授權之代理人提出，但申請書表中應載明代理人為聯絡人。

(3) 所有登記申請書均應包含一份切結書。

(i) 申請書表原則上得由著作人、其他著作權利人、著作之排他（專屬）權利人或此等人合法授權之代理人加以切結。如使用「簡易申請」提出申請者，僅得由著作人、其他著作權利人或其合法授權之代理人加以切結。

(iii) 切結時應聲明申請書表中提供之資訊，依簽證人所知，均為正確。

202.4　合併登記

(a) 通則：本條係規定依美國聯邦法典第 408 條 (c) 項就一群著作核發單一登記之要件。

(c) 未發行著作之合併登記：著作權局局長依美國聯邦法典第 408 條 (c) 項第 (1) 款賦予之權限，已認定一群未發行之著作，如符合下列要件，得以單一申請書、寄存樣本並檢附第 201.3 條 (c) 項所定之申請費用，在 TX、PA、VA 或 SR 類申請登記：

(1) 該群之所有著作須為未發行，並且須登記在同一行政分類。

(2) 原則上，申請人得登記該群著作中至多十件著作。如符合第 202.3 條 (b) 項第 (1) 款第 (iv) 目 (A) 至 (C) 所定之要件，申請人得登記該群著作中至多十件錄音著作以及十件音樂著作、文學著作或戲劇著作。

(3) 該群著作得包含個別著作、合著著作或衍生著作，但不得包含編輯著作、集合著作、資料庫或網站網頁。

(4) 申請人須為該群之每一著作提供一標題。

(5) 所有著作須為同一著作人或同一群共同著作人所創作，且每一著作之著作人及主張著作權利之人須為同一人。

(6) 如申請書中指明該等著作為不具名著作、別名著作或聘僱著作，則得以此等著作形式登記。

(7) 申請人須指明每一著作人或共同著作人對於該群著作之創作關係，每一著作人或共同著作人之創作聲明必須相同。申請時不容許主張對於該群著作之整體加以選擇、整合或安排。

(8) 申請人須以指定用於一群未發行著作之線上申請表格進行填寫及提出申請。申請得由第 202.3 條 (c) 項第 (1) 款所列之任一人提出。

(d) 系列著作之合併登記：著作權局局長依美國聯邦法典第 408 條 (c) 項第 (1) 款賦予之權限，已認定一群系列著作，如符合下列要件，得以單一申請書、寄存樣本並檢附第 201.3 條 (c) 項所定之申請費用申請登記：

(1) 適格之著作：

(i) 該群著作之所有期別須為連續發行之系列。

(ii) 該群著作須至少包含兩期。

(iii) 該群著作之每一期須為先前未曾發行之全新的集合著作，作為分離的、獨立的集合著作而呈現及散布，並且對於每一期的權利主張須以該期集合著作本身為限。

(iv) 該群著作之每一期須為聘僱著作，並且每一期之著作人及主張權利人之人須為同一人或同一組織。

(v) 該系列著作須按每周或更長之固定周期發行，所有期別須以同一標題、在同一曆年的三個月期間內發行，並且申請人須指明該群著作中每一期之發行日。

(2) 申請：申請人須以指定用於一群系列著作之線上申請表格進行填寫及提出申請。申請得由第 202.3 條 (c) 項第 (1) 款所列之任一人提出。

(3) 申請人須提出該群著作中每一期別之一份完整重製物。依本款提出之重製物視為僅供美國聯邦法典第 17 篇第 408 條所定登記之目的，不視為已滿足第 17 篇第 407 條所定之強制寄存要件。

202.5 駁回登記之復查程序

(a) 通則：本條係規範於著作權局以不符合美國聯邦法典第 17 篇規定之要件為由駁回著作權、光罩作品（mask work）或船體設計（vessel hull design）之登記申請時，對該駁回決定進行行政審查之程序規定。申請人最初之申請遭駁回者，有權請求對駁回之處分進行復查。

(b) 第一次復查：申請人收到登記部門說明駁回登記申請之理由之書面通知後，得在符合以下要件下，請求登記部門對其最初之駁回決定進行復查：

(1) 申請人必須以書面請求登記部門對其決定進行復查。復查之請求必須述明申請人認為登記係遭不當駁回之理由，包括支持該等理由之法律主張及補充資料。登記部門將以申請人之書面陳述作為裁決之基礎。

(2) 提出第一次復查之請求時須一併繳納依第 201.3 條 (d) 項規定之費用。

(3) 第一次復查之請求及費用，必須蓋上郵戳，透過運送業者、快遞業者、信差或其他方法，於登記部門最初決定駁回登記申請之書面通知所載之日起三個月內送達著作權局。如該三個月期限之末日為週末或聯邦國定假日，則三個月期限之末日延展至次一聯邦工作日。

(4) 登記部門就第一次復查之請求，如決定准予登記申請人之著作，登記部門應將該決定以書面通知申請人，並為該著作之登記。如登記部門再次決定駁回登記之申請，應於第一次復查之請求送達登記部門之日起四個月內，以敘明駁回理由之書面通知寄送申請人。如該四個月期限之末日為週末或聯邦國定假日，則四個月期限之末日延展至次一聯邦工作日。登記部門縱未於四個月期限內寄送書面通知，仍不發生申請人著作登記之結果。

(c) 第二次復查：申請人收受登記部門就第一次復查之請求決定駁回之書面通知後，得在符合以下要件下，請求復查委員會（Review Board）對登記部門之駁回決定進行第二次復查：

(1) 申請人必須以書面請求復查委員會對登記部門之駁回決定進行復查。第二次復查之請求必須述明申請人認為登記係遭不當駁回之理由，包括支持該等理由之法律主張及補充資料，並對登記部門第一次復查時駁回之理由提出陳述。復查委員會將以申請人之書面陳述作為裁決之基礎。

(2) 提出第二次復查之請求時須一併繳納依第 201.3 條 (d) 項規定之費用。

(3) 第二次復查之請求及費用，必須蓋上郵戳，透過運送業者、快遞業者、信差或其他方法，於登記部門對第一次復查之請求決定駁回之書面通知所載之日起三個月內送達著作權局。如該三個月期限之末日為週末或聯邦國定假日，則三個月期限之末日延展至次一聯邦工作日。

(4) 復查委員會就第二次復查之請求，如決定准予登記申請人之著作，復查委員會應將該決定以書面通知申請人，並為該著作之登記。如復查委員會決定維持駁回登記申請之決定，應以敘明駁回理由之書面通知寄送申請人。

(f) 復查委員會之組織：復查委員會應由三位委員組成，其中二位委員為著作權局之局長及法務長（General Counsel）或其指定之代表，第三位委員由著作權局局長指派。

(g) 終局之行政決定：復查委員會對第二次復查之請求所為之決定為終局之行政決定。

202.16 著作權之預先登記

(b) 定義：就本條之適用而言，

(1) 著作若屬下列類別之一，即為屬於經著作權局局長認定在授權商業發行前曾發生侵權歷史之著作類別：

(i) 電影著作；

(ii) 錄音著作；

(iii) 音樂著作；

(iv) 擬以書籍形式發行之文學著作；

(v) 電腦程式（包括電子遊戲）；或者

(vi) 廣告或行銷照片。

(2) 著作如符合下列要件，即為擬供商業目的散布之著作：

(i) 依據被授權申請預先登記者所切結之聲明，主張權利人有合理期待該著作將向公眾為商業散布；且

(ii) 著作已開始創作，且至少著作之一部分已固定於有形之表達媒介，如下：

(A) 就電影著作而言，必須已經開始拍攝；

(B) 就錄音著作而言，必須已經開始錄製聲音；

(C) 就音樂著作而言，至少音樂著作之一部分必須已經固定於樂譜上或者呈現該音樂著作之一部或全部之表演之錄音製品或複本上；

(D) 就擬以書籍形式發行之文學著作而言，必須已實際開始撰寫著作內容；

(E) 就電腦程式而言，至少電腦程式碼之一部分（不論原始碼或目的碼）必須已固定；

(F) 就廣告或行銷照片而言，照片（或者就擬供同時發行之一組照片，至少其中一張照片）必須已經拍攝。

(3) 得為預先登記之著作，係指符合以下要件之著作：

(i) 未發行；

(ii) 擬供商業目的散布；且

(iii) 屬於經著作權局局長認定在授權商業發行前曾發生侵權歷史之著作類別之一。

(c) 預先登記

(6) 著作之描述：申請著作預先登記時不須寄存該著作。預先登記之申請人應於申請時提出一份不超過 2,000 個字母（大約 330 個字）關於該著作之詳細描述。該描述應基於申請時可取得且足以合理辨識該著作之資訊。著作權局通常不會審查該描述之適足性，但在預先登記之著作遭受侵權之訴訟上，法院可能審查該描述之適足性以認定該預先登記是否確實描述該聲稱遭受侵權之著作，同時考量申請人預先登記時可取得之資訊，以及申請人維護機密資訊之合法利益。

(i) 就電影著作而言，辨識著作之描述應包含申請時可知悉之以下資訊：主題、摘要或大綱、導演、主要演員、主要拍攝地點，及其他任何有助於辨識擬預先登記之特定著作之資訊。

(ii) 就錄音著作而言，辨識著作之描述應包含申請時可知悉之以下資訊：所錄製之著作之主題、表演者或表演團體、所錄製之著作之種類（例如：古典、流行、音樂喜劇、抒情搖滾、重金屬、福音、饒舌、嘻哈、藍調、爵士）、所錄製之音樂著作之標題、主要錄製地點、錄音著作所收錄之音樂著作之作曲者，及其他任何有助於辨識擬預先登記之特定著作之資訊。

(iii) 就音樂著作而言，辨識著作之描述應包含申請時可知悉之以下資訊：有歌詞者其歌詞之主題、著作之種類（例如：古典、流行、音樂喜劇、抒情搖滾、重金屬、福音、饒舌、嘻哈、藍調、爵士）、表演者、主要錄製地點、唱片公司、電影，或其他含有該音樂著作之任何擬作商業散布之錄音著作或電影之相關資訊，及其他任何有助於辨識該特定音樂著作之細節或特徵。

(iv) 就書籍形式之文學著作而言，辨識著作之描述應包含申請時可知悉之以下資訊：書籍之種類（例如：傳記、小說、歷史等），並應包含該著作之摘要，摘要內容包含主題（例如：布希總統之傳記、伊拉克戰爭之歷史、奇幻小說）；對於該著作之情節、主要角色、事件或其他關鍵要素（key elements）之描述（如有適用）；及該書之其他任何顯著特徵（例如：是否為先前作品之最新版或修正版，以及其他任何有助於辨識該書籍形式之文學著作之細節）。

(v) 就電腦程式（包括電子遊戲）而言，辨識著作之描述應包含申請時可知悉之以下資訊：電腦程式之性質、目的及功能，包含其使用之程式語言、該程式在撰寫上所依據之特定組織或架構；預期發行之形式（例如：僅在線上發行之產品）；是否有先前版本（如有，並指明該先前版本）；參與創作該電腦程式之人；如該程式為電子遊戲，亦應描述該電子遊戲之主題、遊戲在整體上之對象、目標或目的；遊戲之角色（如有），以及遊戲內之一般設定與背景。

(vi) 就廣告或行銷照片而言，辨識著作之描述應包含照片所描繪之主題，包括該照片所欲廣告或行銷之特定產品、活動、公眾人物或其他項目或事件等資訊。在可能及適用之範圍內，對照片之描述應提供有助於辨識照片之額外細節，例如該廣告照片係為何人所拍攝；大概之拍攝時期；同一組照片可能包含的照片之概略數量；任何與照片有關之活動；照片中描繪之地點、實體背景或環境。上開描述亦可說明照片之整體呈現方式（例如：燈光設計、背景用之布景、主題要素在照片中擺放之位置）；並應提供與照片相關之任何地點及事件（如有適用）。

(7) 預先登記之資訊之審查：著作權局將對預先登記之申請進行有限度之審查，以確認該申請所描述之著作是否屬於「經著作權局局長認定在授權商業發行前曾發生侵權歷史之著作類別」。申請人提供申請上所要求之所有資訊，並保證依其所知，其提供之所有資訊均為正確後，著作始得為預先登記。

(9) 預先登記之生效日：著作之預先登記，如經著作權局通知申請人已為預先登記，或者經有管轄權法院認定可為預先登記者，自申請書及規費均由著作權局收到之日起生效。

(13) 預先登記之效力：依美國聯邦法典第 17 篇第 408 條 (f) 項、第 411 條及第 412 條之規定，著作之預先登記提供著作權人若干利益。但著作之預先登記，並不構成著作權之有效性，或預先登記之申請書或登記紀錄中所載事實之表面證據。著作縱已為預先登記，不得推定著作權局在登記之申請提出時將予以登記。

(14) 承認新類別著作之請願：利害關係人得隨時向著作權局局長請願，請其認定特定類別之著作是否於授權發行前曾發生侵權歷史而應納入可申請預先登記之著作類別。

202.19 向國會圖書館寄存已發行之重製物或錄音製品

(a) 通則：本條係有關依美國聯邦法典第 17 篇第 407 條向國會圖書館寄存已發行著作之重製物或錄音製品之規則。除第 202.20 條另有明文規定外，本條規定不適用於依美國聯邦法典第 17 篇第 408 條為著作權登記之目的而寄存重製物及錄音製品之情形。

(b) 定義：就本條之適用而言：

(1) (i) 著作之最佳版本，係指在寄存日以前之任何時點已發行於美國，並經國會圖書館認定為最適合其目的之版本。「最佳版本」之詳細要件載於本條之附件 B。

(ii) 於同一著作、同一內容之二個以上已發行版本間，選擇「最佳版本」之標準規定於寄存時所適用之「供國會圖書館館藏之已發行有著作權著作之最佳版本」聲明（以下稱「最佳版本聲明」）。

(iii) 「最佳版本聲明」如未指定選擇最佳版本之具體標準，則依國會圖書館之判定，就其目的而言代表最高品質之版本應視為最佳版本。於此等情形：

(A) 當著作權局知悉一著作已發行二個以上之版本時，應諮詢國會圖書館之相關官員以獲取有關「最佳版本」之指示，並要求寄存該版本（經准予特別豁免寄存之情形除外）；且

(B) 如寄存者不確定已發行之二個以上版本中何者構成最佳版本，應向著作權局收藏組（Copyright Acquisition Division）詢問。

(iv) 著作之二個以上版本間之差異，如代表在可享有著作權之內容上有所差異，則就本條之適用而言，每一版本應視為各自不同之內容（version）而構成不同之著作，從而不適用基於此等差異所定之最佳版本之標準。

(2) 完整重製物應包含構成該著作最佳版本之出版單元之所有元素，包括那些在獨立檢視下，非屬可享有著作權之標的，或者將依本條 (c) 項豁免強制寄存要件之要素。

(i) 於錄音著作之情形，「完整」錄音製品應包含該錄音製品本身，以及與該錄音製品一同發行之任何印刷資料或其他可以視覺感知之資料（例如出現於唱片封套或專輯封面之文字或圖畫，或者唱片封套、專輯或其他容器內之傳單或小冊中所含之文字或圖畫）。

(ii) 在音樂曲譜僅以重製物發行，或同時以重製物及錄音製品發行之情形：

(A) 如其重製物在美國僅透過完整樂譜及其分譜之出租或出借而發行，則以完整樂譜為其「完整」重製物；並且

(B) 如其重製物在美國僅透過供指揮使用之樂譜及其分譜之出租或出借而發行，則以供指揮使用之樂譜為其「完整」重製物。

(iii) 在電影著作之情形，如該著作中構成可享有著作權之標的之全部視覺及聽覺要素之重製，係清晰、未受損、未劣化、未經拼接，且若該重製物本身及其實體外殼並無任何瑕疵足以干擾該著作之播映，或者導致機械的、視覺的或聽覺的障礙或扭曲，則該重製物為「完整」。

(iv) 在美國發行且僅於線上提供之電子著作之情形，如重製物包含在該著作之發行形式下的所有構成元素，亦即在其發行形式下之完整著作，包括原本不須強制寄存之元資料（metadata）及格式碼（formatting codes），則該重製物為「完整」。

(c) 寄存要求之豁免：下列種類之物件免除美國聯邦法典第 17 篇第 407 條 (a) 項所定之寄存要求：

(1) 以線條或三度空間形式說明科學或技術作品，或陳述科學或技術資訊之圖表及模型，例如建築或工程藍圖、平面圖、設計圖、機械製圖或解剖模型。

(2) 賀卡、風景明信片及信紙。

(3) 講課、布道、演說及致詞，如其為個別發行而非作為單一或多數作者之著作集合。

(4) 僅以收錄於錄音製品之形式發行之文學、戲劇及音樂著作。將此等著作固定於錄音製品而產生之錄音著作，其著作權人或專屬發行權人就該錄音著作應適用之寄存要求，並不因而免除。

(5) 在美國發行且僅於線上提供之電子著作。此項豁免包括純電子書及僅於線上提供之電子期刊，直到著作權局依第 202.24 條規定頒布寄存之要求為止。此項豁免不適用於同時以線上電子形式及實體形式發行之著作，此等著作仍應適用相關之強制寄存規定。

(6) 三度空間雕塑著作，以及任何僅以重製於以下物件內或物件上之形式發行之著作：珠寶、玩偶、玩具、遊戲、牌匾、地板覆蓋物、壁紙及類似的商業用牆壁覆蓋物、紡織品及其他織物、包裝材料、其他任何實用物品。地球儀、浮雕模型及類似之區域製圖非屬本款範圍，應適用相關之寄存規定。

(7) 與商品、著作人之創作或服務之出租、出借、授權或銷售有關而一併發行之印刷物、標籤及其他廣告物件，包括型錄。

(8) 自其他文學著作分離而獨立發行之測驗題及其解答。

(9) 作為集合著作中之個別著作而首次發行之著作。作為整體集合著作之著作權人或專屬發行權人就該集合著作應適用之寄存要求，並不因而免除。

(10) 首次發行於美國境外，嗣後在美國境內發行時其可享有著作權之內容並無改變之著作，如符合以下情形之一者：

(i) 在該著作於美國境內發行以前，已依美國聯邦法典第 17 篇第 408 條辦理著作權登記；或者

(ii) 在該著作於美國境內發行以後，在依美國聯邦法典第 17 篇第 407 條 (d) 項要求寄存以前，已依第 17 篇第 408 條辦理著作權登記。

(11) 僅以收錄於電影著作不可分之一部分的原聲音樂（soundtrack）中之形式而發行之著作。電影著作之著作權人或專屬發行權人就該電影著作應適用之寄存要求，並不因而免除。

(12) 以電視播送節目為組成內容之電影著作，如其發行僅係基於授權或同意一非營利機構直接從該等節目對公眾之播送予以固定，不論是否賦予進一步利用此等固定物之權利。

(e) 特別豁免：

(1) 著作權局局長於諮詢國會圖書館之其他相關官員後，並在符合著作權局局長於此等諮詢後所指定之條件下，得就未依本條 (c) 項免除寄存要求之任何已發行之著作：

(i) 在個案之基礎上，給予單一著作、系列著作或一群著作對美國聯邦法典第 17 篇第 407 條 (a) 項之寄存要求之豁免；或者

(ii) 允許寄存一份重製物或錄音製品，或寄存替代性之辨識資料，以取代本條 (d) 項第 (1) 款所要求之二份重製物或錄音製品；或者

(iii) 允許寄存不完整之重製物或錄音製品，或寄存非屬通常情形下之最佳版本之重製物或錄音製品；或者

(iv) 允許寄存不符合第 202.21 條之辨識資料。

202.20 為著作權登記而寄存重製物及錄音製品

(a) 通則：本條係規範依美國聯邦法典第 17 篇第 408 條申請著作權登記時，有關已發行及未發行之重製物及錄音製品之寄存。除第 202.19 條另有明文規定外，本條規定不適用於依美國聯邦法典第 17 篇第 407 條向國會寄存重製物及錄音製品之情形。

(b) 定義：就本條之適用而言：

(1) 著作之最佳版本（best edition）之意義，同第 202.19 條 (b) 項第 (1) 款之定義。就本條之適用而言，如著作同時以實體形式及電子形式首次發行，亦應適用現行的國會圖書館最佳版本聲明中有關實體形式之規定。

(d) 特別豁免

(1) 著作權局局長於徵詢國會圖書館其他適當官員意見，並根據著作權局局長在徵詢後所定之條件，得：

(i) 許可寄存一份重製物或錄音製品，或替代性之識別資料，以取代本條 (c) 項第 (1) 款規定之一份或兩份之重製物或錄音製品。

(ii) 許可寄存不完整之重製物或錄音製品，或非屬最佳版本之重製物或錄音製品。

(iii) 許可寄存一份或數份實際重製物，以取代本條或第 202.4 條要求之識別資料。

(iv) 許可寄存不符合第 202.4 條或第 202.21 條規定之識別資料。

附錄二：日本著作權法有關著作權登記條文（摘錄）

日本　著作權法

昭和 45 年（1970）法律第 48 號

令和 2 年（2020）6 月 12 日法律第 48 號修正

第二章　著作人之權利

第十節　登記（登録）

第 75 條（實名之登記）

1. 以不具名或別名公開發表之著作之著作人，不論其是否享有該著作權，得就該著作為實名之登記。

2. 著作人死亡後，得由其遺囑指定之人，為前項之實名登記。

3. 為實名登記之人，推定為該登記著作之著作人。

第 76 條（首次發行年月日等之登記）

1. 著作權人，或者不具名或別名著作之發行人，得就該著作為首次發行年月日或首次公開發表年月日之登記。

2. 為首次發行年月日或首次公開發表年月日登記之著作，以該登記之年月日推定為其最初發行或最初公開發表之日。

第 76 條之 2（創作年月日之登記）

1. 電腦程式著作之著作人，得就該著作為創作年月日之登記。但該著作創作後已逾六個月者，不適用之。
2. 為前項登記之著作，以該登記之年月日推定為其創作之日。

（昭六〇法六二・追加）

第 77 條（著作財產權之登記）

下列事項，非經登記，不得對抗第三人：

一、著作財產權之移轉、信託變更，或者對著作財產權處分之限制。

二、以著作財產權為標的之質權設定、移轉、變更、消滅（不包括因混同或著作財產權或其所擔保債權消滅所造成之質權消滅），或者對其處分之限制。

（平二十一法五三・一号一部改正、平三〇法七二・一号一部改正）

第 78 條（登記手續等）

1. 第 75 條第 1 項、第 76 條第 1 項、第 76 條之 2 第 1 項或前條之登記，由文化廳長官記載於著作權登記原簿或予以儲存。
2. 對於著作權登記原簿之全部或部分，依政令規定，得予以製作成電磁磁碟片（包括以類似之方式而得確實儲存一定事項之物，此於第 4 項之規定亦同）。
3. 文化廳長官，為第 75 條第 1 項之登記時，應透過網路或以其他適當方法公告其意旨。
4. 任何人均得向文化廳長官請求交付著作權登記原簿之謄本、抄本或其附屬書類之複本，或者請求閱覽著作權登記原簿或其附屬書類，或者請求交付已儲存於著作權登記原簿內電磁磁碟片之已記載事項之書類。

5. 為前項請求之人，應參照實際費用而繳納政令所規定數額之手續費。
6. 依前項規定應繳納手續費者，為國家等機關時，不適用前項規定。
7. 關於第 1 項規定之登記的處分，不適用「行政手續法」（平成 5 年法律第 88 號）第二章及第三章之規定。
8. 關於著作權登記原簿及其附屬書類，不適用「行政機關情報公開法」之規定。
9. 關於記載於著作權登記原簿及其附屬書類中之保有個人資訊（即平成 15 年法律第 58 號「關於保護行政機關所保有個人資訊之法律」第 2 條第 5 項規定之「保有個人資訊」），不適用同法第四章之規定。
10. 除本節之規定外，關於第 1 項所定登記之必要事項，由政令定之。

（昭五九法二三・4 項一部改正、昭六〇法六二・1 項一部改正、平五法八九・5 項追加、平十一法四三・3 項一部改正 6 項追加、平十一法二二〇・5 項追加、平十三法一四〇・7 項一部改正、平十五法六一・8 項追加旧 8 項繰下、平二十一法五三・1 項 2 項 3 項一部改正 2 項追加旧 2 項以下繰下、平二十八法五一・9 項一部改正、令二法四八・3 項 6 項一部改正）

第 78 條之 2（有關電腦程式著作登記之特例）

電腦程式著作之登記，除本節之規定外，另依其他法律之規定。

第三章　出版權

第 88 條（出版權之登記）

1. 下列事項，非經登記，不得對抗第三人：

一、出版權之設定、移轉、變更、消滅（不包括因混同、重製權或公眾送信權消滅所造成者），或者其處分之限制。

二、以出版權為標的的質權之設定、移轉、變更、消滅（不包括因混同或出版權或其所擔保債權之消滅所造成之質權消滅），或對其處分之限制。

2. 第 78 條（不包括該條第 3 項）規定，於前項所定之登記，準用之。於此情形，同條第 1 項、第 2 項、第 4 項、第 8 項及第 9 項中所定之「著作權登記原簿」，改稱為「出版權登記原簿」。

（平十一法四三・2 項一部改正、平十二法一三一・2 項一部改正、平十五法六一・2 項一部改正、平二十一法五三・2 項一部改正、平二六法三五・1 項一号一部改正、平三〇法七二・1 項一号一部改正）

第四章　著作鄰接權

第八節　權利之限制、轉讓及行使等與登記

第 104 條（著作鄰接權之登記）

第 77 條及第 78 條（不包括該條第 3 項）規定，於著作鄰接權相關登記準用之。於此情形，第 78 條第 1 項、第 2 項、第 4 項、第 8 項及第 9 項之「著作權登記原簿」改稱為「著作鄰接權登記原簿」。

（平十一法四三、平十二法一三一・一部改正、平十五法六一・一部改正、平二一法五三・一部改正）

日本　著作權法施行令

昭和 45 年（1970）政令第 335 號

令和 2 年（2020）政令第 364 號修正

第七章　登記

第一節　著作權登記簿等

第 13 條（著作權登記原簿之製作等）

1. 法第 78 條第 1 項所定之著作權登記原簿、法第 88 條第 2 項所定之出版權登記原簿，以及法第 104 條所定之著作鄰接權登記原簿（以下總稱為「著作權登記原簿等」），其全部以電磁磁碟片（包括以類似之方式而得確實儲存一定事項之物）製作，此製作之方法，以文部科學省令訂定之。
2. 著作權登記原簿等之附屬書類，以文部科學省令訂定之。

（昭六一政二八六・一部改正、平十二政三〇八・1 項 2 項一部改正、平十三政一五七・1 項一部改正、平二三政一五四・1 項一部改正）

第 14 條（手續費）

法第 78 條第 5 項（包括法第 88 條第 2 項及第 104 條準用之情形）之以政令規定之手續費數額，依下列各款所定之區分定其數額：

一、著作權登記原簿中登記事項記載書類之交付，並依下列 (1) 或 (2) 款所定區分定其數額：

(1) 以下第 (2) 款以外之其他著作權登記原簿等　一份 1,600 日圓

(2) 與電腦程式著作相關之著作權登記原簿　一份 2,400 日圓

二、著作權登記原簿等之附屬書類影本之交付　一份 1,100 日圓

三、著作權登記原簿等之附屬書類之閱覽　一件 1,050 日圓

（昭五九政一四一・昭六二政四六・平三政四七・一部改正、平十二政一三〇・一部改正、平十三政一五七・一部改正一号二号三号追加、平二三政一五四・一部改正）

第二節　登記手續等

第一款　通則

第15條（辦理登記之情形）

1. 除法令另有規定外，依法律規定之登記，應依申請或委託為之。
2. 申請登記之相關規定，於委託登記之程序準用之。

第16條（登記之申請）

除法令另有規定者外，應由登記權利人及登記義務人申請登記。

第17條

申請書附有登記義務人同意書者，得由登記權利人申請登記。

第18條

依判決之登記，或者因繼承或法人合併的權利移轉之登記，得由登記權利人申請登記。

第19條

登記名義人表示之變更或更正登記，得由登記名義人申請登記。

第20條（申請書）

欲申請登記者，應向文化廳長官提出記載下列各款事項之申請書：

一、申請者之姓名或名稱及住所或居所，以及法人之代表人姓名。

二、由代理人申請登記時，其姓名或名稱及住所或居所，以及法人代表人姓名。

三、著作物之標題（無標題或標題不明時，說明其意旨）或表演、錄音、廣播節目或有線廣播節目之名稱（無名稱或名稱不明時，說明其意旨）。

四、登記之標的係關於著作權、出版權、著作鄰接權，或者以此等權利為標的之質權（於以下本章稱為「著作權等」）時，該權利之表示（關於此等權利之部分時，則含該部分之表示）。

五、登記之原因及其發生年月日。

六、登記之目的。

七、與登記申請有關之著作物、表演、錄音、無線或有線播送已有登記時，該登記號碼（登記號碼不明時，說明其意旨）。

第 20 條之 2（一併申請）

二件以上之登記，限於登記之目的同一者，得以同一申請書提出申請。

第 21 條（檢附資料）

1. 前條之申請書，應附加以下各款資料：

一、申請人為登記權利人或登記義務人之繼承人或其他一般繼受人時，或者申請登記名義人之表示變更或更正登記時，戶籍或登記簿謄本或抄錄本、居民證影本或其他得證明該事實之書面。

二、由代理人申請登記時，證明其權限之書面。

三、登記目的之著作權等，係繼承自登記名義人而為登記義務人，或其他因一般繼受而移轉時，戶籍或登記簿之謄本或抄錄本，或其他得證明該事實之書面。

四、登記之目的係有關著作權等時，此登記原因之證明書面。

五、登記之原因需要第三人之許可、認可、同意或承諾時，此等證明資料。

六、申請變更、更正、塗銷登記，或回復已塗銷之登記時，於該登記上有存在利害關係之第三人時，該第三人之承諾書或得對抗該第三人之判決謄本或抄錄本。

2. 欲為下列各款之申請時，前條之申請書應附加該款所定書面。但與該申請登記有關之著作物、表演、錄音、無線或有線播送為已登記者，該申請書已記載登記年月日及登記號碼時，不在此限：

一、法第75條第1項、第76條第1項、第76條之2第1項、第77條或第88條第1項之登記，應附加記載以下各目所定事項（各該事項中有不明者，說明其意旨。以下於本項亦同）之書面：

（一）著作人之姓名或名稱，以及著作人非日本國民（以下於本項稱「外國人」）時之國籍〔如為法人時，其設立依據法令之制定國家及該法人之主事務所所在國之國名。於第3款第（二）目、第4款第（二）目及第五款第（二）目之規定亦同〕。

（二）申請已公開發表著作之登記時，該著作最初公開發表時所表示之著作人姓名（如為以不具名公開發表之著作，說明其意旨）。

（三）著作最初公開發表之年月日（如為未公開發表之著作，說明其意旨）。

（四）申請已發行之外國人著作之登記時，該著作最初發行國之國名。

（五）著作物之種類及內容或者態樣。

二、法第 104 條有關表演人權利之登記，應附加記載以下各目所定事項之書面：

（一）表演人之姓名，以及有替代表演人姓名的常用藝名時，其藝名；表演人為外國人時，其國籍。

（二）進行表演之年月日及表演國之國名。

（三）如為被固定於錄音之表演，該錄音之名稱（無名稱時，說明其意旨）及下款第（一）目所列之事項；如為國外進行之表演，則為本款前目所列之事項。

（四）於國外進行之表演，且以無線或有線播送之表演（得表演人同意於播送前錄音或錄影者除外）。而固定於法第 8 條各款之一之錄音以外者，該廣播節目或有線廣播節目之名稱（無名稱時，說明其意旨）以及第 4 款第（一）及（二）目或第 5 款第（一）及（二）目所列事項。

（五）被錄音、錄影於電影著作之表演，該電影著作之標題（無標題時，說明其意旨）及電影製作人之姓名或名稱。

（六）表演之種類以及內容。

三、關於錄音製作人權利之法第 104 條之登記，應附加記載以下各目所定事項之書面：

（一）錄音製作人之姓名或名稱。

（二）錄音製作人為外國人時，其國籍及最初固定該錄音聲音之國家之國名。

（三）固定於錄音著作之聲音，最初固定之年月日。

（四）商業用錄音係已販賣之錄音者，其最初販賣之商業用錄音之名稱（無名稱時，說明其意旨）、態樣及製作人之姓名或名稱。

（五）錄音之內容。

四、有關廣播事業之權利之法第 104 條之登記，應附加記載以下各目所定事項之書面：

（一）廣播事業者之姓名或名稱。

（二）廣播事業者為外國人時，其國籍及進行廣播之廣播設備之國家國名。

（三）進行廣播之年月日。

（四）廣播之種類以及廣播節目之內容。

五、有關有線廣播事業之權利之法第 104 條之登記，應附加記載以下各目所定事項之書面：

（一）有線廣播事業者之姓名或名稱。

（二）有線廣播事業為外國人時，其國籍及進行有線播送之有線播送設備之國家國名。

（三）進行有線播送之年月日。

（四）有線播送之種類以及有線播送節目之內容。

3. 如有辨明前項第 1 款所列著作態樣之必要時，則應附加該等圖片、照片或其他辨明該著作態樣之資料。

第 21 條之 2（添附資料之省略）

1. 同時提出二件以上之登記申請程序，各程序該添附之資料內容同一時，得於一件程序附具，於他件手續則聲明該意旨而得省略附具。

2. 申請登記時所應附具之資料，如該同一資料已於其他登記申請中提交，且該資料內容未變更時，得聲明該意旨而省略附具。但如文化廳長官認為必要時，仍得要求提交該資料。

第 22 條（登記之順序）

1. 因申請所為之登記，依收文之順序為之。

2. 因職權所為之登記，依登記原因發生之順序為之。

第 23 條（駁回）

1. 文化廳長官，於下列各款所定情形，應駁回登記之申請：

一、申請登記之事項乃不應登記者。

二、申請書格式不符者。

三、申請登記之著作物、表演、錄音、無線或有線播送已登記，而有以下各目所列事由者：

（一）申請書記載之登記義務人表示，與著作權登記原簿等不符者。

（二）於申請人為登記名義人時，其表示（該申請乃登記名義人表示變更或更正之登記時，有關此登記目的事項之表示除外）。與著作權登記原簿等不符者。

（三）申請書記載之著作標題或者表演、錄音、廣播節目或有線廣播節目之名稱、有關登記目的之權利表示或者登記號碼，與著作權登記原簿等不符者。

四、申請書未附具必要之資料，或者未提出第 21 條之 2 第 2 項但書所要求之資料時。

五、於申請書所附具登記原因之證明書面，與申請書之記載事項不符時。

六、未繳納登記許可稅時。

2. 依前項規定予以駁回者，應以附理由之書面為之。

第 24 條（對申請人之通知）

文化廳長官於登記完畢時，應將記載申請收件年月日及登記號碼之通知書寄送給申請人。

第 24 條之 2（行政區劃等之變更）

行政區劃或土地名稱有變更時，著作權登記原簿等所記載之行政區劃或土地名稱，視為已變更。

第 25 條（更正）

1. 文化廳長官於登記完畢後，如發現該登記有錯誤或遺漏時，應立即將其意旨通知登記權利人及登記義務人。
2. 文化廳長官依第 29 條規定申請所為之登記，亦須對債權人為前項之通知。
3. 前二項之通知，於登記權利人、登記義務人或債權人有二人以上時，得僅對其中一人為通知。

第 26 條

1. 文化廳長官於登記完畢後，發現該登記有錯誤或遺漏，而其錯誤或遺漏係基於文化廳長官之過失所致時，除有登記上之利害關係第三人之情形外，應立即更正該登記，且將其意旨通知登記權利人及登記義務人。
2. 前條第 2 項及第 3 項規定，於前項情形準用之。

第二款　本名及首次發行年月日等之登記

第 27 條（本名登記之申請書）

法第 75 條第 1 項登記之申請書，應記載著作人之姓名或名稱以及住所或居所，且附加戶籍或登記簿謄本或抄錄本、居民證之影本或其他得證明其本名之書面。

第 28 條（首次發行年月日等登記之申請書）

法第 76 條第 1 項登記之申請書，申請人應記載其為著作權人或發行人，且附上其首次發行年月日或首次公開發表年月日之證明資料。

第三款　著作權等之登記

第 29 條（債權人之代位）

債權人，依民法（明治 29 年法律第 89 號）第 423 條第 1 項或第 423 條之 7 規定，代位債務人而為著作權等登記之申請時，申請書應記載以下各款所定事項且附上其代位原因之證明書面：

一、債權人及債務人之姓名或名稱，以及住所或居所。

二、代位之原因。

第 30 條（關於權利消滅事項之記載）

登記原因為有關登記標的權利消滅相關事項之規定時，應於申請書記載該事項。

第 31 條（持分等之記載）

1. 登記權利人有二人以上時，於登記原因有持分之約定時，應於申請書記載其持分。為著作權等之一部移轉登記申請時，亦同。
2. 於前項情形，而有民法第 264 條準用同法第 256 條第 1 項但書之契約時，應於申請書記載之。

第 32 條（出版權登記之申請書）

法第 88 條第 1 項登記之申請書，應記載以下各款所定事項。但有關該申請之相關出版權登記為已登記者，於申請書已記載該登記之年月日及登記號碼時，不在此限：

一、所設定之出版權範圍。

二、設定行為所定之存續期間（設定行為無約定時，說明其意旨）。

三、於設定行為有法第 80 條第 2 項、第 81 條但書之特別約定時，其約定。

第 33 條（質權登記之申請書）

1. 法第 77 條第 2 款（含於法第 104 條準用之情形）或第 88 條第 1 項第 2 款所定事項之登記申請書，應記載以下各款所列事項。但該申請之相關質權登記為已登記者，於申請書已記載登記號碼時，不在此限：

   一、為質權標的之權利表示。

   二、債權金額（無一定之債權金額時，債權之價格）。

   三、於登記原因有關於存續期間、利息、違約金或賠償數額之約定、有法第 66 條第 1 項（含於法第 103 條準用之情形）之約定、有民法第 364 條但書之約定，或者該債權附有條件時，其約定或條件。

   四、債務人之姓名或名稱，以及住所或居所。

2. 依債權之一部讓與或因代位救濟而為質權移轉登記之申請書，除前項各款所定事項外，應記載該讓與或代位救濟標的債權之數額。

第 34 條（登記權利之順位）

對於同一著作權等之登記權利之順位，依登記之前後順序定之。

第 34 條之 2（基於保全假登記之正式登記之順位）

依民事保全法（平成元年法律第 91 號）第 54 條準用同法第 53 條第 2 項規定的假處分所為之假登記（以下稱「保全假登記」）之情形，基於同法第 61 條準用同法第 58 條第 3 項規定的保全假登記之正式登記順位，依保全假登記之順位定之。

第 34 條之 3（於假處分登記後之塗銷登記等）

1. 有關著作權或著作鄰接權依民事保全法第 54 條準用同法第 53 條第 1 項所規定的假處分登記（與保全假登記同時為之者除外。本條以下及次條亦同）後，該假處分之債權人以該假處分之債務人作為登記義務人而申請有關著作權或著作鄰接權登記時，僅該債權人得於假處分登記後，申請塗銷該假處分登記。
2. 因前項規定申請塗銷登記時，應於申請書附上其已依民事保全法第 61 條準用同法第 59 條第 1 項規定進行通知之證明書面。
3. 文化廳長官，依第 1 項規定於假處分登記後為塗銷登記時，應依職權塗銷該假處分之登記。

第 34 條之 4

1. 前條第 1 項及第 2 項之規定，關於以出版權或著作權、出版權或著作鄰接權為標的之質權，依民事保全法第 54 條準用同法第 53 條第 1 項規定的假處分登記後，於該假處分之債權人以該假處分之債務人作為登記義務人而申請權利之移轉或消滅登記之情形，準用之。
2. 前條第 3 項之規定，於前項準用同條第 1 項規定而為假處分登記後之塗銷登記，準用之。

第 34 條之 5

1. 關於出版權為保全假登記後，於申請正式登記時，僅該保全假登記之假處分債權人，得對於出版權或以出版權為標的之質權登記，申請該假處分登記後之塗銷該假處分登記。
2. 第 34 條之 3 第 2 項之規定，於依前項規定申請塗銷時，準用之。

第 34 條之 6

文化廳長官，於保全假登記後，為正式登記時，應依職權塗銷與該保全假登記同為之禁止處分登記。

第四款　信託相關登記

第 35 條（信託登記之申請方法等）

1. 信託登記之申請，應與該信託之著作權等之移轉、變更或設定登記之申請同時為之。
2. 信託登記，得由受託人為申請。

3. 依信託法（平成 18 年法律第 108 號）第 3 條第 3 款規定方法所為信託之著作權等之變更登記，得由受託人為申請。

第 36 條（信託登記之申請書）

1. 信託登記之申請書，應記載下列各款所定之事項：

一、委託人、受託人及受益人之姓名或名稱，以及住所或居所。

二、有關於指定受益人之條件或決定受益人之方法之約定時，該約定。

三、有信託管理人時，其姓名或名稱，以及住所或居所。

四、有受益人代理人時，其姓名或名稱，以及住所或居所。

五、有信託法第 185 條第 3 項所定之受益證券發行之信託時，其意旨。

六、有信託法第 258 條第 1 項所定之無受益人約定之信託時，其意旨。

七、有公益信託法（大正 11 年法律第 62 號）第 1 條所定之公益信託時，其意旨。

八、信託之目的。

九、信託財產之管理方法。

十、信託終了之理由。

十一、其他信託之條項。

2. 前項申請書中如有記載同項第 2 至 6 款所定事項之一時，則同項第 1 款受益人（有同項第 4 款所定事項之記載者，以該受益人代理人代理受益人為限）之姓名或名稱以及住所或居所，無須記載。

3. 文化廳長官，為使第 1 項各款所定事項明確，得依文部科學省令規定製作信託目錄。

第 37 條（因代位之信託登記）

1. 受益人或委託人，得代位受託人而為信託登記之申請。

2. 第 29 條之規定，於依前項規定之申請準用之。於此情形，應於申請書附上與有關登記標的之著作權等係信託財產之證明書面。

第 38 條（信託登記之塗銷）

1. 因原為信託財產之著作權等之移轉、變更或消滅而不屬於信託財產之情形，塗銷信託登記之申請，應與該著作權等之移轉或變更登記，或者該著作權等塗銷登記之申請，同時為之。

2. 信託登記之塗銷，得由受託人為申請。

第 39 條（受託人之變更）

1. 受託人如有變更，於申請著作權等之移轉登記時，應於申請書附上其受託人變更之證明書面。

2. 前項規定，於依信託法第 86 條第 4 項本文規定的著作權等之變更登記之申請，準用之。

第 40 條

1. 受託人之任務因死亡、破產程序開始之裁決、監護或輔佐之審判、法人因合併以外理由而解散，或者法院或主管機關（含受有此權限委任之國家行政機關及處理該權限事務之都道府縣之執行機關。於第 42 條亦同）之解任命令而終了、選任新受託人時，前條第 1 項之登記，得由新被選任之受託人為申請。

2. 受託人有二人以上時，其中部分受託人之任務因前項所定事由而終了者，則前條第 2 項之登記，得由其他受託人為申請。

第 41 條（因囑託之信託變更登記）

法院書記官，於有解任受託人之裁判、信託管理人或受益人代理人之選任或解任之裁判，或者有命變更信託之裁判時，應依職權立即囑託文化廳長官為信託變更之登記。

第 42 條

主管機關，於解任受託人、選任或解任信託管理人或受益人代理人，或者命令變更信託時，應立即囑託文化廳長官為信託變更之登記。

第 43 條（依職權為信託變更之登記）

文化廳長官，於屬於信託財產之著作權等有下列各款所定之登記時，應依職權為信託變更之登記：

一、依信託法第 75 條第 1 項或第 2 項規定所為之著作權等移轉登記。

二、依信託法第 86 條第 4 項本文規定所為之著作權等變更登記。

三、有關作為受託人的登記名義人之姓名或名稱以及住所或居所之變更登記或更正登記。

第 44 條（信託變更登記之申請）

1. 除前三條所定者外，如有第 36 條第 1 項各款所定事項之變更時，受託人應立即為信託變更登記之申請。
2. 受益人或委託人，得由受託人代位而為前項登記之申請。

3. 第29條之規定，於依前項規定之申請，準用之。

第45條（著作權等變更登記等之特別規定）

1. 因信託之合併或分割，致著作權等從原屬某一信託之信託財產變為屬於其他信託之信託財產時，該著作權等於有關該信託之信託登記塗銷及該其他信託之信託登記之申請，應與信託之合併或分割之著作權等變更登記之申請，同時為之。因信託之合併或分割以外事由，致著作權等從原屬某一信託之信託財產變為屬於同一受託人之其他信託之信託財產時，亦同。

2. 屬於信託財產之著作權等，有下表第一欄所定著作權等變更登記（第35條第3項之登記除外）情形者，以下表第二欄所列之人作為登記權利人，並以下表第三欄所列之人作為登記義務人：

一、著作權等，從原屬固有財產，變成屬於信託財產之財產時	受益人（如有信託管理人時，則為該信託管理人。以下於本表亦同）	受託人
二、著作權等，從原屬信託財產，變成屬於固有財產之財產時	受託人	受益人
三、著作權等，從原屬某一信託之信託財產，變成屬於其他信託之信託財產之財產時	該其他信託之受益人及受託人	該某一信託之受益人及受託人

日本　著作權法施行規則

昭和45年（1970）文部省令第26號

令和2年（2020）文部省令第31號修正

第八章　登記程序等

第一節　著作權登記原簿之製作方法

第 5 條（著作權登記原簿等之製作方法）

以下各款所定之著作權登記原簿、出版權登記原簿或著作鄰接權登記原簿（以下總稱為「著作權登記原簿等」），各該記載所有紀錄事項之書類（以下簡稱「登錄事項記載書類」，分別依該各款所定樣式做成：

一、著作權登記原簿（次款所定之著作權登記原簿，除外）及出版權登記原簿：依附錄樣式 1 製作之。

二、電腦程式著作之著作權登記原簿：依附錄樣式 1-2 製作之。

三、著作鄰接權登記原簿：依附錄樣式 2 製作之。

第 6 條（附件書類）

令第 13 條第 2 項之附件書類，應於文化廳備置登記收件簿。

第一節之二　申請程序

第 7 條（文書之用語等）

1. 申請書及令第 21 條第 2 項各款之書面，應以日文書寫之。

2. 前項書面以外之資料，以外文書寫者，應附加日文翻譯。

第8條（申請書等之樣式）

1. 法第75條第1項之登記申請書，應依附錄樣式3製作。法第76條第1項之登記申請書，應依附錄樣式4製作。法第76條之2第1項之登記申請書，應依附錄樣式5製作。法第77條之登記申請書，應依附錄樣式6（因繼承或法人合併之權利移轉登記之登記申請書，應依附錄樣式6-2）製作。法第88條第1項之登記申請書，應依附錄樣式7（因繼承或法人合併之權利移轉登記之登記申請書，應依附錄樣式7-2）製作。法第104條之登記申請書，應依附錄樣式8（因繼承或法人合併之權利移轉登記之登記申請書，應依附錄樣式8-2）製作。
2. 令第21條第2項第1款之書面，應依附錄樣式9製作。同項第2款之書面，應依附錄樣式10製作。同項第3款之書面，應依附錄樣式11製作。同項第4款及第5款之書面，應依附錄樣式12製作。

第二節　登記程序

第9條（登記收件簿之記載）

1. 提出申請書時，應於登記收件簿記載下列各款所定事項，並同時於申請書記載第1款及第2款所定事項：

一、收件年月日。

二、收件號碼。

三、著作之標題或表演等（指表演、錄音、廣播節目或有線廣播節目。於第11條第2項第1款亦同）之名稱。

四、著作人、表演人、錄音製作人、廣播事業或有線廣播事業之姓名或名稱。

五、登記之目的。

六、登記許可稅之繳納數額。

七、申請者之姓名或名稱。

2. 前項第 2 款之收件號碼，依收件之順序編附。

3. 依第 1 項規定於登記收件簿記載申請人之姓名或名稱而有二人以上之申請人時，僅記載申請書所列代表人或列於最前者之姓名或名稱以及其他申請人之人數即可。

第 10 條（收件號碼之更新）

收件號碼，應每年更新之。

第 11 條（表示欄等之登記方法）

1. 著作權登記原簿等，依表示欄、事項欄及信託欄（於次項稱為「表示欄等」）個別記載：

2. 於表示欄等之登記，各依以下各款記載該款所定事項：

一、表示欄：申請書所列事項中之著作標題或表演等之名稱以及應附於申請書之令第 21 條第 2 項各款之一之書面所列事項（電腦程式著作之著作權登記原簿，於同項第 1 款所定事項除外）。

二、事項欄：下列事項：

（一）申請書所列事項中，令第 20 條各款（第 3 款及第 7 款除外）之事項。

（二）申請書所列事項中，令第 27 條或第 28 條所定事項或應登記之權利相關事項。

（三）依第 9 條第 1 項規定記載於申請書之同項第 1 款及第 2 款所定事項。

三、信託欄：前款所定事項及申請書所列事項中令第 36 條第 1 項各款所定事項。

3. 依令第 29 條或第 37 條第 1 項之規定申請之情形，於著作權登記原簿等之事項欄或信託欄登記時，除前項第 2 款或第 3 款所定事項外，並記載債權人或受益人或委託人之姓名或名稱與住所或居所，以及代位之原因。

第 12 條（準用）

第 9 條起至前條，有關依申請而登記之程序規定，於依囑託之登記程序準用之。

第 13 條（表示號碼等之記載）

1. 著作權登記原簿等之標示欄為最初登記時，依紀錄該登記事項之順序，記載表示號碼。

2. 著作權登記原簿等之事項欄或信託欄登記時，除了為依據民事保全法（平成元年法律第 91 號）第 54 條準用同法第 53 條第 2 項之假處分為假登記（以下稱「保全假登記」）之正式登記以及塗銷保全假登記之情形外，依該登記事項紀錄順序，記載該登記事項紀錄部分在前之順位號碼。

第 14 條（已變更登記事項等之塗銷方法）

於著作權登記原簿等為變更或更正登記時，被變更或更正之登記事項應以塗銷記號記錄之。

第 15 條（登記之塗銷方法）

1. 於著作權登記原簿為塗銷登記時，應於備註欄記載應塗銷登記之意旨後，以該登記之塗銷記號記錄之。
2. 於前項情形，如有以塗銷權利為目的之第三人登記時，應於備註欄記載塗銷該權利登記之意旨後，關於該登記以塗銷記號記錄之。

第 16 條（恢復登記之方法）

對著作權登記原簿等為恢復之登記時，應於備註欄記載恢復塗銷之登記之意旨後，再為與該登記相同之登記。

第 17 條（登記年月日之記載等）

1. 於著作權登記原簿等依職權為登記時，應記載登記原因與發生年月日，並於事項欄記載有關該應登記權利之登記年月日。
2. 文化廳長官指定職員於著作權登記原簿等登記時，應製作登記事項記載書類並進行登記之確認。

第 18 條（分界）

就著作權登記原簿等為登記時，在備註欄依序載明分隔記號。

第 18 條之 2（保全假登記之方法等）

於著作權登記原簿等為保全假登記時，在事項欄登記之。

第 18 條之 3

有關出版權之設定或變更，於著作權登記原簿，依民事保全法第 54 條準用同法第 53 條第 1 項規定之假處分登記（以下於本條稱「假處分登記」）同時就出版權登記原簿為保全假登記時，除第 11 條第 1 項第 2 款所定事項外，應於下列各款所定欄位記載各該款所定事項：

一、著作權登記原簿之事項欄：登記該假處分之同時，在出版權登記原簿為保全假登記之意旨以及該保全假登記之表示號碼與順位號碼。

二、出版權登記原簿之事項欄：為該保全假登記之同時，於著作權登記原簿記載假處分登記之意旨以及該假處分登記之表示號碼及順位號碼。

第 18 條之 4（保全假登記後之正式登記等）

於著作權登記原簿等，在保全假登記後，如有正式登記之申請時，應登記於保全假登記之後。如有塗銷保全假登記之囑託時，亦同。

第三節　登記事項記載書類之交付程序等

第 19 條（登記事項記載書類之交付申請程序等）

請求交付登記事項記載書類或交付著作權登記原簿等附屬書類影本，或請求閱覽此等附屬書類者，應向文化廳長官提出記載下列各款所定事項之申請書：

一、登記號碼（請求交付或閱覽著作權登記原簿等之附屬書類之影本時，收件之年月日及收件受理號碼）。

二、申請人之姓名或名稱與住所或居所，如為法人則其代表人之姓名。

三、請求交付登記事項記載書類或著作權登記原簿等附屬書類之影本時，其份數。

第 20 條（登記事項記載書類之製作方法）

1. 登記事項記載書類，如有空白處時，應記載該處為空白之意旨。
2. 登記事項記載書類，應記載製作之年月日、謄本與著作權登記原簿等並無不同之意旨以及文化廳長官字樣，並蓋用文化廳長官之印。

日本　關於電腦程式著作登記特例法（全文）

昭和 61 年（1986）5 月 23 日法律第 65 號

令和 2 年（2020）6 月 12 日法律第 48 號修正

〔著作権法及びプログラムの著作物に係る登録の特例に関する法律の一部を改正する法律〕

第一章　總則

第 1 條（目的）

本法之目的，乃規定有關電腦程式著作之登記，為著作權法（昭和 45 年法律第 48 號）之特例。

第二章　有關登記程序之特例

第 2 條（電腦程式登記之申請）

有關電腦程式著作依著作權法第 75 條第 1 項、第 76 條第 1 項、第 76 條之 2 第 1 項或第 77 條登記（以下稱「電腦程式登記」）之申請者，應依政令規定，向文化廳長官提出該電腦程式著作之重製物，以作為辨明所申請登記電腦程式著作之內容資料。但該著作既已申請其他電腦程式登記者，不在此限。

第 3 條（電腦程式登記之公示）

文化廳長官，對於電腦程式著作依著作權法第 76 條第 1 項或第 76 條之 2 第 1 項為登記之情形，應依文部科學省令規定公告其意旨。

第 4 條（有關電腦程式登記證明之請求）

1. 已登記電腦程式著作之著作權人或其他與該電腦程式登記有利害關係之人，對於其保有的紀錄媒體上所儲存之電腦程式著作乃為已登記之電腦程式著作，得依政令規定，請求文化廳長官予以證明。
2. 依前項規定提出請求者，應按照政令規定的數額繳納費用。
3. 前項規定，於依該項規定應繳納費用者為國家時，不適用之。

第三章　關於登記機關之特例

第 5 條（指定登記機關之指定等）

1. 文化廳長官，得要求其指定登記之機關（以下稱「指定登記機關」），辦理電腦程式登記、基於電腦程式登記之前條第 1 項及著作權法第 78 條第 4 項規定的申請事務，以及第 3 條規定之公告（以下總稱為「登記事務」）之全部或一部。
2. 前項之指定，依文部科學省令規定，應依辦理登記事務者之申請為之。
3. 文化廳長官，於指定登記機關辦理登記事務時，就該指定登記機關所辦理之登記事務，文化廳即不再辦理。
4. 指定登記機關辦理登記事務時，第 2 條中之「文化廳長官」是指「第 5 條第 1 項規定的指定登記機關」（於次條及第 4 條第 1 項稱為「指定登記機關」）、第 3 條及前條第 1 項中之「文化廳長官」是指「指定登記機關」、著作權法第 78 條第 1 項中之「文化廳長官」是指「關於電腦程式著作登記之特例法（昭和 61 年法律第 65 號）第 5 條第 1 項規定之指定登記機關」（於第 3 項及第 4 項稱為「指定登記機關」）、同條第 3 項中之「辦理第 75 條第 1 項之登記時」是指「指定登記機關辦理第 75 條第 1 項之登記時」、同條第 4 項中之「文化廳長官」是指「指定登記機關」。

第 6 條（不符資格條款）

有下列各款所定情形之一者，不得受前條第 1 項之指定：

一、依本法或著作權法規定，被處以罰金以上之刑，且其刑期已執行完畢或未受執行之日起尚未經過二年者。

二、依第 20 條之規定被撤銷指定，自該撤銷之日起尚未經過二年者。

三、辦理該業務之管理人員中，有下列各目所定情形之一者：

（一）該當第 1 款者。

（二）依第 15 條規定被命令解任，自該解任之日起尚未經過二年者。

第 7 條（指定之基準）

文化廳長官，對於第 5 條第 1 項指定之申請，於符合下列各款所定情形時，始得指定之：

一、符合文部科學省令所定條件之具有知識經驗者實施電腦程式登記之人數，需達文部科學省令所定之人數以上者。

二、須為能確實且順利地辦理登記事務，而具有所需的會計基礎及技術能力。

三、一般社團法人或一般財團法人管理人員或職員之構成，對於登記事務之公正執行不會造成妨礙。

四、處理登記事務以外之業務時，該業務之處理不得造成登記事務之不公正。

五、該指定，不會妨礙登記事務之正確且順利實施。

第8條（執行登記之義務等）

1. 指定登記機關，被要求為電腦程式登記時，除有正當理由外，應立即辦理電腦程式登記。
2. 指定登記機關，於辦理電腦程式登記時，應使前條第1款所定之人（以下稱「登記實施者」）辦理之。

第9條（實名登記之報告義務）

指定登記機關，於辦理著作權法第75條第1項之登記時，應將為依同法第78條第3項規定公告之必要事項，迅速向文化廳長官報告。

第10條（事務所之變更）

指定登記機關如欲變更辦理登記事務之事務所所在地時，應於擬變更日之二週前，向文化廳長官申報。

第11條（登記事務規程）

1. 指定登記機關，有關登記事務規程（以下稱「登記事務規程」）之訂定，應經文化廳長官之認可。該規程變更時，亦同。
2. 登記事務規程應規定之事項，以文部科學省令定之。
3. 文化廳長官，對於已依第1項認可之登記事務規程，如認為對於登記事務之公正執行有不適當時，得命指定登記機關變更該登記事務規程。

第 12 條（登記事務之停止及廢止）

指定登記機關，未經文化廳長官之許可，不得停止或廢止登記事務之全部或一部。

第 13 條（事業計畫等）

1. 指定登記機關，於受第 5 條第 1 項指定之日所屬事業年度，於其他事業年度開始前，應立即製作該事業年度之事業計畫及收支預算，並經文化廳長官之認可。其欲變更時，亦同。

2. 指定登記機關，應於每一事業年度結束後三個月內，製作該事業年度之事業報告書及收支決算書，並向文化廳長官提出。

第 14 條（管理人員等之選任及解任）

指定登記機關之管理人員或登記實施者之選任或解任，非經文化廳長官之認可，不生效力。

第 15 條（解任命令）

文化廳長官，對於指定登記機關之管理人員或登記實施者，違反本法（含基於本法之命令或處分）或登記事務規程時，或者關於登記事務顯有不當行為時，得命指定登記機關解任該管理人員或登記實施者。

第 16 條（秘密保持義務等）

1. 指定登記機關之管理人員及職員，或曾任該職務之人，不得洩漏因登記事務而知悉之秘密。

2. 從事登記事務之指定登記機關管理人員或職員，關於刑法〔明治40年（1907）法律第45號〕及其他罰則之適用，視為依法令從事公務之職員。

第17條（適合命令等）

1. 文化廳長官，認為指定登記機關不符第7條第1款起至第4款之規定時，得命該指定登記機關採取符合該等規定之必要措施。
2. 文化廳長官，除前項規定外，於認為施行本法有必要時，得對指定登記機關為有關登記事務監督上必要之命令。

第18條（簿冊之記載等）

1. 指定登記機關，應備有帳簿並記載文部科學省令所定有關登記事務之事項。
2. 前項之簿冊，應依文部科學省令規定保存之。

第19條（報告及進入檢查）

1. 文化廳長官，於施行本法之必要限度內，得命指定登記機關報告有關業務或會計情形，或命文化廳職員進入指定登記機關事務所檢查業務狀況及帳簿、書類以及其他物件，或者詢問關係人。
2. 依前項規定進入檢查之職員，應攜帶明示其身分之證件並向關係人提示。
3. 第1項所定之進入檢查權限，不得解釋為係為了搜查犯罪所為者。

第 20 條（指定之撤銷等）

文化廳長官，於指定登記機關有下列各款所定情形之一時，得撤銷其指定，或者指定期間命其停止登記事務之全部或一部。

一、違反第 8 條起至第 10 條、第 11 條第 1 項、第 12 條、第 13 條、第 16 條第 1 項及第 18 條之規定時。

二、該當於第 6 條第 1 款或第 3 款時。

三、未依第 11 條第 1 項所認可之登記事務規程辦理登記事務時。

四、違反依第 11 條第 3 項、第 15 條或第 17 條規定之命令時。

五、藉由不正之手段而受指定時。

第 21 條（聽證方法之特例）

1. 依第 15 條規定解任命令或依前條規定撤銷指定之聽證期日審理，應公開進行之。
2. 前項公聽會之主持人，於該處分之利害關係人依行政程序法〔平成 5 年（1993）年法律第 88 號〕第 17 條第 1 項規定請求參加聽證程序時，應予許可。

第 22 條（由文化廳長官實施登記事務等）

1. 文化廳長官，在指定登記機關受第 12 條之許可停止登記事務之全部或一部時、依第 20 條規定命指定登記機關停止登記事務之全部或一部之停止時，或指定登記機關因天災及其他事由難以實施登記事務之全部或一部時而認有必要時，得自行執行該登記事務之全部或一部。

2. 文化廳長官，依前項規定自行執行登記事務之全部或一部時，於登記機關受第 12 條許可廢止登記事務之全部或一部時，或依第 20 條規定受文化廳長官撤銷指定登記機關之指定時，關於繼受登記事務之其他必要事項，以文部科學省令定之。

第 23 條（對指定登記機關所為處分等之異議）

不服指定登記機關有關登記事務之處分或其不作為之人，得對文化廳長官提出審查之請求。此時，關於行政不服審查法〔平成 26 年（2014）法律第 68 號〕第 25 條第 2 項及第 3 項、第 46 條第 1 項及第 2 項、第 47 條及第 49 條第 3 項規定之適用，文化廳長官視為指定登記機關之上級行政廳。

第 24 條（公告）

文化廳長官於以下情形，得依文部科學省令規定於公報公告其意旨：

一、為第 5 條第 1 項之指定時。

二、依第 10 條之規定提出申報時。

三、為第 12 條之許可時。

四、依第 20 條之規定撤銷指定，或命其停止登記事務之全部或一部時。

五、文化廳長官依第 22 條第 1 項之規定自行執行登記事務之全部或一部時，或不自行執行登記事務之全部或一部時。

第 25 條（手續費）

指定登記機關，於辦理電腦程式登記時，欲申請該登記者，應向指定登記機關繳納於考量實際費用後而由政令所定金額之手續費。

第 26 條

指定登記機關，依第 4 條第 1 項或著作權法第 78 條第 4 項規定，執行電腦程式登記事務時，第 4 條第 3 項或著作權法第 78 條第 6 項規定，不適用之。

第 27 條

依第 4 條第 2 項或第 25 條，或著作權法第 78 條第 5 項規定，向指定登記機關繳納之手續費，應作為指定登記機關之收入。

第 28 條

除本章規定外，有關指定登記機關辦理登記事務之必要事項，以政令定之。

第四章　罰則

第 29 條

違反第 16 條第 1 項規定者，處一年以下之徒刑或 30 萬日圓以下罰金。

第 30 條

違反依第 20 條規定之停止登記事務命令時，為違反行為之指定登記機關之管理人員或職員，處一年以下之徒刑或 30 萬日圓以下之罰金。

第 31 條

該當於下列各款所定情形之一時，為該違反行為之指定登記機關之管理人員或職員，處 20 萬日圓以下罰金：

一、未受第 12 條之許可而廢止登記事務之全部時。

二、違反第 18 條第 1 項規定而未備帳簿，未於帳簿記載，或於帳簿為虛偽之記載，或違反同條第 2 項規定而未保存帳簿時。

三、未依第 19 條第 1 項規定提出報告，或為虛偽之報告，或拒絕、妨礙或逃避依同項規定之檢查，或對於依同項規定之詢問不為陳述，或為虛偽之陳述時。

附錄三：南韓著作權法有關著作權登記條文（摘錄）[1]

南韓　著作權法

施行 2021 年 6 月 9 日

法律第 17588 號，2020 年 12 月 8 日，部分修正

第二章　著作權

第六節　登記暨認證

第 53 條（著作權之登記）

① 著作人得為下列各款事項登記：

1. 著作人之本名、別名（限於公開發表當時使用之別名）、國籍、住所或居所。

2. 著作之名稱、種類、創作日期。

3. 著作是否已公開發表及首次公開發表之國家、日期。

4. 其他總統令所定之事項。

② 著作人死亡時，該著作人無特別之意思表示者，其遺囑所指定之人或繼承人得依第 1 項各款規定登記。

---

[1] 附錄三所附之南韓著作權法中文條文，乃節錄自經濟部智慧財產局委託達文西個資暨高科技法律事務所辦理之 110 年度「韓國著作權法及其法令翻譯」。

③ 依第1項及第2項規定以本名登記為著作人者，推定為該登記著作之著作人、以該登記之日期推定為創作日期或首次公開發表之日。但著作於創作之日起一年後登記者，不以該登記之日期推定為創作完成日。<修正2009年4月22日>

第54條（權利變動等之登記、效力）

下列各款得登記事項，未經登記不得對抗第三人：<修正2011年12月2日>

1. 著作財產權之讓與（繼承或其他一般繼受時除外）或限制處分。
2. 第57條專屬發行權或第63條出版權之設定、移轉、變更、消滅或限制處分。
3. 以著作財產權、第57條專屬發行權或第63條出版權為標的之質權設定、移轉、變更、消滅或限制處分。

第55條（登記之程序等）

① 第53條及第54條規定之登記，委員會應將其登記於著作權登記簿（電腦程式之登記以電腦程式等登記簿稱之，以下同）。<修正2008年2月29日、2009年4月22日、2020年2月4日>

② 有下列情形之一者，委員會得駁回其申請。但申請之瑕疵得補正且申請人已於申請當日補正者，不在此限。<修正2008年2月29日、2020年2月4日>

1. 登記申請之客體非屬著作。
2. 申請登記之客體屬第7條規定不受保護之著作。
3. 無申請登記權之人申請登記。
4. 未檢附申請登記之必要資料或文件。

5. 依第 53 條第 1 項或第 54 條規定申請登記之項目內容與文化體育觀光部令所定之登記申請書規定檢附文件內容不相符。

6. 申請登記與文化體育觀光部令所定之格式不相符。

③ 登記申請經依第 2 項駁回者，申請人得於被駁回之日起一個月內向委員會提出異議。<新設 2020 年 2 月 4 日>

④ 委員會應自收受領第 3 條規定之異議申請之日起一個月內審查，並將其結果通知申請人。<新設 2020 年 2 月 4 日>

⑤ 委員會駁回異議申請或做出駁回決定，應附記行政裁判或行政訴訟之教示，與第 4 項規定之結果併同通知申請人。<新設 2020 年 2 月 4 日>

⑥ 委員會應將第 1 項規定之登記事項，發行登記公報或揭示於情報通信網上。<修正 2008 年 2 月 29 日、2020 年 2 月 4 日>

⑦ 對著作權登記簿有申請閱覽或請求發給謄本者，委員會應提供閱覽或發給謄本。<新設 2020 年 2 月 4 日>

⑧ 其他有關登記、駁回登記申請、異議申請、發行或揭示登記公報、著作權登記簿之閱覽及發給謄本等必要事項，以總統令定之。<新設 2020 年 2 月 4 日>

第 55 條之 2（錯誤、疏漏之通知暨質權更正）

① 委員會，於發覺著作權登記簿上記錄之事項有錯誤或疏漏時，應立即將該事實向依第 53 條或第 54 條規定登記之人（以下稱「著作權登記人」）告知，不得拖延。

② 第 1 項錯誤或疏漏係因負責登記之職員失誤致生時，應立即更正該登記事項，並將該內容告知著作權登記人，不得拖延。

③ 委員會，就第 1 項暨第 2 項規定登記事項之更正，有利害第三人時，應將該錯誤或疏漏之內容及予以更正之事實向該第三人告知。

<本條新設 2020 年 2 月 4 日>

第 55 條之 3（變更登記等之申請等）

① 著作權登記人，符合下列任一款時，得依文化體育觀光部令規定以申請書檢附證明申請之文件，向委員會申請變更、更正、撤銷登記或恢復已撤銷之登記（下稱「變更登記等」）：

1. 著作權登記簿登記之事項已變更時。

2. 登記有錯誤或疏漏時。

3. 欲撤銷登記時。

4. 欲恢復已撤銷之登記時。

② 委員會，若變更登記等申請書所載內容與該證明文件之內容有不一致時，得駁回申請。

③ 依第 2 項規定駁回登記申請書時，該登記之申請人得異議之。於此情形，關於異議申請得準用第 55 條第 3 項至第 5 項暨第 8 項之規定。

④ 委員會，受領變更登記等之申請時，應將該內容記載於著作權登記簿。

⑤ 其他變更登記等之申請、申請之駁回等之必要事項，以總統令定之。

<本條新設 2020 年 2 月 4 日>

第 55 條之 4（職權撤銷登記）

① 委員會，於知悉依第 53 條或第 54 條規定之登記有符合第 55 條第 2 項第 1 款至第 3 款暨第 5 款之任一情形時，得依職權撤銷該登記。

② 委員會，欲依第 1 項規定撤銷登記時應進行聽證。但第 1 項規定之撤銷事由係經確定判決確認時，不在此限。

③ 委員會，依第 2 條規定未進行聽證並撤銷登記時，應將該撤銷事實向著作權登記人及利害第三人告知。

<本條新設 2020 年 2 月 4 日>

第 55 條之 5（秘密保持義務）

執行第 53 條至第 55 條、第 55 條之 2 至第 55 條之 4 規定之登記業務之在職者或離職者，不得向他人洩漏業務上知悉之秘密。<本條新設 2009 年 4 月 22 日> <修正 2020 年 2 月 4 日>

第 56 條（權利人等之認證）

① 文化體育觀光部部長，為了著作等之交易安全與信賴保護，得指定認證機關。<修正 2008 年 2 月 29 日>

② 依第 1 項規定指定認證機關與取消指定暨認證程序等相關必要事項，以總統令定之。<修正 2009 年 4 月 22 日>

③ 認證機關依第 1 項規定認證與得收取之相關手續費，由文化體育觀光部部長訂定該金額。<修正 2008 年 2 月 29 日>

第七節　專屬發行權

第 57 條（專屬發行權之設定）

① 享有發行或重製、互動式傳輸（以下稱「發行等」）著作之權利人，得設定專屬權（以下稱「專屬發行權」，第 63 條規定之出版權除外，以下同）予欲將著作用於發行等之人。<修正 2011 年 12 月 2 日>

② 著作財產權人，得對其著作之發行等方式及條件於不重疊之範圍內設定新的專屬發行權。<新設 2011 年 12 月 2 日>

③ 依第 1 項規定之設定而取得專屬發行權之人（以下稱「專屬發行權人」），享有依該設定行為內所定，以發行等方式利用該專屬發行權著作之權利。<修正 2011 年 12 月 2 日>

④ 著作財產權人，該著作之重製權、散布權、互動式傳輸權有設定為質權標的時，應取得該質權人同意始得設定專屬發行權。<修正 2011 年 12 月 2 日>

<標題修正 2011 年 12 月 2 日>

第 58 條（專屬發行權人之義務）

① 專屬發行權人，該設定行為無特約時，於取得以重製專屬發行權著作為目的之必要原件或相當物品之日起九個月內，應以發行等方式利用之。<修正 2011 年 12 月 2 日>

② 專屬發行權人，於該設定行為無特約時，應依慣行以發行等方式持續利用該著作。<修正 2011 年 12 月 2 日>

③ 專屬發行權人，無特約時，應依總統令之規定將著作財產權人表示於各別重製物上。但「新聞等之振興相關法律」第 9 條第 1 項規定之已登記新聞，與「雜誌等定期刊行物之振興相關法律」第 15 條暨第 16 條規定之已登記或申告之定期刊行物，不在此限。<修正 2011 年 12 月 2 日、2020 年 2 月 4 日>

<標題修正 2011 年 12 月 2 日>

第 58 條之 2（著作之修正增減）

① 專屬發行權人，以發行等方式對專屬發行權之著作再次利用時，著作人得於合理範圍內對該著作之內容修正或增減。<修正 2011 年 12 月 2 日>

② 專屬發行權人，欲以發行等方式對專屬發行權之著作再次利用，無特別約定時，應於再次利用時向各別著作人告知該事實。<修正 2011 年 12 月 2 日>

第 59 條（專屬發行權之存續期間等）

① 專屬發行權，於設定行為無特約時，存續期間自首次發行等之日起算三年。但為了影像化著作而設定之專屬發行權，存續期間為五年。<修正 2011 年 12 月 2 日>

② 經設定專屬發行權之著作，其著作人於專屬發行權存續期間內死亡時，著作財產權人得為了著作人而收錄著作之全集及全集以外之編輯物，或分離全集及全集以外之部分編輯物，並對之以發行等方式利用之，不適用第 1 項規定。<修正 2011 年 12 月 2 日>

第 60 條（專屬發行權之終止通告）

① 著作財產權人於專屬發行權人違反第 58 條第 1 項或第 2 項時，指定六個月以上期間履行，逾最終期限仍未履行時，得通告終止專屬發行權。<修正 2011 年 12 月 2 日>

② 著作財產權人，於專屬發行權人無法以發行等方式利用該著作或明確無利用意願時，得即時通告終止專屬發行權，不受第 1 項限制。<修正 2011 年 12 月 2 日>

③ 第 1 項或第 2 項之通告終止專屬發行權，於通告送達專屬發行權人時，視為該專屬發行權已終止。<修正 2011 年 12 月 2 日>

④ 第 3 項之情形，著作財產權人得隨時向專屬發行權人請求回復原狀或因停止發行等而致生之損害賠償。<修正 2011 年 12 月 2 日>

第 61 條（專屬發行權終止後之重製物散布）

專屬發行權於存續期間屆滿或因其他事由而終止後，享有該專屬發行權之人，除符合下列任一款情形外，不得散布於專屬發行權存續期間內製作之重製物。<修正 2011 年 12 月 2 日>

1. 設定專屬發行權時另有約定時。

2. 於專屬發行權存續期間內已向著作財產權人支付發行該著作物之使用報酬，而散布與該使用報酬相當之重製物數量時。

第62條（專屬發行權之讓與、限制等）

① 專屬發行權人，未經著作財產權人之同意，不得將專屬發行權讓與他人或為他人設定質權。

② 關於以專屬發行權為目的做成之著作之重製物等，準用第23條、第24條、第25條第1項至第5項、第26條至第28條、第30條至第33條、第35條第2項至第3項、第35條之2至第35條之5、第36條及第37條規定。<修正2019年11月26日、2020年2月4日>

<全文修正2011年12月2日>

第七節之二　出版之相關特例 <新設2011年12月2日>

第63條（出版權之設定）

① 享有著作之重製、散布權利之人（以下稱「重製權人」），得對欲以印刷或其他類似方式將著作以文或圖片形式發行者，設定出版權利（以下稱「出版權」）。

② 依據第1項規定取得出版權之人（以下稱「出版權人」），依該設定行為享有依照該出版權目的著作原件之出版權。

③ 重製權人，該著作之重製權有設定為質權之標的物時，應取得質權人之許可始得設定出版權。

<本條新設2011年12月2日>

第 63 條之 2（準用）

第 58 條至第 62 條規定，於出版權準用之。於該情形，「專屬發行權」應解釋為「出版權」，「著作財產權人」應解釋為「重製權人」。

第 90 條（著作鄰接權之登記）

第 53 條至第 55 條及第 55 條之 2 至第 55 條之 5 規定，於著作鄰接權或著作鄰接權之專屬發行權之登記、變更登記等，準用之。於此情形，第 55 條、第 55 條之 2 及第 55 條之 3 所定「著作權登記簿」解釋為「著作鄰接權登記簿」。

<全文修正 2020 年 2 月 4 日>

第 98 條（資料庫製作人權利之登記）

第 53 條至第 55 條及第 55 條之 2 至第 55 條之 5 規定，於資料庫製作人之權利及資料庫製作人權利之專屬發行權之登記、變更登記等，準用之。於此情形，第 55 條、第 55 條之 2 及第 55 條之 3 所定「著作權登記簿」解釋為「資料庫製作人權利登記簿」。

<全文修正 2020 年 2 月 4 日>

第八章　韓國著作權委員會

第 112 條（韓國著作權委員會之設立）

① 以審議著作權及其他依本法保護權利（以下在本章統稱為「著作權」）之相關事項、斡旋、調解著作權相關紛爭（以下稱「紛爭」）、執行著作權登記相關業務、促進權利人權益及正當利用著作等必要工作，設立

韓國著作權委員會（以下稱「委員會」）。<修正 2016 年 3 月 22 日、2020 年 2 月 4 日>

② 委員會為法人。

③ 有關委員會之事項於本法未規定時，準用「民法」中關於財團法人之相關規定。準用時，委員會之委員視為理事。

④ 非委員會之人不得使用韓國著作權委員會之名稱。

<全文修正 2009 年 4 月 22 日>

第 112 條之 2（委員會之組成）

① 委員會由包括一名委員長、二名副委員長在內之 20 名以上 25 名以內之委員組成。

② 委員由文化體育觀光部部長自下列各款之人中委囑之，委員長與副委員長自委員中選任。文化體育觀光部部長得請求各領域管理人團體或利用人團體等推薦委員人選，委員人數應各別對應依本法保護權利之保護人及利用人之利害人，均分之。

1. 現任或曾任職於大學或經公認之研究機關之副教授以上或相當職位，並專攻著作權相關領域之人。

2. 現任或曾任法官或檢察官之職務，或具有律師資格之人。

3. 現任或曾任四級以上之公務員或相當之公共機關職務，並有著作權或文化產業領域之實務經驗之人。

4. 現任或曾任職於著作權或文化產業相關團體之經理人之人。

5. 其他具著作權或文化產業相關學識與豐富經驗之人。

③ 委員之任期為三年，得連任。但受委囑指定職位之委員，其任期為該當職位之在職期間。

④ 委員有出缺時，應依第 2 項規定委囑補充委員，該補充委員之任期為前任者剩餘之任期。但委員人數逾 20 名以上時，無須委囑補充委員。

⑤ 為有效率地履行委員會之業務，得以領域別設置分科委員會，分科委員會議決自委員會處受任取得之事項時，視為委員會之議決。

<本條新設 2009 年 4 月 22 日>

第 113 條（業務）

委員會進行下列各款業務：<修正 2008 年 2 月 29 日、2009 年 4 月 22 日、2020 年 2 月 4 日、2020 年 12 月 8 日>

1. 著作權登記相關業務。
2. 斡旋、調解紛爭。
3. 第 105 條第 10 項規定之著作權委託管理業者之手續費及利用費之費率或金額相關事項，及審議文化體育觀光部部長或三名以上委員共同提出之附議事項。
4. 確立著作等之利用秩序及謀求著作之公正利用之事務。
5. 為了振興著作權暨增進著作人權益之國際協力。
6. 著作權研究、教育暨宣傳。
7. 支援制定著作權政策。
8. 支援制定有關科技保護措施暨權利管理資訊之政策。
9. 追求及運行資訊管理系統以提供著作權資訊。
10. 有關著作權侵害等之鑑定。
11. <刪除 2016 年 3 月 22 日>。
12. 法律特定為委員會之業務或委託業務。
13. 其他文化體育觀光部部長委託之業務。

第 125 條（損害賠償之請求）

① 享有著作財產權、其他依本法保護權利（著作人格權及表演者之人格權除外）之人（以下稱「著作財產權人等」），對故意或過失侵害權利之人之侵害行為有損害賠償請求權時，該權利侵害人因侵害行為有獲取利益時，以該利益總額推定為著作財產權人等得請求之損害賠償額。

② 著作財產權人等對故意或過失侵害權利之人之侵害行為有損害賠償請求權時，依其行使該權利通常得獲取之相當金額為著作財產權人等得請求之損害賠償額。

③ 著作財產權人等所受損害額超過第 2 項規定之金額時，得對該超過額請求損害賠償，不適用第 2 項規定。

④ 侵害已登記之著作權、專屬發行權（包括準用第 88 條及第 96 條之情形）、出版權、著作鄰接權或數據資料著作權之人，推定其侵害行為係過失。<修正 2009 年 4 月 22 日、2011 年 12 月 2 日>

<本條新設 2011 年 12 月 2 日>

第 125 條之 2（法定損害賠償之請求）

① 著作財產權人等，於事實審辯論終結前，得對各著作等以各 1,000 萬韓元（故意以營利為目的侵害權利之情形為 5,000 萬韓元）以下之範圍內，替代實際損害額或第 125 條、第 126 條所定之損害額，向故意或過失侵害權利之人請求相當之賠償金額。

② 兩個以上著作為素材之編輯著作及衍生著作，於適用第 1 項時得視為單一著作。

③ 著作財產權人等欲依第 1 項為請求，應於侵害行為發生前依第 53 條至第 55 條規定（包括依第 90 條及第 98 條準用之情形）登記該著作等。

④ 法院，有第1項請求時，應審酌辯論之宗旨與證據調查之結果，於第1項範圍內認定相當損害額。

<本條新設2011年12月2日>

第136條（罰則）

② 符合下列任一款者，處三年以下有期徒刑，或科3,000萬韓元以下罰金，得併之。<修正2009年4月22日、2011年6月30日、2011年12月2日>

1. 侵害著作人格權或表演人之人格權，且毀損著作人或表演人之名譽者。
2. 對第53條暨第54條（包括第90條暨第98條準用之情形）規定之登記，以不實方式為之者。

南韓　著作權法施行令

施行2020年8月5日

總統令第30898號，2020年8月4日，部分修正

第24條（登記事項）

本法第53條第1項第4款「總統令所定事項」指下列各款事項：

1. 衍生著作之情形，原著作之標題及著作人。
2. 著作已公開發表時，該著作公開發表之媒介相關資訊。
3. 登記權利人有二名以上時，各自持分之相關事項。

第 25 條（申請注意）

① 本法第 53 條及第 54 條規定之登記，除本令有其他規定外，應經申請或囑託之。

② 因囑託之登記程序，準用申請登記之相關規定。

第 26 條（登記申請）

① 欲依本法第 53 條及第 54 條規定登記之人，應向委員會提交文化體育觀光部令所定之登記申請書。<修正 2008 年 2 月 29 日、2020 年 8 月 4 日>

② 欲依本法第 54 條進行登記時，除本令另有其他規定外，登記權利人與登記義務人應共同申請之。但於申請書檢附登記義務人之承諾書時，得僅由登記權利人為申請。

③ 依判決繼承、其他一般承繼，或囑託等之登記，得僅由登記權利人為申請。

④ 著作權信託管理業，本法第 54 條第 1 款規定登記信託著作時，得僅由著作權信託管理業為申請。<新設 2009 年 7 月 22 日> <修正 2016 年 9 月 21 日>

⑤ 為變更或更正登記名義人之標示，得僅由登記名義人為申請。<修正 2009 年 7 月 22 日>

第 27 條（著作權登記簿記載等）

① 本法第 55 條第 1 項規定之著作權登記簿（程式著作之情形，指程式著作登記簿）應記載下列各款事項：<修正 2009 年 7 月 22 日>

1. 登記號碼。

2. 著作之標題。

3. 著作人等之姓名。

4. 創作公開發表暨發行之年月日。

5. 登記權利人之姓名及住所。

6. 登記之內容。

② 著作權登記簿之書式與其他必要事項以文化體育觀光部令定之。<修正 2008 年 2 月 29 日>

第 27 條之 2（申請之駁回方式）

本法第 55 條第 2 項規定，委員會欲駁回登記申請時，應以書面明示該事由並告知申請人。<修正 2008 年 2 月 29 日、2020 年 8 月 4 日>

第 27 條之 3（對駁回登記申請之異議申請）

欲依本法第 55 條第 3 項為異議申請之人，應以文化體育觀光部令所定之異議申請書向委員會提出之。

<本條新設 2020 年 8 月 4 日>

第 27 條之 4（登記公報之發行等）

① 委員會，本法第 55 條第 6 項規定，應於每二個月一次以上發行登記公報，或將登記公報之內容揭示於委員會之網站。<修正 2008 年 2 月 29 日、2009 年 7 月 22 日、2020 年 8 月 4 日>

② 第 1 項規定之登記公報應記載第 27 條第 1 項各款之事項。

第27條之5（著作權登記簿之閱覽等）

本法第55條第7項規定，閱覽著作權登記簿或欲取得發行謄本之人，應以文化體育觀光部令所定之申請書向委員會提出之。<修正2008年2月29日、2020年8月4日>

<標題修正2020年8月4日>

第28條（登記證之發行等）

① 委員會收到登記申請並將其記載於著作權登記簿時，應以文化體育觀光部令所定向申請人發行登記證。<修正2008年2月29日、2009年7月22日、2020年8月4日>

② 因遺失、滅失或毀損而欲取得再發行登記證之人，應以文化體育觀光部令所定之登記證再發行申請書向委員會提出之。<修正2008年2月29日、2020年8月4日>

第29條<刪除2020年8月4日>

第30條（登記事項之變更等）

① 對本法第55條之3第1項規定之已登記事項，欲申請變更、更正、塗銷登記或回復被塗銷之登記（以下於本條稱「變更登記等」）時，應以文化體育觀光部令所定之變更登記等申請書並檢附證明文件，向委員會提出之。<修正2020年8月4日>

② 委員會，欲駁回本法第55條之3第2項規定之變更登記等申請時，應以書面明示其事由並向申請人寄送之。<新設2020年8月4日>

③ 欲依本法第55條之3第3項為異議申請之人，應以文化體育觀光部令所定之異議申請書向委員會提出之。<新設2020年8月4日>

④ 委員會收到第 1 項之申請時，將該內容記載於著作權登記簿後，若屬變更、更正或回復被塗銷之登記，應向申請人發行新的登記證，若屬塗銷，應將該事實通知申請人。<新設 2009 年 7 月 22 日> <修正 2020 年 8 月 4 日>

第 31 條 <刪除 2020 年 8 月 4 日>

第 32 條 <全文第 32 條移動至第 27 條之 2，2020 年 8 月 4 日>

第 33 條 <全文第 33 條移動至第 27 條之 4，2020 年 8 月 4 日>

第 34 條 <全文第 34 條移動至第 27 條之 5，2020 年 8 月 4 日>

第 35 條（電算資訊處理系統之登記）

第 24 條至第 27 條、第 27 條之 2 至第 27 條之 5、第 28 條暨第 30 條等規定之登記及與之相關業務，得以電算資訊處理系統為處理。<修正 2009 年 7 月 22 日、2020 年 8 月 4 日>

<標題修正 2009 年 7 月 22 日>

南韓　著作權法施行規則

施行 2020 年 8 月 5 日

文化體育觀光部令第 399 號，2020 年 8 月 5 日

第 6 條（登記申請書）

① 欲依本令第 26 條第 1 項規定著作權、本法第 57 條規定專屬發行權（下稱「專屬發行權」）、本法第 63 條規定出版權（下稱「出版權」）、

本法第 90 條及第 98 條規定準用之著作鄰接權及著作鄰接權之專屬發行權、資料庫製作人之權利及資料庫製作人權利之專屬發行權等為登記之人，應提出下列各款之登記申請書及項目書：<修正 2009 年 7 月 24 日、2011 年 12 月 2 日>

1. 著作權等之登記

甲、著作權之登記：附件第 3 款著作權登記申請書〔程式著作（下稱「程式」）之情形依附件第 3 款之 2 程式登記申請書〕與附件第 4 款著作權登記申請項目書（程式之情形依附件第 4 款之 2 程式登記申請項目書）。

乙、<刪除 2009 年 7 月 24 日>。

丙、著作鄰接權之登記：附件第 7 款著作權人格權登記申請書，及附件第 8 款著作權人格權（表演）登記申請書、附件第 9 款著作鄰接權（錄音物）登記申請書或附件第 10 款著作鄰接權（轉播）登記申請書。

丁、資料庫著作人之權利登記：附件第 11 款資料庫製作人權利登記申請書，及附件第 12 款資料庫製作人權利登記申請項目書。

2. 權利變動等之登記

甲、除程式著作財產權以外之著作財產權、專屬發行權及出版權等之權利變動等登記：附件第 5 款登記申請書，及附件第 6 款登記申請項目書。

乙、包含程式著作財產權之專屬發行權之程式著作財產權或其權利變動等有經登記時，其權利變動等登記：附件第 5 款之 2 登記申請書。

丙、包含程式著作財產權之專屬發行權之程式著作財產權或其權利變動等未經登記時，其權利變動等登記：附件第 4 款之 2 程式登記申請項目書，及附件第 5 款之 2 登記申請書。

丁、著作鄰接權及著作鄰接權之專屬發行權等之權利變動等登記：附件第 13 款登記申請書，及附件第 14 款著作權人格權（表演）暨著作鄰接權（表演）之專屬發行權變動登記申請項目書、附件第 15 款著作鄰接權（錄音物）暨著作鄰接權（錄音物）之專屬發行權變動登記申請項目書，或附件第 16 款著作鄰接權（轉播）變動登記申請項目書。

戊、資料庫著作人之權利及資料庫製作人權利之專屬發行權等之權利變動等登記：附件第 17 款登記申請書，及附件第 18 款資料庫製作人權利暨資料庫製作人權利之專屬發行權變動登記申請項目書。

② 第 1 項規定登記申請書應檢附下列各款文件：<修正 2009 年 7 月 24 日、2016 年 11 月 8 日>

1. 與登記關聯之重製物，或得知悉該內容之圖面、照片等之文件，或電磁紀錄媒介。

2. 證明登記事由之文件（限有證明登記內容之必要時）。

3. 著作人、著作鄰接權人、資料庫製作人、繼承人、登記權利人，或登記義務人等，有二人以上時，依附件第 19 條目錄。

4. 有大量登記著作、著作鄰接權、資料庫之情形，依附件第 20 款目錄。

5. 就登記原因有第三人同意或請求授權時，可證明之文件。

6. 可證明登記權利人、登記義務人等身分之文件（代理人為登記申請之情形，包含可證明代理人身分之文件）。

7. 登記義務人之承諾書（限僅依本令第 26 條第 2 項但書規定以登記權利人申請之情形）。

8. 依「國民基礎生活保障法」第 7 條第 1 項第 1 款規定受領生活補助或同項第 3 款規定醫療補助之人，以同法施行細則附件第 3 款之 2 受領人證明書。

③ 程式之情形，應提出收錄程式重製物之電磁紀錄媒介一份，不適用第 2 項第 1 款規定。<新設 2009 年 7 月 24 日>

④ 提出第 3 項規定程式重製物時，僅以程式之部分內容即可認證創作事實時，得摘錄一部分提出之。於此情形，應提出電腦轉換前以程式語言標示之物。<新設 2009 年 7 月 24 日>

第 6 條之 2（重製物之管理與重製等）

① 委員會，為使依第 6 條第 2 項及第 3 項受領之重製物可被秘密保持，應於專用保管場所保管，並設置必要保安措施。<修正 2012 年 10 月 18 日、2020 年 5 月 27 日>

② 第 1 項經提交之重製物為程式時，應封緘[2]之。但依本令第 35 條經電算資訊處理系統處理之重製物者，得以秘密保持科技措施代替封緘。

③ 委員會，為防免已登記之程式滅失毀損等，於必要時得暫時性開封已依第 2 項封緘之電腦重製物，以另外媒介重製之。於此情形，應於重製後立即封緘之，不得遲延。

④ 委員會，著作權人或取得著作權人同意之第三人，要求對已依第 6 條第 2 項第 1 款暨第 6 條第 3 項提出之重製物為重製時，得對之為重製。

<本條新設 2009 年 7 月 24 日>

第 6 條之 3（異議申請書）

欲依本法第 55 條第 3 項或第 55 條之 3 第 3 項為異議申請之人，應檢附下列各款文件，以附件第 20 款之 2 異議申請書，向委員會提出之：

2 「봉함」的漢字為「封緘」，在此指密封信函的行為。

1. 得確認為申請人本人之文件。
2. 得確認為代理人之文件（限於代理人申請之情形）。
3. 得證明異議申請事由之資料（限於有該資料之情形）。

<本條新設 2020 年 8 月 5 日>

第 7 條（著作權登記簿等）

本令第 27 條第 2 項著作權登記簿（程式之情形，指程式登記簿）、本法第 90 條及第 98 條準用之著作鄰接權登記簿暨資料庫製作人權利登記簿，依下列各款：<修正 2009 年 7 月 24 日、2011 年 12 月 2 日>

1. 著作權登記簿：附件第 21 款書式。
2. 程式登記簿：附件第 21 款之 2 書式。
3. <刪除 2011 年 12 月 2 日>
4. 著作鄰接權登記簿：附件第 23 款書式。
5. 資料庫製作人權利登記簿：附件第 24 款書式。

第 7 條之 2（著作權登記簿之閱覽等）

① 欲依本令第 27 條之 5 規定閱覽著作權登記簿或取得發行該副本之人，應依附件第 24 款之 2 申請書提出之。於此情形，由代理人提出申請時，應檢附證明代理人身分之文件。<修正 2020 年 8 月 5 日>

② 委員會，對第 1 項申請發行著作權登記簿副本時，應於著作權登記簿副本之末端及其背面，記載使知悉為著作權登記簿副本之文字及其發行之年月日，並應蓋上負責部門長印。<修正 2009 年 7 月 24 日、2020 年 8 月 5 日>

<標題修正 2020 年 8 月 5 日>

第8條（登記證）

① 委員會，依本令第28條第1項規定著作權、專屬發行權、出版權、本法第90條及第98條規定準用之著作鄰接權及著作鄰接權之專屬發行權、資料庫製作人之權利及資料庫製作人權利之專屬發行權等進行登記時，應向登記申請人發行下列各款之登記證：<修正2009年7月24日、2011年12月2日、2016年11月8日>

1. 著作權之登記：附件第25款著作權登記證。

1-2. <刪除2016年11月8日>

2. <刪除2011年12月2日>

3. 著作鄰接權之登記：附件第27款著作鄰接權登記證。

4. 資料庫製作人權利之登記：附件第28款資料庫製作人權利登記證。

5. 著作財產權、專屬發行權及出版權等權利變動等之登記：附件第29款著作權權利變動登記證。

5-2. <刪除2016年11月8日>

6. 著作鄰接權暨著作鄰接權之專屬發行權等權利變動等之登記：附件第30款著作鄰接權權利變動登記證。

7. 資料庫製作人之權利暨資料庫製作人權利之專屬發行權等權利變動等之登記：附件第31款資料庫製作人權利變動登記證。

② 欲依本令第28條第2項取得登錄證再發行之人，應檢附得確認為登記權利人身分之文件及證明代理人身分之文件（限於代理人為申請之情形），以附件第32款申請書提交之。<修正2009年7月24日、2011年12月2日>

③ 委員會，登記權利人申請英文登記證時，應區分下列各款，以英文註記登記證所記載之內容，並向登記權利人發行英文登記證：<新設2016年11月8日>

1. 申請著作權登記證：附件第 25 款之 2 書式。
2. 申請著作鄰接權登記證：附件第 27 款之 2 書式。
3. 申請資料庫製作人權利登記證：附件第 28 款之 2 書式。
4. 申請著作人權利變動登記證：附件第 29 款之 2 書式。
5. 申請著作鄰接權權利變動登記證：附件第 30 款之 2 書式。
6. 申請資料庫製作人權利變動登記證：附件第 31 款之 2 書式。

④ 欲申請第 3 項規定英文登記證之登記權利人，應檢附下列各款文件，以附件第 32 款之 2 申請書向委員會提出之：<新設 2016 年 11 月 8 日>

1. 得確認為登記權利人身分之文件。
2. 代理人為申請之情形，證明為代理人身分之文件。
3. <刪除 2020 年 8 月 5 日>

第 9 條（變更登記等申請書及登記申請取消書）

① 欲依本法第 55 條之 3 第 1 項規定對登記事項為變更、更正、撤銷登記，或恢復已撤銷之登記（以下於本條稱「變更登記等」）之人，應檢附下列各款文件，以附件第 33 款申請書提出之：<修正 2009 年 7 月 24 日、2011 年 12 月 2 日、2020 年 8 月 5 日>

1. 登記證。
2. 證明變更登記等事由之文件（限有證明變更登記等申請內容之必要時）。
3. 證明為代理人身分之文件（限於代理人為申請變更登記等之情形）。

② 欲於登記被受理前取消登記申請之人，應檢附下列各款文件，以附件第 34 款登記申請取消書，提出之：

1. 得確認為登記申請人本人之文件。
2. 證明為代理人身分之文件（限於代理人為取消登記請求之情形）。

3. 登記申請人名義之帳戶影本。

<標題修正 2020 年 8 月 5 日>

第 10 條 <此前第 10 條移動至第 7 條之 2，2020 年 8 月 5 日>

第 10 條之 2（電算資訊處理系統之登記事務處理等）

① 本令第 35 條規定以電算資訊處理系統處理登記業務時，記錄登記事項之保存記憶裝置視為登記簿。

② 申請登記之當事人或代理人得利用電算資訊處理系統為登記申請。

③ 以電算資訊處理系統處理登記事務時，得以電子文書取代以其他方式檢附之文件，有以電子文書之情形，該申請人、代理人之簽章或簽名，得以電子簽名代替。

<本條新設 2009 年 7 月 27 日>

第 11 條（認證機關指定申請書等）

① 本令第 36 條第 3 項規定之認證機構指定申請書，依附件第 36 款書式。

② 本令第 36 條第 4 項規定之認證機關指定書，依附件第 37 款書式。

第 12 條（認證申請書等）

① 欲取得本令第 37 條第 1 項規定認證之人，應檢附權利關係或可證明利用關係之文件，以下列各款認證申請書提出之：<修正 2009 年 7 月 24 日>

1. 權利認證申請書：附件第 38 款書式。

2. 授權利用認證申請書：附件第 38 款之 2 書式。

② 本令第37條第3項規定之認證書，依下列各款書式：<修正2009年7月24日>

1. 權利認證書：附件第39款書式。

2. 授權利用認證書：附件第39款之2書式。

附錄四：德國著作權法有關著作權登記條文（摘錄）

德國　著作權及鄰接權法

1965 年 9 月 9 日制定，2021 年 6 月 23 日最新修正

第五章　著作權之法律交易

第一節　著作權之權利繼受人

第 29 條　關於著作權之法律行為

(1) 著作權不得轉讓。但因履行基於死亡所為之處分而轉讓，或者共同繼承人間因分配遺產而轉讓者，不在此限。
(2) 利用權之授予（第 31 條）、對於著作權利之債務法上同意與合意，以及第 39 條所規定有關著作人格權之法律行為，均得為之。

第二節　利用權

第 31 條　利用權之授予

(1) 著作人得授予他人以個別或一切利用方式利用其著作之權利（利用權）。利用權得以非專屬或專屬權利之形式授予，並得在地域、期間或內容之限制下授予。
(2) 非專屬利用權之權利人得依許可之方式利用著作而不排除其他利用行為。

(3) 專屬利用權之權利人得在排除其他一切人之下，依許可之方式利用著作，並得將利用權授予他人。當事人得約定著作人仍保有利用著作之權利。第 35 條之規定不受影響。

(4) （刪除）

(5) 授予利用權時未明確約定利用之方式者，依當事人作為基礎之契約目的認定利用權涵蓋之範圍。有關特定利用權是否有授予、授予之權利為非專屬或專屬、利用權與禁止權達到何等範圍，以及利用權受到何等限制等問題之認定，亦同。

第 33 條　利用權之持續效力

專屬及非專屬之利用權，對於授予在後之利用權，仍有效力。授予利用權之權利人有變更或者拋棄其權利者，亦同。

第 66 條　不具名著作及別名著作

(1) 不具名著作及別名著作之著作權於公開發表後 70 年消滅。但創作完成後 70 年內未公開發表者，其著作權於創作完成後 70 年消滅。

(2) 著作人於第 1 項第 1 句所定期間內公開其身分，或者著作人採用之別名為眾所周知者，依第 64 條及第 65 條計算著作權期間。著作人之本名於第 1 項第 1 句所定期間內登記於不具名及別名著作登記簿（第 138 條）者，亦同。

(3) 第 2 項所規定之行為由著作人為之。著作人死亡後，第 2 項所規定之行為由其著作權繼承人（第 30 條）或遺囑執行人（第 28 條第 2 項）為之。

第 138 條　不具名著作及別名著作之登記

(1) 供第 66 條第 2 項第 2 句所規定之登記使用的不具名及別名著作登記簿，由專利局掌理。專利局辦理登記時，對於登記申請人之權限或者登記事項之正確性，不做審查。

(2) 登記之申請遭駁回者，申請人得聲請法院裁決。對於聲請之裁決，由專利局所在地有管轄權之邦高等法院以附理由之裁定為之。聲請應以書面向邦高等法院提出。邦高等法院之裁定為終局裁決。邦高等法院之審理程序，準用家事事件及非訟事件審理法之規定。

(3) 登記內容將公告於聯邦司法部公報，公告所需之費用應由申請人預繳。

(4) 任何人均得閱覽不具名及別名著作登記簿。登記簿內容之節錄依申請而發給。

(5) 聯邦司法及消費者保護部部長得以命令：

1. 頒布有關申請格式及登記簿管理之規定。

2. 為支付行政成本，就登記、登記證書之核發、登記內容節錄之發給，以及此等事項之認證所需支付之費用予以規定，並就費用之債務人、到期日、預繳義務、費用之豁免、消滅時效、費用確定之程序及其救濟予以規定。

(6) 依 1901 年 6 月 19 日施行之文學及音樂著作權法第 56 條規定已向萊比錫市議會辦理之登記，仍有效力。

德國　不具名及別名著作登記簿管理規則

1965 年 12 月 18 日制定，2001 年 12 月 13 日最新修正

依據 1965 年 9 月 9 日施行之著作權法第 138 條第 5 項，規定如下：

第 1 條　申請之格式

(1) 依著作權法第 66 條第 2 項第 2 句申請於不具名及別名著作登記簿辦理登記者，應以書面向專利局提出。

(2) 申請書應述明下列事項：

1. 著作人之姓名、出生之年月日及地點，著作人如已死亡者，其死亡年份；著作如以筆名發表者，亦應述明該筆名。

2. 著作發表所使用之標題；著作發表時如未使用標題，應述明著作之其他名稱。著作如已出版者，亦應述明其出版社。

3. 著作首次發表之時間及形式。

第 2 條　登記之內容

登記序號、專利局收受申請之日期以及第 1 條第 2 項所定之事項，應記載於不具名及別名著作登記簿。

第 3 條　登記按字母順序排列

不具名及別名著作登記簿內按字母順序排列已登記之著作人姓名包括筆名，以及著作之標題或其他名稱。

第 4 條　登記證書

專利局依申請人之請求，發給登記證書。

第 5 條　費用

(1) 專利局就已發表之不具名著作或別名著作登記於登記簿之程序，收取以下費用：

1. 單一著作，收取 12 歐元。

2. 同時申請登記之多數著作：

(a) 第 1 件著作，收取 12 歐元。

(b) 第 2 件至第 10 件著作，每件收取 5 歐元。

(c) 自第 11 件著作起，每件收取 2 歐元。

(2) 第 1 項所定費用之收取，其程序準用德國專利與商標局關於行政規費之規定。

第 6 條

在本規則之修正生效施行前已繫屬之申請登記事件，其應收取之費用仍適用修正施行前之規定。

第 7 條　生效施行日

本規則自 1966 年 1 月 1 日起開始生效施行。

附錄五：WIPO 有關著作權登記調查回覆摘要（2010）

1. 貴國之著作權登記／存證單位的名稱和法律地位為何？

根據收到的答覆，48 個會員國設有著作權自願登記系統。大多數國家把此項職權託付給隸屬於中央政府之行政部門下的機構，在某些國家，登記單位是隸屬於立法或司法部門。登記單位隸屬於政府行政部門者，最常見是設於司法部或文化部之下。

某些國家，例如西班牙和中國，設立的是分散式的系統，除了一個中央的登記單位外，地方政府機關也享有他們自己的職權。

某些國家，例如亞美尼亞、馬利、納米比亞、斯洛維尼亞，表示該國的著作權登記職權是由集體管理團體（CMOs）或私人機構行使。

義大利的情況稍有不同，該國的全國性著作人權利集體管理團體僅僅負責電腦程式及視聽著作之登記，在文化部監督下的公共總登記處則辦理其他著作權標的之登記。日本的情況也類似，該國的財團法人軟體資訊中心（SOFTIC）之設立係特別為了登記電腦程式。

2. 請提供貴國著作權登記／存證單位之聯絡細節，包括辦公地址並註明其向公眾開放之時間。（略）

3. 貴國著作權登記／存證單位是否有網頁及電子郵件？若為是，請予註明。（略）

4. 貴國之著作權登記是否與任何其他著作權資料系統相連結？（略）

5. 請列出貴國有關著作權登記／存證之國內立法，包括行政命令。（略）

6. 何種著作可以登記／存證？各種著作之登記／存證程序是否有所不同？若為是，請說明不同之處。

一般而言可以說，所有種類可享有著作權之著作，均可登記。大部分的國內立法均使用文學與藝術著作之一般概念，依循伯恩公約的路線，藉由文學、藝術與科學領域之作品的開放式、非窮盡的列舉來加以定義。

某些國家把電腦程式明示納入可登記的著作清單中，包括阿爾巴尼亞、阿爾及利亞、阿根廷、巴林、貝里斯、中國、哥倫比亞、哥斯大黎加、加納、瓜地馬拉、匈牙利、吉爾吉斯共和國、南韓、義大利、墨西哥、摩爾多瓦共和國、納米比亞、尼泊爾、秘魯、羅馬尼亞、突尼西亞、美國。

某些例外如下：在奧地利和德國，唯有以不具名或別名形式發行的文學、科學與藝術著作可以登記，此項自願登記的唯一目的是讓著作權保護期間適用於不具名著作與別名著作。在白俄羅斯共和國，唯有電腦程式可以登記，在俄羅斯，只容許電腦程式和資料庫辦理登記。

在斯洛維尼亞，斯洛維尼亞著作權局有辦理著作登記，唯一例外不受理登記的是附有歌詞或不附歌詞的非供戲劇使用之音樂著作。

在南非，唯有電影片可辦理登記。

最後一點，辦理登記的程序，通常對各種著作都是類似的，不過由於電腦程式的特性，某些國家，例如日本及南韓，對於電腦程式的登記另外建立了不同的程序。

7. 鄰接權（例如表演、廣播、錄音）之標的是否亦可登記／存證？若為是，其登記／存證之程序和著作權之登記／存證是否有所不同？

在此問題上，答覆顯示各國如何找到各式各樣不同的解決之道。

在相當多國家中，鄰接權之標的可以登記，登記的程序和著作權之標的登記程序在基本上相似。這些國家包括阿根廷、巴林、貝里斯、巴西、智利、中國、哥倫比亞、哥斯大黎加、厄瓜多、迦納、瓜地馬拉、幾內亞、日本、墨西哥、蒙古、蒙特內哥羅、秘魯、羅馬尼亞、西班牙、突尼西亞。

類似的情形也出現在不丹、牙買加、美國等國家，其國內立法並無區分著作權和鄰接權，因此，表演、廣播與錄音若符合著作權保護之一般要件，可登記為著作，登記的要件和其他著作權之標的的登記要件相同。

在奧地利、白俄羅斯共和國、克羅埃西亞、丹麥、芬蘭、希臘、義大利、盧森堡、馬達加斯加、馬利、模里西斯，其國內立法對於鄰接權標的之登記並無相關規定。

保加利亞回覆的情形則有所不同，在該國，鄰接權之標的如同著作權之標的均不得登記，可以登記的是有關以下之交易：製作含有著作權和鄰接權標的之鑄模與光學載體、將著作權和鄰接權標的重製於空白媒介上、取得錄音或視聽著作之紀錄的重製權及／或散布權，以及含有錄音或視聽著作之紀錄的鑄模及其他載體的輸入和輸出。該國文化部下的著作權與鄰接權署設有登記上述交易的登記簿。

最後，在阿爾及利亞，錄音及表演僅可為權利分配之目的而辦理登記。

8. 著作權／鄰接權之轉讓或授權在貴國是否有存證之途徑？

各國的答覆顯示：大多數的國內登記單位並無提供著作權或鄰接權之轉讓或授權的存證系統。

在有提供著作權或鄰接權之轉讓或授權的存證系統的國家中，可以發現在第一組國家，包括阿爾巴尼亞、智利、肯亞、沙烏地阿拉伯、牙買加、吉爾吉斯共和國、摩爾多瓦共和國、南非、泰國，權利轉讓或授權的存證是強制的。

在第二組國家，包括阿爾及利亞、阿根廷、巴林、巴西、中國、哥倫比亞、哥斯大黎加、厄瓜多、迦納、瓜地馬拉、幾內亞、義大利、日本、馬利、墨西哥、蒙古、尼泊爾、阿曼、巴基斯坦、秘魯、西班牙、烏克蘭、美國，權利轉讓或授權的存證是自願的。

此外，還有若干奇特的系統，例如在南韓和俄羅斯的系統。在南韓，唯有專屬權利的轉讓可以登記，非專屬授權不可登記；在俄羅斯，唯有已登記之電腦程式和資料庫的專屬權利的讓與契約，以及此等權利在沒有簽訂契約下轉讓予第三人，可以存證。

9. 著作權／鄰接權之設質在貴國是否有存證之途徑？若為是，此種存證之法律要件與效力為何？

在相當多的國家中，不存在向登記機關辦理著作權或鄰接權之設質的存證途徑，這些國家包括阿爾巴尼亞、阿根廷、亞美尼亞、奧地利、貝里斯、不丹、巴西、白俄羅斯共和國、保加利亞、哥倫比亞、克羅埃西亞、捷克共和國、厄瓜多、德國、希臘、瓜地馬拉、匈牙利、以色列、牙買加、日本、拉脫維亞、賴索托、立陶宛、盧森堡、馬達加斯加、馬爾他、模里西斯、墨西哥、蒙特內哥羅、摩納哥、緬甸、尼泊爾、荷蘭、紐西蘭、阿曼、巴基斯坦、羅馬尼亞、塞爾維亞、新加坡、斯洛維尼亞、斯里蘭卡、千里達及托巴哥、突尼西亞、英國。

另一方面，數量略少的一群國家，包括阿爾及利亞、智利、哥斯大黎加、肯亞、沙烏地阿拉伯、迦納、幾內亞、義大利、摩爾多瓦共和國、蒙古、秘魯、西班牙、美國，則做出肯定的答覆，亦即著作權或鄰接權之設質可以正式存證。

再者，其他國家也做出肯定的答覆，但指出了一些奇特之處。

中國在答覆中表示，著作權或鄰接權之設質之存證，係以著作權為標的之設質契約的登記，法定要件包括：出質人和質權人須共同辦理登記；質權人係法律上的著作權擁有人；主契約和設質契約須為法律上有效，並且申請時提出之資料必須完整。著作權設質契約之登記，係（設質契約之）生效條件。

在丹麥，著作權或鄰接權之設質，可以存證於官方的個人財產總登記簿。此一存證的法定要件和效力係規定於財產登記法。

在南韓，有途徑可以登記（著作權或鄰接權之）質權之設定以及質權的轉讓、變更與終止。質權設定之當事人須共同提出申請。質權一旦登記完成，若質權人變更其權利，可能遭受任何第三人依據該登記而提出挑戰。

在吉爾吉斯共和國，著作權或鄰接權之設質可以辦理登記。依據該國之民法典及規範質押之法律，包括著作權及鄰接權在內的智慧財產權，均可為質權之標的。根據上述法律，（設質）契約須以書面形式簽訂，並且可以辦理登記，但主債務之金額如超過25,000索姆（約400歐元），（設質）契約必須辦理登記。

10. 登記之法律效力為何？

一般而言，著作權或鄰接權之登記的法律效力是建立一表面的、初步的證據以證明所登記的事實與行為係為真正，除非另有不同的舉證。在大多數國家中，自願登記提供了一項可舉反證推翻的、對於鄰接權的著作人身分或著作權歸屬的推定。茲僅以阿根廷、巴西、日本和蒙特內哥羅的立法為例，登記建立了對於著作人身分、著作權歸屬及著作創作日期的強有力的推定。

在另一些國家，例如不丹、白俄羅斯共和國、中國、尼泊爾，登記僅為普通的證據，可在法律程序中提出。

在奧地利和德國，以不具名或別名形式發行的著作之登記，其效力是著作權保護期間自著作人死亡時起算，而非自首次發行時起算。

美國的情況較為複雜：著作發行前辦理之登記，或者發行後五年內辦理之登記，構成著作權證書所載事實之真正，以及著作權之有效性的表面證據。複雜之處在於，在1978年1月1日以前，著作權之登記及其延展是強制的。更詳細的綜覽請見回覆全文。

有關登記在各國所具的不同效力，更詳細的綜覽請見回覆全文。

11. 在下列情況，著作權登記／存證是強制的或者自願的？(a) 創作之承認；(b) 權利移轉；(c) 司法程序之啟動；(d) 權利歸屬之其他變更（諸如出租）。若貴國有強制的著作權登記／存證，請說明未遵守之法律效果。

如前所述，大多數的國家並無設立強制性的著作權登記／存證系統。在設有強制性的登記系統的國家，該登記系統也僅適用於本國人。在一些國家中，登記系統提供了辦理登記的額外益處，而非對不辦登記課予法律制裁。

(a) 創作之承認？

接受問卷調查的國家中，沒有任何國家為了承認著作之目的而設立強制性的登記系統，唯一可能的例外是模里西斯。可以注意的是，在保加利亞、沙烏地阿拉伯、秘魯、羅馬尼亞和阿根廷，出版人有義務登記已發行的本國人著作，不過，未辦登記並不影響（著作）權利的承認，而是會招致行政裁罰，如相關回覆中所詳述（附錄A.3）。

(b) 權利移轉？

各國之回覆顯示，在大多數國家中，權利移轉的存證是自願的，但某些國家設立了強制性的權利移轉之存證，通常僅適用於本國人。在阿爾巴尼亞、阿根廷、哥倫比亞、沙烏地阿拉伯、馬利、墨西哥、蒙古、南非，任何轉讓著作權或鄰接權的契約都必須存證，以作為向第三人公示以及主張權利之條件。

如同相應的回覆中所描述的，在美國，涉及已登記之著作之權利轉讓的文件辦理存證後，該存證構成就該文件所載之事實之擬制通告。已存證之文件，對於相衝突而未辦存證之轉讓或專屬授權，享有優先效力。

(c) 司法程序之啟動？

一般而言，各國立法並未規定以登記作為啟動司法程序之前提要件或義務。

在馬利、蒙古和模里西斯，為了啟動司法程序，登記是必須的。如相應的回覆中所指出，在尼泊爾，啟動涉及外國著作的司法程序，登記是自願的；但提起涉及本國著作的訴訟，登記是必要的。

在美國的情形也類似，啟動涉及外國著作的司法程序，登記是自願的；但提起涉及本國著作的訴訟，登記是必要的，在後者，若尚未申請登記，或者在某些情形若登記尚未辦理完成，法院沒有管轄案件的權利，如相應的回覆中所詳述的。

(d) 權利歸屬之其他變更（諸如出租）？

關於權利歸屬之變更，一般原則是採自願存證。但是馬利、蒙古和阿曼的立法規定，移轉權利的行為、協議和契約必須在著作權登記簿中存證，對於第三人才具有效力，不過此一存證要求不適用於著作利用之單純授權。

若貴國設有強制性的登記／存證系統，請說明未遵守的法律效果。

如前所述，大多數國家未設立強制性的著作權登記／存證系統。在某些國家，登記／存證系統提供給登記者（權利人）額外益處，而非課予法律制裁。

在阿根廷，已發行之本國人著作如未辦理登記，將導致的法律效果是遭到罰款以及重製權被凍結。

在美國，登記系統提供額外益處，而非課予法律制裁。著作在侵權發生前辦理登記，或者在著作發行後三個月內辦理登記者，若著作權人在侵權訴訟中勝訴，法院可判給訴訟上的特別救濟（亦即法定賠償和律師費）。在著作未及時辦理登記之情形下，法院可以判給實際損害和所失利益，但無權判給法定賠償和律師費等特別救濟。

12. 貴國法院是否承認其他國家之官方機關所為之著作權登記？若為是，承認是自動的？或者需要透過國內程序才能使外國之著作權登記發生效力？

在此可以指出，一般而言，法院會承認他國官方機關所做的著作權登記，在大多數情形，此一承認係以符合各種不同的形式（手續）為要件。

在某些國家，他國之登記必須符合外國文件被採為文書證據的一般要件。這些國家包括阿爾巴尼亞、阿根廷、智利、中國、哥倫比亞、哥斯大黎加、厄瓜多、幾內亞、蒙特內哥羅、模里西斯、納米比亞、巴基斯坦、西班牙。各國有不同的認證程序，通常一份文件必須以合法文本的形式提出，並且正式翻譯為本國文字。

在未設立登記系統的國家，例如奧地利，外國機關所做的登記也可以被採為證據。

在為數甚夥的國家中，由於依伯恩公約適用國民待遇原則，其法院自動承認外國之著作權登記。這些國家包括巴林、貝里斯、不丹、巴西、迦納、希臘、瓜地馬拉、義大利、牙買加、日本、肯亞、盧森堡、南韓、馬達加斯加、馬利、墨西哥、摩爾多瓦共和國、蒙古、紐西蘭、秘魯、羅馬尼亞、泰國、突尼西亞。由於外國登記不需要認證，所以不需要額外的程序或要件。

克羅埃西亞、立陶宛、摩納哥、千里達及托巴哥回覆表示，目前其國內尚無案例可顯示法院將如何看待外國機關所做的著作權登記。

在阿曼和南非，法院不承認他國官方機關所做的著作權登記。

在美國，著作權法並無規定承認他國官方機關所做的著作權登記，然而依該法第 104 條 (b) 項 (2) 款之規定，著作在外國首次發行者，若在首次發行日該外國與美國為同一條約之成員國，則該著作受到著作權保護。因此，著作如在與美國為同一條約成員國之外國首次發行，該著作不需透過任何美國國內程序即可在美國享有著作權之保護。再者，美國以外之其他國家之著作，其著作人不需在美國或其他國家登記著作權便可以在美國法院提起訴訟。

除了上述各國的情形外，尚需指出，在不同的 WIPO 成員國中存在著各式各樣不同的解決方案，更詳細的綜覽請見回覆全文。

13. 著作權登記的要件為何？ (a) 著作權登記／存證的法定要素為何？ (b) 著作權登記／存證之申請是否需要以特定的手續提出？得否透過郵寄提出申請？得否以電子形式提出申請？ (c) 寄存是否為申請之要件？亦即申請著作權登記是否必須提出著作之樣本？若為是，得否以數位形式提出著作樣本？ (e) 著作權登記／存證是否需要繳納費用？若為是，登記費／存證費為多少？ (f) 完成著作權登記／存證之程序所需的平均時間為多久？

(a) 著作權登記／存證的法定要件為何？

根據收到的回覆，在有辦理登記／存證的各國，就各類著作／權利而言，申請登記／存證的要件在基本上是相同的，如同相應的回覆中的說明（附錄 A.5）。著作權登記所必需提供的基本資訊包括以下各項：

—著作人之個人資料、著作之種類、著作名稱、發行之日期與地點、應繳之費用。

權利移轉（之存證）所必需提供的資訊如下：

—契約書、著作樣本之寄存、應繳之費用。

(b) 著作權登記／存證之申請是否需要以特定的手續提出？得否透過郵寄提出申請？得否以電子形式提出申請？

根據收到的回覆顯示，不同國家各自的登記／存證單位設立了不同的寄存程序。例如，有些單位要求必須提出一份實體樣本，或者以郵寄提出；有些單位則容許以電子形式提出。詳細的申請要件載於相應的回覆中。

(c) 寄存是否為申請之要件？亦即申請著作權登記是否必須提出著作之樣本？若為是，得否以數位形式提出著作樣本？

如同相應的回覆中所詳述的，在大多數國家，寄存一份著作的已固著之樣本，連同登記表格一併提出，是必須的。不過在奧地利、德國和匈牙利，申請人無需提出著作樣本寄存。

在阿爾及利亞、阿根廷、巴林、中國、哥倫比亞、哥斯大黎加、厄瓜多、迦納、瓜地馬拉、幾內亞、肯亞、南韓、吉爾吉斯共和國、馬達加斯加、模里西斯、墨西哥、摩爾多瓦共和國、蒙特內哥羅、羅馬尼亞、俄羅斯、塞爾維亞、斯洛維尼亞、西班牙、泰國、突尼西亞、烏克蘭、美國，寄存可以用實體樣本或數位形式提出。

在阿爾巴尼亞，唱片、電腦程式、資料庫的寄存可以用數位形式提出。

在白俄羅斯共和國，唯有電腦程式可以登記，並且可以用數位形式寄存樣本。

在貝里斯、巴西、義大利、牙買加、沙烏地阿拉伯、馬利、納米比亞、蒙古、尼泊爾、阿曼、巴基斯坦、秘魯、南非，寄存必須以實體樣本的形式提出。

在日本，有關電腦程式的登記，申請人提出著作的已固著樣本，不得以數位形式提出。

一般而言，寄存之主要目的在於提供有關著作人或著作權之主張的著作或其他標的存在的證據。不過，有時寄存也有助於建立文化創作的典藏，對於文化遺產之保存以及本國各領域文創作品之統計，都很有價值。

(e) 著作權登記 / 存證是否需要繳納費用？若為是，登記費 / 存證費為多少？

在阿爾及利亞、哥倫比亞、沙烏地阿拉伯和泰國，登記的服務是免費提供的。在其他所有國家，存證的費用在各國間有很大差異，如相應的回覆所顯示。

在奧地利，登記的服務是免費提供的，但申請人必須支付登記內容刊載於官方公報的費用。

(f) 完成著作權登記 / 存證之程序所需的平均時間為多久？

完成著作權登記所需的平均時間，在各國間有很大差異，詳如各國的回覆內容。此一差異可能主要是因為登記的性質在各國有所不同。

WIPO 成員國各別提到其本國之登記單位完成登記程序所需的不同期間，這些期間的差異可能從短至幾分鐘（例如智利）一直到長達兩年（例如巴基斯坦）。

例如在阿爾及利亞、智利、幾內亞、沙烏地阿拉伯、馬達加斯加、模里西斯、阿曼、秘魯、斯洛維尼亞、突尼西亞，登記程序在一天或更短時間內完成。

在巴林、哥斯大黎加、南韓，登記程序在四天內完成。

其他國家，例如阿爾巴尼亞、奧地利、白俄羅斯共和國、迦納、匈牙利、牙買加、吉爾吉斯共和國、摩爾多瓦共和國、蒙古、蒙特內哥羅、尼泊爾、羅馬尼亞、塞爾維亞、烏克蘭，表示完成登記 / 存證程序所需的時間平均為二至四周。

14. 外國人就其著作是否可以在貴國申請著作權登記 / 存證？在貴國無法定住所之人就其著作是否可以在貴國申請著作權登記 / 存證？外國人和本國人的著作權或鄰接權之登記 / 存證程序是否有所不同？

根據收到的回覆顯示，在幾乎所有的國家，外國之著作或鄰接權標的的登記程序和本國之著作或鄰接權標的，都是相同的。在阿爾及利亞、阿根廷、奧地利、巴林、貝里斯、不丹、巴西、智利、中國、哥斯大黎加、厄瓜多、迦納、瓜地馬拉、匈牙利、義大利、牙買加、日本、南韓、吉爾吉斯共和國、立陶宛、蒙古、納米比亞、巴基斯坦、秘魯、俄羅斯、塞爾維亞、斯洛維尼亞、南非、西班牙、泰國、突尼西亞、美國，外國人享有國民待遇。

回覆也有提到各國不同的規定。

例如在阿爾巴尼亞，外國著作必須在申請登記／存證的 30 日以前先在該國向公眾提供。

在哥倫比亞，外國人享有國民待遇，但唯有哥倫比亞國民可以辦理線上登記。

在幾內亞、馬達加斯加、馬利，有法定住所的外國人在符合某些條件下可以登記他們的著作。

在沙烏地阿拉伯、模里西斯、墨西哥、尼泊爾、羅馬尼亞，唯有本國國民以及有法定住所的外國人可以登記他們的著作。

在摩爾多瓦共和國和阿曼，原則上外國人有權登記／存證其著作，但沒有法定住所的外國人必須透過經公證人認證的代表，或者透過代理人申請登記。

15. 相關檔案是否以數位形式儲存？

在阿爾及利亞、阿爾巴尼亞、阿根廷、巴林、白俄羅斯共和國、貝里斯、巴西、迦納、幾內亞、義大利、牙買加、摩爾多瓦共和國、蒙古、尼泊爾、阿曼、南非，相關檔案僅以實體形式儲存。

在奧地利、不丹、中國、哥倫比亞、哥斯大黎加、厄瓜多、瓜地馬拉、匈牙利、沙烏地阿拉伯、吉爾吉斯共和國、馬達加斯加、馬利、墨西哥、納米比亞、羅馬尼亞、塞爾維亞、西班牙、美國，相關的檔案是以數位形式儲存。

在日本，除了著作已固著之樣本以外的登記資訊，都是以數位形式儲存。

某些國家，包括智利、肯亞、模里西斯、秘魯、突尼西亞，正在為他們的資料庫登記建立一個數位資料的格式。

在南韓、斯洛維尼亞、泰國、烏克蘭，相關檔案的儲存包括數位格式和實體形式，視申請人提出的形式而定。但從 2008 年起，南韓開發了一個新的純數位格式的檔案系統，另外，以電腦程式把所有各種電子檔案，包括 CD 和微縮膠卷加以數位化及分類的國家檔案計畫，可望於 2010 年年底完成。

在巴基斯坦，相關檔案不以數位格式儲存，只有元資料是以數位格式儲存於資料庫中。

在俄羅斯，國內法律並無規範與電腦程式、資料庫和個別契約書之登記有關的檔案的保管。

16. 著作權登記／存證是依什麼標準而分類（包括依時間先後／權利人姓名／著作或鄰接權之名稱／著作之類型或者鄰接權之標的等）？相關資訊是否可以更正或更新？

根據各國的回覆，一般是將登記／存證依時間先後歸入不同的著作或鄰接權標的之類別，各種登記／存證單位的詳細分類標準可參見相應的回覆。

相關資訊是否可以更正或更新？有相當數量的國家所使用的登記系統，有提供在登記後更正或更新相關資訊的途徑，這些國家包括阿爾巴尼亞、阿爾及利亞、阿根廷、白俄羅斯共和國、不丹、巴西、智利、中國、哥倫比亞、厄瓜多、德國、迦納、瓜地馬拉、義大利、肯亞、吉爾吉斯共和國、馬達加斯加、馬利、模里西斯、摩爾多瓦共和國、蒙古、阿曼、塞爾維亞、南非、西班牙、泰國、突尼西亞、美國。

在其他一些國家，例如奧地利、蒙特內哥羅、斯洛維尼亞，在登記完成後就無法更正或更新相關資訊。

哥斯大黎加、匈牙利和日本有提到一些奇特之處，可以參見回覆全文。

17. 登記／存證系統是否有搜尋功能？

大多數國家有建立搜尋功能，這些國家包括阿爾及利亞、阿根廷、巴林、白俄羅斯共和國、巴西、智利、中國、哥倫比亞、哥斯大黎加、厄瓜多、迦納、瓜地馬拉、幾內亞、匈牙利、日本、義大利、沙烏地阿拉伯、吉爾吉斯共和國、馬達加斯加、馬利、模里西斯、墨西哥、納米比亞、蒙古、尼泊爾、巴基斯坦、秘魯、南韓、羅馬尼亞、塞爾維亞、斯洛維尼亞、南非、西班牙、泰國、烏克蘭、美國。

另一方面，阿爾巴尼亞、阿根廷、貝里斯、不丹、保加利亞、哥倫比亞、德國、牙買加、肯亞、摩爾多瓦共和國、蒙特內哥羅、阿曼、俄羅斯、突尼西亞的登記系統沒有提供搜尋的功能。

18. 公眾是否可接觸使用登記／存證系統？是否有提供線上搜尋功能？

在相當多國家中，沒有向公眾提供線上系統，這些國家包括阿爾巴尼亞、阿爾及利亞、阿根廷、巴林、貝里斯、白俄羅斯共和國、不丹、保加利亞、智利、中國、哥斯大黎加、厄瓜多、迦納、幾內亞、牙買加、肯亞、沙烏地阿拉伯、吉爾吉斯共和國、馬利、馬達加斯加、模里西斯、墨西哥、蒙古、納米比亞、阿曼、巴基斯坦、秘魯、摩爾多瓦共和國、俄羅斯、塞爾維亞、斯洛維尼亞、南非、西班牙、突尼西亞、烏克蘭。

在巴西、哥倫比亞、瓜地馬拉、匈牙利、義大利、日本、尼泊爾、羅馬尼亞、南韓、泰國、美國，公眾可透過網際網路接觸使用登記資料庫。

19. 公眾是否可接觸使用已登記的著作或者其複本？

在大多數國家，公眾在特定要件下可以接觸使用已登記的著作、其複本或者關於著作的一般性資訊。此等要件在各國間有所不同，通常涉及申請人在行政法上的負擔，包括在某些情形需要繳納費用。

另一方面，有一些國家，包括阿爾巴尼亞、巴林、白俄羅斯共和國、不丹、幾內亞、沙烏地阿拉伯、吉爾吉斯共和國、馬達加斯加、賴索托、羅馬尼亞、西班牙、突尼西亞，並沒有提供公眾接觸使用已登記的著作或其複本。

另外，要特別指出的是，某些國家的系統對有權接觸使用系統的人加以限制。例如在阿根廷、巴西、智利、中國、哥斯大黎加、義大利、俄羅斯、塞爾維亞，僅限於權利人及／或主管機關始得接觸使用已登記之著作。在另外一些國家，例如哥倫比亞、納米比亞、泰國，是由著作人和權利人在登記時決定何人可以接觸使用已登記之著作。

20. 一般大眾是否可接觸使用與已登記／存證之著作有關之其他文件或資訊？

在大多數國家，包括阿爾巴尼亞、阿根廷、巴西、中國、哥倫比亞、哥斯大黎加、厄瓜多、幾內亞、義大利、馬達加斯加、馬利、墨西哥、尼泊爾、巴基斯坦、秘魯、斯洛維尼亞，一般公眾可接觸使用有關已登記之著作之基本資訊。但很少有登記系統會提供公眾接觸使用（申請人提出的）其他文件。

例如在泰國，申請人在提出申請時必須指明其提出的文件是否可供公眾接觸使用。在美國，著作權人以外之人在規定的情形下，並且繳納服務費後，可以接觸使用（已登記之）著作，一般大眾可以申請其他文件，例如與登記有關之通信或申請書，在特殊情形下，如能提出正當理由，登記機關也可能特別准許接觸使用登記相關程序之檔案。

某些登記機關，例如在阿爾及利亞、巴林、不丹、德國、迦納、蒙古、模里西斯、摩爾多瓦共和國、納米比亞、阿曼、南韓、羅馬尼亞、塞爾維亞、突尼西亞的登記機關，不准許一般大眾以任何方式接觸使用登記文件或有關已登記／存證之著作的任何資訊。

最後，在其他成員國存在著若干奇特的系統，相關細節可參見回覆全文。

21. 貴國是否有特別規範「孤兒著作」（亦即權利人不明或不知所在的著作）之立法（例如強制授權或責任限制）？請簡要說明該立法之重點。（略）

22. 獨立於前項問題之外，貴國是否存在為了確認及／或尋找「孤兒著作」權利人的業界做法？（略）

23. 在涉及「孤兒著作」的立法或業界做法上，著作權登記／存證單位是否扮演一個相關的角色？（略）

24. 是否存在任何系統可以確認那些屬於公共財領域的著作或鄰接權標的並做成清單？該系統是否為自動化系統？該等資訊是否向公眾開放供其使用？

在阿爾巴尼亞、阿根廷、亞美尼亞、奧地利、巴林、貝里斯、不丹、巴西、智利、中國、哥倫比亞、哥斯大黎加、克羅埃西亞、捷克共和國、丹麥、厄瓜多、芬蘭、德國、迦納、希臘、瓜地馬拉、匈牙利、義大利、日本、盧森堡、馬達加斯加、馬利、墨西哥、摩納哥、秘魯、西班牙、突尼西亞、美國，不存在任何系統可以確認那些屬於公共財領域的著作或鄰接權標的並做成清單。

在少數國家，例如阿爾及利亞、克羅埃西亞、幾內亞、模里西斯，建有系統可以提供屬於公共財領域的著作清單。但是在幾內亞、模里西斯，相關資料庫並不對公眾開放。

25. 若貴國已有公共的著作權登記／存證系統，是否存在私人機構或行動可以提供從公共系統擷取登記／存證資訊的額外機制？（無內容）

26. 請提供有關登記／存證的以下統計資料：

(a) 每一統計期間之登記數量（最近五年）

國家／年度	2005	2006	2007	2008	2009	總計
阿爾及利亞						90,077
阿根廷	81,201	82,226	91,529	95,348	90,451	440,755
奧地利						6
巴林	76	37			38	151
白俄羅斯共和國						164
巴西	26,341	28,950	25,996	29,070	33,840	144,197
智利	11,190	11,546	11,890	11,659	12,584	58,869
中國	2,241	3,040	4,525	5,059	7,409	22,274
哥倫比亞	19,611	22,151	25,972	31,115	37,614	136,463
哥斯大黎加	196	209	213	224	413	1,255
厄瓜多	2,800	2,174	2,220	2,162	2,1132	30,488
德國						73
迦納	805	681	637	577	586	3,286
瓜地馬拉						861
幾內亞						3,177
匈牙利						1,117
印尼		3,110	3,591	3,754	6,504	16,959
義大利						85,691
牙買加			72	75	72	219
日本						8,995
南韓	20,863	22,781	25,911	23,559	22,742	115,856
吉爾吉斯共和國	176	119	108	202	219	824
馬達加斯加						13,101
馬利						330
模里西斯						1,390
摩爾多瓦共和國	176	283	355	330	407	1,551
蒙古	240	301	359	352	405	1,657

國家／年度	2005	2006	2007	2008	2009	總計
尼泊爾						677
阿曼						616
巴基斯坦						6,357
秘魯	1,105	1,314	985	1,206	1,333	5,943
羅馬尼亞	3,738	4,061	5,498	3,805	4,241	21,343
俄羅斯	3,609	4,811	5,734	6,527	7,666	28,347
塞爾維亞	519	681	642	741	316	2,899
斯洛維尼亞	133	116	123	135	125	632
南非	70	147	114	52	73	456
西班牙	27,877	28,738	30,627	33,222	34,351	154,815
泰國		35,733	26,310	22,888	24,304	109,235
突尼西亞	416	381	373	597	568	2,335
烏克蘭						19,711
美國						2,252,866

(b) 每一國籍之數量（最近五年）：大多數回覆內容沒有足夠資料。

(c) 每一統計期間內申請查詢登記檔案之數量（最近五年）

國家／年度	2005	2006	2007	2008	2009	總計
阿根廷	10,835	82,226	11,754	10,687	11,376	126,878
巴林	164	205			183	552
白俄羅斯共和國			14	45	71	130
巴西	33,808	81,077	51,852	70,035	72,986	309,758
智利					1,866	1,866
哥倫比亞	914	1,248	2,184	2,086	2,284	8,716
厄瓜多						1,500
匈牙利						1,404

國家／年度	2005	2006	2007	2008	2009	總計
義大利						30,000
日本						1,647
南韓	774	880	637	754	871	3,916
模里西斯						40
蒙古						65
尼泊爾						150
羅馬尼亞			77	291	337	705
俄羅斯	3,834	5,046	5,925	6,765	8,330	29,900
斯洛維尼亞						20
西班牙	261	246	184	203	180	1,074
泰國		360	260	180		800
美國						1,690,999

(d) 登記／存證之標的已成為公共財之登記／存證數量，每一統計期間之全球總數量（最近五年）：大多數回覆內容沒有足夠資料。

參考書目

壹、中文

一、Sam Ricketson, Jane C. Ginsburg 著，郭壽康、劉波林、萬勇、高凌瀚、余俊合譯，國際版權與鄰接權 —— 伯爾尼公約及公約以外的新發展（第二版），中國人民大學出版社，2016 年 7 月，上卷。

二、元照英美法詞典，法律出版社，2003 年 5 月初版。

三、王蘭萍，近代中國著作權法的成長（1903-1910 年），北京大學出版社，2006 年。

四、立法院內政委員會編，著作權法修正草案參考資料 —— 學者專家意見，1991 年 5 月。

五、立法院議案關係文書，1991 年 12 月 28 日印發，院總 533 號。

六、（西班牙）德利婭．利普希克（Delia lypsic）著，著作權及鄰接權，聯合國教科文組織、中國對外翻譯出版公司，2000 年。

七、施文高，著作權法概論，商務印書館，1975 年 1 月。

八、秦瑞玠，著作權律釋義，上海商務印書館，1914 年 4 月再版。

九、經濟部智慧財產局編印，歷年著作權法規彙編專輯，2010 年 5 月。

十、經濟部智慧財產局（委託達文西個資暨高科技法律事務所辦理），110 年度「韓國著作權法及其法令翻譯」。

十一、經濟部智慧財產局編印，專利法逐條釋義，2021 年 6 月。

十二、經濟部智慧財產局編印，商標法逐條釋義，2021 年 9 月。

十三、經濟部智慧財產局編印，國際公約彙編（中英文），2006 年 12 月。

十四、劉波林譯，保護文學和藝術作品伯爾尼公約（1971年巴黎文本）指南，中國人民大學出版社，2002年7月。

十五、蕭雄淋，著作權法判決決議、令函釋示、實務問題彙篇，五南圖書，2001年3月。

十六、蕭雄淋，新著作權法逐條釋義（一），五南圖書，2001年9月。

十七、蕭雄淋，新著作權法逐條釋義（二），五南圖書，2001年9月。

十八、蕭雄淋，新著作權法逐條釋義（三），五南圖書，2001年9月。

十九、蕭雄淋，著作權法漫談（一），1995年4月。

二十、嚴裕欽，台灣法制之回顧與前瞻——著作權法（二），載於：http://www.lawtw.com/article.php?template=article_content&area=free_browse&parent_path=,1,561,&job_id=57986&article_category_id=1567&article_id=28000。

貳、外文

一、Fromm and Nordemann, Urheberrecht, Kommentar, Verlag W. Kohlhammer, 10. Auflage, 2008.

二、Goldstein, Paul, International Copyright: Principles, Law, and Practice, Oxford University Press, 2001.

三、Goldstein, Paul, Goldstein on Copyright, third edition, 2012.

四、Nimmer, Melville B., Nimmer on Copyright, Lexis Nexis Matthew Bender, 2017.

五、Patry, William F., Patry on Copyright, Thomson West, 2007.

六、Scharff, Justin, Why and How the Issue of Copyright Registration Made Its Way up to the Supreme Court, Touro Law Review, Vol. 34, No. 4, Article 19, 2018, available at: https://digitalcommons.tourolaw.edu/lawreview/vol34/iss4/19/?utm_source=digitalcommons.tourolaw.edu%2Flawreview%2Fvol34%2Fiss4%2F19&utm_medium=PDF&utm_campaign=PDFCoverPages.

七、WIPO, Guide to the Berne Convention for the Protection of Literary and Artistic Works (Paris Act, 1971)(1978).

八、WIPO, Response from 80 Member States to Questionnaire as at July 1, 2010, available at: https://www.wipo.int/copyright/en/registration/replies_survey_copyright_registration.html.

九、WIPO Summary of the Responses to the Questionnaire for Survey on Copyright Registration and Deposit Systems, available at: https://www.wipo.int/export/sites/www/copyright/en/registration/pdf/registration_summary_responses.pdf.

十、WIPO, Directory of Intellectual Property Offices, National IP offices, available at: https://www.wipo.int/directory/en/urls.jsp.

十一、小倉秀夫、金井重彥，著作権法コンメンタール改訂版（1）、（2）、（3），第一法規，2020年。

十二、日本文化廳著作權課，登録の手引き，令和3年（2021）。

十三、日本文化廳，著作権に関する登録制度についてよくある質問，載於：https://www.bunka.go.jp/seisaku/chosakuken/seidokaisetsu/toroku_seido/faq.html#faq01。

十四、日本文化廳（委託「EY新日本有限責任監査法人」），「諸外国における著作権登録制度調査」報告書，令和2年（2020）3月。

十五、加戶守行，著作權法逐条講義，著作権情報センター發行，2013年6月訂新版。

十六、半田正夫、松田政行，著作権法コンメンタールⅠ、Ⅱ、Ⅲ，勁草書房，2009年。

十七、本橋光一郎、本橋美智子，要約著作権判例212，學陽書房，2007。

十八、半田正夫，著作權概說（第15版），法學書院，2013年。

十九、池村聰，著作権法コンメンタール（別冊——平成21年改正解說），勁草書房，2010年。

二十、作花文雄，詳解著作權法（第4版），ぎょうせい，2010年4月。

二十一、岡村久道，著作権法（第4版），株式會社民事法研究會，2019年8月。

二十二、斉藤博，著作權法（第3版），有斐閣，2007年4月。

二十三、城戶芳彥，着作權法研究，新興音楽出版社，昭和18年。

二十四、勝本正晃，日本着作權法，巖松堂書店，昭和15年。

二十五、榛村專一，着作權法概論，巖松堂書店，昭和8年。

參、網站

一、日本公益社團法人著作權情報中心（CRIC）官網，https://www.cric.or.jp/index.html。

二、日本文部科學省文化廳官網，https://www.bunka.go.jp/。

三、日本文化廳，著作權登錄制度，https://www.bunka.go.jp/seisaku/chosakuken/seidokaisetsu/toroku_seido/。

四、日本財團法人軟體資訊中心（ソフトウェア情報センター，簡稱SOFTIC）官網，https://www.softic.or.jp/。

五、日本最高裁判所，https://www.courts.go.jp。

六、世界智慧財產權組織（WIPO）官網，https://www.wipo.int/portal/en/index.html。

七、世界貿易組織（WTO）官網，https://www.wto.org/index.htm。

八、外交部官網，世界貿易組織簡介，https://subsite.mofa.gov.tw/igo/p.aspx?n=26A0B1DA6A0EBAA2。

九、立法院法律系統，https://lis.ly.gov.tw。

十、美國著作權局官網，美國聯邦著作權法，https://www.copyright.gov/title17/。

十一、美國著作權局官網，美國聯邦行政命令第37篇，https://www.copyright.gov/title37/。

十二、美國著作權局官網，美國著作權局業務細則（Compendium of U.S. Copyright Office Practices），https://www.copyright.gov/comp3/docs/compendium.pdf。

十三、南韓文化體育觀光部，https://www.mcst.go.kr/english/index.jsp。

十四、南韓著作權委員會（KCC），https://www.copyright.or.kr/eng/main.do。

十五、南韓著作權委員會著作權登記資訊網站，https://www.cros.or.kr/page.do?w2xPath=/ui/main/main.xml。

十六、南韓法令查詢網站，https://www.law.go.kr/。

十七、智慧財產局，著作權相關公約，https://www.tipo.gov.tw/tw/lp-128-1.html。

十八、維基百科，Statute of Anne，https://en.wikipedia.org/wiki/Statute_of_Anne#Text。

十九、維基百科，六三法案，https://zh.wikipedia.org/wiki/%E5%85%AD%E4%B8%89%E6%B3%95。

二十、維基百科，德國專利與商標局，https://de.wikipedia.org/wiki/Deutsches_Patent-_und_Markenamt。

二十一、聯合國教科文組織（UNESCO）官網，https://unesdoc.unesco.org。

家圖書館出版品預行編目(CIP)資料

著作權登記制度之研究 / 蕭雄淋, 幸秋妙著.
-初版. -- 臺北市 : 五南圖書出版股份有限公司,
2023.07
面； 公分.
ISBN 978-626-366-171-4 (平裝)
1.CST: 著作權 2.CST: 著作權法 3.CST: 比較研究
588.34 112008651

4U33

著作權登記制度之研究

作　　者 — 蕭雄淋(390)、幸秋妙
發 行 人 — 楊榮川
總 經 理 — 楊士清
總 編 輯 — 楊秀麗
副總編輯 — 劉靜芬
責任編輯 — 呂伊真、吳肇恩
封面設計 — 姚孝慈
出 版 者 — 五南圖書出版股份有限公司
地　　址：106台北市大安區和平東路二段339號4樓
電　　話：(02)2705-5066　傳　　真：(02)2706-6100
網　　址：https://www.wunan.com.tw
電子郵件：wunan@wunan.com.tw
劃撥帳號：01068953
戶　　名：五南圖書出版股份有限公司

法律顧問　林勝安律師

出版日期　2023 年 7 月初版一刷
定　　價　新臺幣 520 元